교회 밖에서 승리하는
무한창조 뉴크리스천

▶일러두기

이 책에 인용된 성경 구절은 별도의 설명이 없는 한 대한성서공회의 '개역한글판' 성경에 따른 것입니다.

교회 밖에서 승리하는

무한창조 뉴크리스천

김종춘 지음

21세기북스
www.book21.com

교회 밖에서 창조하라

KR컨설팅의 이강락 대표는 서울대학교 기계설계학과 출신의 특급 컨설턴트다. 대학 졸업 후 대학원 진학이 여의치 않아 인천의 대우중공업에 취직했다. 신입사원 연수 후 수도권 지역에서 근무하게 되리라 생각했는데 뜻밖에 경남 양산의 대우정밀로 발령이 났다. 그곳은 아무도 아는 사람이 없는 외지였지만 고향을 떠난 아브라함의 심정으로 하나님을 의지했다.

다시 서울에 진입하려고 한 번 요동친 적도 있었다. 그러나 하나님께서 원하시는 곳에 머물겠다고 결단하자 신비롭게도 동료직원들이 평생동지로 여겨졌다. 말단 신입직원이었음에도 불구하고 300명이 참여하는 사내 신우회를 조직하고 여기서 총무로, 회장으로 섬겼다. 또한 회사의 기술연구소 설계팀장으로 승진해 열정과 지혜로 일했다. 대우정밀에 입사한 지 10년이 지난 어느 날, 한 컨설팅회사로부터 스카우트 제의가

들어왔다. 그는 단번에 거절했지만 1년 내내 그 제의는 계속됐다. 이강락 대표는 하나님의 뜻을 구했고 기도할수록 선하게 인도하심을 느꼈다. 이렇게 컨설턴트로서의 새로운 직장생활을 시작한 지 3개월째였을 때, 한 선배 컨설턴트가 그를 부르더니 그가 컨설턴트로서 실패할 수밖에 없는 이유 10가지를 제시하며 전문대학 교수가 되든지, 이직하는 것이 좋겠다고 말했다. 착잡한 마음으로 기도하자 하나님의 감동하심이 그에게 임했다.

'컨설팅 영역에도 하나님의 사람이 필요하다. 거기서 성장하며 그곳을 정복하라.'

그는 컨설팅업계의 살벌한 경쟁 분위기를, 아낌없이 나누는 친화 분위기로 바꾸겠다고 다짐했다. 신앙인으로서 타협하지 않았고 옳지 않은 관행을 따라 영업하지도 않았다. 그는 많이 공부하고 많이 읽고 많이 일했다. 아침 6시 30분이면 일하기 시작했고 저녁 11시 30분까지 일했다. 책을 읽을라치면 3시간에 30권을 독파할 정도로 속독했다. 그는 많이 공부하고 많이 읽고 많이 일해서 많은 리포트들을 만들어냈다. 그리고 그것들을 아낌없이 나누었다. 심지어 다른 컨설턴트들이 그보다 그의 정보를 먼저 써먹을 정도로 과감하게 공개하고 공유했다. 점점 많은 컨설턴트들이 그에게로 다가와 그의 친구가 됐다. 컨설팅업계의 살벌한 경쟁 분위기를 서로 나누는 친화 분위기로 바꾸는 일에 하나님께서 그를 사용하셨다.

그의 인지도는 계속 높아져 최우수상도 받았고 신지식인 컨설턴트로도 선정됐으며 능률협회컨설팅 사상 처음으로 연봉 1억 원을 돌파하기도 했다. 그러나 부인의 암 투병을 계기로 그동안 지나치게 회사 일에만 몰두했다는 반성을 하고 최고의 자리를 아낌없이 버렸다. 그는 한동안 프리랜서로 활동하다가 1998년 자신의 영문 이름 이니셜을 따서 KR컨설팅을 설립했다. 순조롭게 회사를 성장시키던 2000년 그의 회사보다 10배나 큰 어느 컨설팅회사로부터 합병을 제안받았다. 그는 간절히 기도했고 믿지 않는 자와 멍에를 같이 멜 수 없다는 결론을 내렸다. 그러자 그쪽에서 제안을 철회하면서 앞으로 KR컨설팅을 죽일 수밖에 없다고 했다. 그 회사의 대대적인 공격이 예상됐다. 그러나 하나님의 도우심으로 오히려 그 회사의 사람들이 KR컨설팅으로 넘어왔고 그 회사는 다급한 일로 너무 분주한 나머지 공격할 틈도 낼 수 없었다. 그 와중에 KR컨설팅은 그 회사를 압도하며 성장할 수 있었다.

하나님이 직접 영업하신다

이강락 대표가 고수하는 첫 번째 기업경영 원칙은 오너이신 하나님께서 직접 영업하실 테니 그것을 믿고 스스로 영업하지 않는다는 것이다. 2008년 3월 삼성테크윈에서 그에게 컨설팅 제의가 들어왔다. 삼성테크윈은 연간 4조 원의 매출을 올리는 대기업으로 그동안 일류 외국회사들로부터 각종 컨설팅을 받아왔다. 이제 더 이상 컨설팅할 게 없다며 외국계 컨설팅 회사들이 두 손을 들었을 때, 누군가가 KR컨설팅을 소개했던 것이다.

이강락 대표는 기존의 컨설팅 내역을 점검했고 아직 실행되지 않은 것들을 실행해보도록 삼성테크윈 담당자들에게 권했다. 하지만 그들은 제대로 안 될 경우에 되돌아올 불이익을 염려하며 물러섰다. 그는 자신의 설계 전공을 살려 생산 프로세스를 직접 설계해주며 재차 시도하도록 장려했다. 그러자 회사의 난제였던, 속도를 높이면 품질이 떨어지는 모순이 해결됐다. 그렇게 해서 KR컨설팅은 삼성테크윈의 주력 컨설팅 회사로 선정될 수 있었다. 하나님께서 직접 영업하신 결과였다.

2005년도 말, 대우조선해양의 한 임원으로부터 이강락 대표에게 전화가 왔다. 대우조선해양에 방문해달라는 주문이었다. 바빠서 짬이 없다고 거절했지만 얼마 후 그 임원이 수행원을 대동하고 그를 찾아와서 볼멘소리를 했다. 그 임원에 따르면 조선업계의 활황을 틈타 18개 컨설팅 회사들이 대우조선해양에 줄을 섰고 그들 중에서 '빅 원'을 뽑아 임원회에서 막 통과시키려던 차에 KR컨설팅에도 기회를 주자는 의견이 있어 결정이 일주일 연기됐다고 말했다.

다른 컨설팅회사들은 미리 줄을 서서 경쟁했는데 제안서조차 내지 않은 KR컨설팅에 왜 기회를 주어야 하느냐며 불만에 찬 그 임원은 동조자를 구하려 전무이사를 찾아갔다. 그리고는 이강락 대표의 전화번호도 모른다며 불평했다. 그런데 전무이사가 자신의 휴대폰에서 이강락 대표의 전화번호를 찾아주지 않겠는가. 어쩔 수 없이 이강락 대표를 만나야만 했던 것이다.

자초지종을 들은 이강락 대표는 그 자리에서 2시간에 걸쳐 대우조선해양에 관해 깊은 이야기를 쏟아놓았다. 그 임원의 입이 벌어졌다. 18개 컨설팅회사들로부터는 들을 수 없는 특급 맞춤정보였다. 그 자리에서 간단한 제안서가 건네졌다.

2006년부터 KR컨설팅은 대우조선해양의 주력 컨설팅회사로 계속 일할 수 있게 되었다. 다른 컨설팅회사들과는 달리 별도의 영업활동은 전혀 없었다. 오너이신 하나님께서 직접 영업해주시지 않았다면 어떻게 삼성테크윈과 대우조선을 고객으로 잡을 수 있었겠느냐고 이강락 대표는 반문한다.

그의 두 번째 기업경영 원칙은 청지기 정신이다. 하나님께서 오너이시며 자신은 이를 관리하는 청지기에 불과하므로 스스로 현금을 쌓아두지 않는다는 것이다. 그는 시간당 수천만 원의 컨설팅 수수료를 받을 수 있는 슈퍼 컨설턴트이지만 늘 현금보유고를 제로베이스에 둔다. 모은 돈은 하나님의 것이기에 선교, 구제, 장학에 다 쓰는 것이다. 그의 회사 주주들은 선교단체를 비롯한 크리스천 기관들이다. 그래서 배당금의 100퍼센트가 모두 하나님의 사역을 위해 쓰인다고 보면 된다.

그는 성실한 청지기다. 수도권 이동 시 늘 대중교통을 이용하며 지방 출장을 위해 KTX를 타도 1,000원을 절약하려고 역방향 좌석을 끊으며 사먹는 밥값도 5,000원을 넘지 않는다. 그리고 그가 소유한 집은 20년 넘게 살고 있는 20평형대 아파트가 전부다. 오너이신 하나님 앞에서 착하고 충성되고 잘해내는 프로 일꾼답다.

지금껏 그를 통해 배출된 컨설턴트는 200여 명이며 그의 회사에서 그와 함께 일하다가 거래처를 떼어 나가서 독립회사를 차린 제자만 해도 30여 명에 이른다. 요즘 그는 그 바쁜 중에 매주 1회씩 10여 명의 젊은 크리스천 기업인들을 양육하느라 더욱 바쁘다. 더 나아가 아시아 등지의 국가 지도자급들을 대상으로 국가 단위의 성장변혁을 창출하기 위해, KR컨설팅을 포함한 5개 크리스천 컨설팅회사들을 엮는 오병이어 프로젝트도 추진 중이다.

"저는 만나는 사람에게 희망을 주고 자신감을 주고 능력을 배양해줍니다. 그래서 사람들은 저를 만나면 행복해지고 저 역시 행복감을 느낍니다." 정말 그를 마주할 때마다 희망이 생기고 자신감이 생기고 힘이 생긴다. 그리고 아주 행복해진다. "이 땅의 각 영역에서 주님의 뜻이 성취되는 주님나라를 실현하려면 먼저 최고인재가 되도록 열심히 노력하고 또한 최고인재들과 협력할 수 있어야 합니다."

그의 말처럼 교회 안에서뿐만 아니라 교회 밖의 사회에서도 착하고 충성되고 잘해내는 프로 신앙인의 삶이 가능해야 한다. "잘 하였도다 착하고 충성된 종아…."(마25:21) 창조주 하나님을 믿고 섬기기에 우리는 불가능의 광야에 가능의 길을 창조하며 이 척박한 땅을 바르고 강한 사회로 변화시키는 사명을 수행해야 하고 또 수행할 수 있다.

"가라사대 너희 믿음이 적은 연고니라 진실로 너희에게 이르노니 너희가 만일 믿음이 한 겨자씨만큼만 있으면 이 산을 명하여 여기서 저기로 옮기라 하여도 옮길 것이요 또 너희가 못할 것이 없으리라."(마17:20)

전능하신 하나님을 붙잡고 골짜기 인생을 탈출하며, 다시 평지에서 승리의 꼭대기로 오르며, 그러나 거기서 안주하지 않고 골짜기를 섬기고 메우며, 더 나아가 아예 골짜기를 없애는 인재를 양성해야 한다. 개인 성공담과 구원사역에 머물지 말고 사회 성공담과 창조사역을 펼쳐야 한다. 이것이 사명과 믿음과 창조가 하나로 융합되는, 바르고 강한 프로 신앙인의 삶이다.

천당에 가는 데 골몰하기보다는 이 땅에 천국, 곧 하나님 나라를 심고 가꾸는 데 집중하자. 예수 그리스도를 믿고 구원을 받으며, 그리고 구원을 넘어 창조하며, 그래서 이 땅에 하나님의 구원과 정의와 복지가 넘쳐나는 하나님 나라를 일구자. "나라이 임하옵시며 뜻이 하늘에서 이룬 것 같이 땅에서도 이루어지이다."(마6:10) 예수님과 함께, 예수님을 위하여 교회와 사회에서 바르고 강한 프로 신앙인이 되자.

차례

뉴크리스천, 사회를 성공시켜라

3장 어려움이 곧 긍정에너지다

"너는 내게 부르짖으라 내가 네게 응답하겠고 네가 알지 못하는

크고 비밀한 일을 네게 보이리라"

(렘33:3)

1장

거기서 한 걸음 더 나아가라

01

내몰린 자들의 창조인생

높은 학벌을 요구하는 사회에서 번번한 졸업장이 없어 제대로 일자리를 못 구하고 취업시장 밖으로 내몰린 끝에 부득이 창업하는 사람들이 있다. 하지만 이들의 벼랑 끝 노력이 때론 다른 사람에게 좋은 일자리를 창출해주기도 한다. 일류 대학 출신들이 일류 기업에서 경쟁의 사다리를 오르느라 허덕거릴 때, 오히려 좋은 일자리의 바깥으로 내몰린 사람들이 아예 새롭고 좋은 일자리들을 만드는 것이다.

내몰리는 것이 나쁘지만은 않다. 아밀리아 안토네티Amilya Antonetti는 이탈리아 출신의 가난한 미국 이민자의 딸이었다. 아버지는 자주 집을 비우면서까지 죽도록 노동했지만 가족부양조차 힘겨웠다. 아버지가 떠나 있는 외로움을 이기려다가 어머니는 중독증에 빠졌다. 결국 부모는 갈라섰고, 어느 날 어머니는 자살하고 말았다. 17세의 그녀는 어떻게든 살아남기 위해 발버둥을 쳐야 했다.

슬픈 기억에 굴복당하지 않으려 이를 악물었고 더 이상 약해지지 않으려 애썼다. 누구에게나 아메리칸드림이 보장되지 않는다는 사실을 아버지의 인생을 통해 절감한 그녀는 주말을 가리지 않고 밤낮으로 여러 가지 일을 했다. 어려운 중에도 그녀의 가슴에는 어릴 적부터 간직했던 불이 타올랐기 때문이다.

'나도 이 세상에 나만의 족적을 남길 거야. 어떻게든 해낼 거야.'

그녀는 자신의 인생을 전진시키는 일이라면 무엇이든 마다하지 않았다. 대기업에 취직해 능력도 인정받았다. 세일즈 신기록을 세웠고 상도 받았으며 승진도 했다. 26세 때는 그토록 소원하던 정상적인 가정을 꾸리는 듯했다. 좋은 집안에서 자란 남자를 만나 결혼했고 곧장 아기도 가졌다. 미리 데이비드라는 아기 이름도 정했다. 훌륭한 엄마가 되겠다는 일념으로 열심히 책을 읽고 강의를 들었다. '이렇게 황홀한 게 인생'이라는 생각도 잠시나마 했다.

그러나 아들 데이비드를 출산하면서 인생이 잿빛으로 변했다. 아들은 피부발진과 호흡곤란으로 끝없이 울어댔고 때때로 자지러질 듯했다. 병원을 드나들었지만 원인도 찾아내지 못했다. 병원에서는 아들을 살릴 수 없다고 했다.

의사는 포기했지만 그녀는 아들의 머리맡에 앉아 큰 소리로 기도했다.

"아들을 지켜만 주신다면 제가 달라지겠다고 맹세합니다. 무엇이든 하겠으며 목숨이라도 바치겠습니다."

아밀리아는 의사도 못 밝혀낸 아들의 발병 원인을 캐려고 세밀히 관찰하고 꼼꼼히 기록했다. 그러던 중 염산과 암모니아 등 집 안 청소에 쓰이는 화학성분들이 병의 주범임을 알게 됐다. 그것들을 없애자 아들의 울음이 그쳤고 증세도 서서히 호전됐다. 그리고 앞으로 아들을 아프지 않게 할 비누를 찾기로 했다. 외할머니의 도움을 받으며 질문에 질문을, 연구에 연구를 거듭한 끝에 저자극성, 무독성 천연비누를 만들어낼 수 있었다.

아들은 건강해졌고 그녀의 '아밀리아' 천연비누는 아들과 같은 고통을 겪는 사람들에게 확산됐다. 그녀는 자신도 모르게 수십억 달러의 세제시장에 뛰어들었다. 그녀가 세운 천연비누 회사 소프웍스Soapworks는 미국 세제업계에서 호평을 받으며 수백만 달러의 가치를 지닌 회사로 성장했다. 남다른 인생의 굴곡을 지닌 그녀는 「오프라 윈프리 쇼」 등 각종 TV 방송을 통해 어머니들을 상대로 하는 강연자로서, 또한 사업가로서 명성을 떨치고 있다.[1]

한 곳이 막히면 더 좋은 곳이 열린다

안전한 곳에서 바깥으로 내몰림으로써 오히려 창조적인 인생을 살기도 한다.

아브라함은 하나님의 뜻이든, 자의든 아버지의 집으로부터 내몰려야 했다. 갈 곳을 구체적으로 몰랐지만 믿음으로 한 걸음씩 내디딜 줄은 알았다. 그에게는 안전도, 물질도, 자식도 없었다. 하나님과 함께 그는 그런 없음과 맞붙어 싸웠다. 마침내 그는 안전과 물질과 자식을 얻었다. 그리고 그의 믿음은 결코 이전의 상태로 되돌아갈 수 없이 막강해졌다.

그런가 하면 이삭에게는 우물이 없었다. 반농반목의 그에게 우물은 생존 그 자체였다. 그러나 그는 블레셋 사람들로부터 쫓겨났고 두 차례나 우물을 빼앗겼다. 하나님과 함께 그는 그런 없음과 맞붙어 씨름했고,

결국 우물도 얻고 넓은 땅도 얻어 번성할 수 있게 됐다. 물론 그의 믿음도 이전과 비교할 수 없이 커졌다.

내쫓김과 없음이 불행만은 아니다. 완전히 새로운 창조인생을 펼칠 수 있는 기회이기도 하다. 1984년 미국의 한 대학을 갓 졸업한 드루 굿맨Drew Goodman과 그의 아내 마이라 굿맨Myra Goodman은 도심지의 엘리베이터와 택시를 벗어나 흙냄새를 맡고 귀뚜라미 소리를 들으며 살고 싶었다. 그래서 캘리포니아 주의 카멜 밸리로 들어가 작은 나무딸기 농장을 시작했다. 그들에게는 농사 지식이 전무했지만 살충제 등 화학물질을 사용하지 않고 그들만의 유기농으로 딸기를 재배했다. 무척 만족스러웠지만 딸기재배만으로는 생계가 안 돼 아기상추 등 여러 야채도 함께 재배해서 가까운 음식점에 납품했다.

평화롭고 행복한 농장생활에 젖어들 무렵, 그들의 생명줄과도 같았던 음식점의 주방장이 타지로 떠나버렸다. 하루가 다르게 아기상추가 자라고 있었지만 그것을 사줄 데가 없어진 것이다. 충격이 컸다. 그러나 시간이 흐르면서 시련을 기회로 보는 여유가 생겼다. 판로가 막혀 쌓아둔 야채를 오래 저장할 수 있는 방법을 고안해냈던 것이다. 그들은 한 주 동안 먹을 야채를 한꺼번에 씻어서 말린 뒤, 비닐봉지에 넣어 보관했다. 요리할 시간이나 기력이 없을 때 신선한 샐러드를 간편하게 먹을 수 있는 방법이 탄생한 것이다.

이렇게 좋은 것을 어떻게 상업화할까 하고 고민하다가 무턱대고 인근의 특산물 가게에 납품해봤다. 안 팔리면 한 푼도 안 받겠다는 조건으로, 반신반의하던 가게주인과 겨우 계약을 체결할 수 있었다. 당시에는 고급 음식점만이 유기농 야채를 찾았을 뿐이고, 더군다나 포장 샐러드는 금시초문이었다.

위협을 기회로 바꾸는 여유를 가져라

하지만 뚜껑을 열자 이야기가 달라졌다. 점점 그들의 거실은 말린 유기농 샐러드를 포장하는 작업장으로 변했다. 미처 깨닫지 못하는 사이에 그들의 어스바운드 농장Earthbound Farm은 미국에서 처음으로 유기농 포장 샐러드를 상업화하는 데 성공했다. 불어나는 수요를 감당할 수 없어 32에이커의 농장을 사서 포장설비를 갖췄지만 그것은 시작에 불과했다. 1993년 한 슈퍼마켓 체인과 계약한 후, 곧 미국 전역의 소매점에 납품하는 대형업체가 됐다.

수요 폭증에 대비해 더 많은 땅과 더 전문적인 농사기술을 확보하기 위하여 다른 두 농장과 협력 관계도 구축했다. 그들의 어스바운드 농장은 2만 5,000에이커로 늘어나 세계 최대의 유기농 경작지가 됐다. 미리 씻어 포장된, 이 농장의 유기농 샐러드는 현재 미국 전역의 4분의 3, 캐나다와 멕시코는 물론 심지어 대만에까지 공급되고 있다.[2]

이삭이 우물을 빼앗긴 것처럼 그들의 거래처 상실은 생존의 위협이었지만, 동시에 그들만의 새롭고 넓은 시장을 창조하고 지배하게 하는 기회이기도 했다. 내몰림과 상실은 하나님의 도우심을 간절히 찾게 하는 한편, 우리의 한계를 깨뜨리고 우리 안에 있는 창조 본능을 일깨운다. 어떤 내몰림과 상실에도 우리는 창조주 하나님과 더불어 다시 시작할 수 있으며 무엇이든지 해낼 수 있다(빌4:13).

야곱은 순간의 차이로 쌍둥이 동생이 됐다. 그로서는 정말 아쉽게 장자권을 놓친 셈이었다. 그 옛날, 장자권은 재산권 상속과 직결돼 있었다. 그는 형의 장자권을 빼앗으려고 온갖 잔머리를 다 굴렸다. 그러나 그는 더 이상 형과 경쟁할 수 없게 됐다. 지팡이 하나만 들고 고향을 등

져야만 했다. 그렇지만 그는 하나님과 더불어 전혀 새로운 인생을 창조할 수 있었다. 맨손으로 시작한 지 20년 만에 자수성가해 두 떼의 양 무리를 이룰 수 있었다. 경쟁인생이 창조인생으로 바뀐 것이다.

요셉의 경쟁은 더욱 격렬했다. 일찍이 친어머니를 여의고 3명의 다른 어머니들 틈에서, 아래로는 막내 친동생을 챙겨야 하는 한편, 위로는 10명의 이복형들과 다투어야 했다. 실권을 쥔 아버지를 제 편으로 만들려고 본능적으로 아버지의 뜻에 고분고분 순종했을지도 모른다. 꿈에라도 경쟁에서 승리해 이복형들을 발밑에 두고 절을 받고 싶었을 것이다. 하지만 그 형들에 의해 구덩이에 처박혔고 노예로 팔려갔다.

구덩이가 지름길이었다

그의 인생이 끝장나는 듯했다. 그러나 하나님이 끝내시기 전에는 그 누구도, 심지어 본인도 자신의 인생을 끝낼 수 없다. 그가 처박힌 광야의 구덩이, 그리고 친위대장 보디발의 집에 종으로 팔려가는 구덩이, 또 보디발의 부인 때문에 무고하게 감옥에 갇히는 구덩이는 그의 인생에 종지부를 찍으려는 듯이 달려들었다. 그런 상황에서도 그가, 할 수 없는 것은 하나님께 맡기고 할 수 있는 것을 했을 때 그 구덩이들은 그를 바로의 2인자 자리로 끌어올렸다.

그가 이복형들과의 경쟁구도에서 이겨봤자 씨족장밖에 더 됐겠는가. 그의 유력하고 유일한 우군이었던 아버지로부터의 격리와 내몰림이 없었던들, 어찌 그가 국경 안팎에 영향력을 행사하는 최고의 경제 권력자가 될 수 있었겠는가. 자의든 타의든, 하나님의 뜻이든 기존의 경쟁구도

밖으로 내몰리는 것은 새롭고 넓은 창조공간을 차지할 수 있는 기회이기도 하다.

내몰림, 상실, 난제는 하나님과 함께 전혀 새로운 인생을 창조하는 도구와 기회가 된다. 모세에게 있어 물은 죽음의 위협이었다. 그러나 그 물은 어린 그를 바로의 공주에게로 이끄는 도구였으며 후일에는 억압당하던 그의 백성들을 완벽하게 구출하고 바로의 군대를 전몰시키는 기회가 됐다. 전능하신 하나님과 함께라면 그 어떤 불가능도 없다. "…믿는 자에게는 능치 못할 일이 없느니라…."(막9:23)

한나는 하나님과 함께 자신의 자식 없음과 맞붙어 싸웠다. 그래서 사무엘을 출산할 수 있었다. 그 아들, 사무엘이 누구던가. 사울 왕과 다윗 왕을 잇달아 세운 마지막 사사, 첫 선지자, 그리고 제사장 아니던가. 또한 야베스는 하나님과 함께 물질 없음과 맞붙어 씨름했다. 그 결과 부요를 넘어 존귀까지 확보할 수 있었다. 전능하신 하나님 안에서 내몰림, 상실, 없음, 난제는 전혀 다른 차원의 창조인생을 여는 돌파구다.

02

WE-creation 시대

영어 단어 'source'는 '샘(수원, 근원)'이라는 뜻을 갖고 있다. 소스source로부터의 소싱sourcing이 잘 되면 공급이 원활하게 되고 그 결과, 과도한 낭비가 아니라 필요충분한 소비가 생기면서 각 분야의 성장이 두루 일어나게 된다. 음식의 소싱이 잘 되면 육체가 성장하고, 지식의 소싱이 잘 되면 머리가 성장하고, 사랑의 소싱이 잘 되면 마음이 성장하고, 말씀의 소싱이 잘 되면 영이 성장한다. 재력, 인력, 상상력의 소싱이 잘 되면 기업이 성장한다.

우리는 하나님(Up)과 함께, 자신의 내부(In)와 함께, 자신의 외부(Out)와 함께, 대중(Crowd)과 함께 인생의 소싱을 하게 된다. 하나님과 함께든지, 자신과 함께든지, 남과 함께든지 우리는 항상 팀워크 소싱을 하며 사는 것이다. 이렇듯 누군가와 함께 소싱하는 팀워크 소싱을 나는 '위-소싱WE-sourcing'이라고 명명하면서 '위WE'의 공동체성을 도드라

지게 강조하고 싶다.

위-소싱의 첫째는 하늘의 하나님과 함께 소싱하는 업-소싱Up-sourcing 이다. "내가 주는 물을 먹는 자는 영원히 목마르지 아니하리니 나의 주는 물은 그 속에서 영생하도록 솟아나는 샘물이 되리라."(요4:14) 하나님의 아들, 예수님께서 이 세상에 오셔서 믿는 자마다 그 안에 영생의 샘물이 솟아나게 하셨다. 사죄와 구원과 영생의 샘물이다. 이것을 넘어 인생의 꼴도 공급하신다. "내가 문이니 누구든지 나로 말미암아 들어가면 구원을 얻고 또는 들어가며 나오며 꼴을 얻으리라."(요10:9) 이처럼 예수님을 믿으면 구원을 얻고 꼴도 얻는다. 아니, 생명을 얻고 더 풍성히 얻는다. "도적이 오는 것은 도적질하고 죽이고 멸망시키려는 것뿐이요 내가 온 것은 양으로 생명을 얻게 하고 더 풍성히 얻게 하려는 것이라."(요10:10)

예수님과 함께하는 업-소싱은 영생을 넘어 인생의 모든 것을 얻게 한다. "자기 아들을 아끼지 아니하시고 우리 모든 사람을 위하여 내어주신 이가 어찌 그 아들과 함께 모든 것을 우리에게 은사로 주시지 아니하시겠느뇨."(롬8:32)

하나님과 함께하는 업-소싱은 가장 압도적이다. 저 하늘에서의 영생뿐만 아니라 이 세상에서의 풍성한 인생을 위한 다양한 공급이 이루어지게 한다.

우리가 믿는 하나님은 무한하게 사랑하시고, 무한하게 준비하시고, 무한하게 해결하시고, 무한하게 공급하시는 분이시다. 또한 미래를 아시고 만드시고 몰고 오신다. 하나님과 친밀한 연줄을 맺는 것보다 더 좋은 일은 없다. "또 여호와를 기뻐하라 저가 네 마음의 소원을 이루어 주시리로다."(시37:4)

기계도 말을 잘 듣는다

스웨덴의 세계적인 크리스천 사업가, 군나르 올슨Gunnar Olson은 알파팩Alfapac을 창업한 후 종종 위기를 만났으나 그때마다 하나님과 함께하는 업-소싱을 잘해 회사를 더욱 성장시키곤 했다. 한번은 공장에서 가장 비싼 플라스틱 필름 사출기의 분출용 헤드가 제대로 작동되지 않아 큰 어려움을 겪어야 했다. 그 기계는 생산량을 극적으로 높여줄 것으로 기대됐지만 매시간 100만 원어치의 불량품만 만들어냈다.

분출용 헤드를 세 번이나 분해해 0.001밀리미터까지 정밀하게 조립해봤지만 허사였다. 담당자였던 그의 남동생은 새 헤드를 구입하거나 기도하는 수밖에 없다고 단언했다. 선택은 간단했다. 어느 토요일, 당시 나이 여든다섯이던 어머니까지 포함한 그의 온 가족이 공장으로 달려갔다. 그 기계가 제대로 작동돼 주님의 영광을 위해 플라스틱 필름을 생산하도록 그 기계 위에 모두 손을 얹고 축복하며 기도했다.

다음날, 그의 남동생이 그 기계를 조작하다가 문득 커다란 분출용 헤드의 냉각 링 안쪽을 살펴봐야겠다는 생각이 들었다. 놀랍게도 공기를 불규칙하게 분출시키는 작은 금속 조각을 거기서 발견했다. 그것을 제거하자 월요일부터 완전한 플라스틱 필름이 생산될 수 있었다.[3] "우리가 무엇이든지 구하는 바를 들으시는 줄을 안즉 우리가 그에게 구한 그것을 얻은 줄을 또한 아느니라."(요일5:15)

군나르 올슨은 남들 앞에 설 수 없을 정도로 심약했고 부끄러움도 많았지만 그 후 그는 전능하신 하나님의 손에 붙들려 오직 하나님의 말씀에 순종함으로써 ICCC국제기독교상공회의소를 설립할 수 있었고, 그것을 통해 가나, 중국, 러시아 등 전 세계의 국가 지도자들을 상대로 하나님의 무한하신 경제활동을 전개하는 현대판 요셉으로 쓰임 받을 수 있었다.
이렇듯 하나님으로부터의 업-소싱은 난제를 해결해주며 새 돌파구를
열어주며 무한대의 천국경제를 접속시킨다.

난제를 넘어 창조의 돌파구가 열린다

롯데가 다른 것은 잘 하는데 우유만큼은 그러지 못했다. 매출을 늘려
야 하는 압박을 못 견뎌 롯데햄우유의 대표이사가 병들어 사망하는 일
도 있었다. 이해원 영업이사의 스트레스도 이만저만이 아니었다. 그는
100일 새벽기도를 드렸고 이어 50일 더 새벽기도를 드렸다. 놀라운 일
이 벌어졌다. 롯데 검은콩 우유가 만들어진 것이다. 흰 우유에 검은 콩
은 도무지 안 어울렸지만 웰빙 바람을 타고 검은콩은 우유시장을 넘어
식음료시장 전체에 돌풍을 일으켰다. 심지어 검은콩 막걸리까지 불티나
게 팔렸다. 당연히 롯데햄우유는 꼴찌에서 정상으로 이동할 수 있었다.
"내가 여호와를 기다리고 기다렸더니 귀를 기울이사 나의 부르짖음을
들으셨도다 나를 기가 막힐 웅덩이와 수렁에서 끌어올리시고 내 발을
반석 위에 두사 내 걸음을 견고케 하셨도다."(시40:1-2)
주거용 오일버너 생산업체인 R.W.베케트의 존 베케트John Beckett 사장은
고민이 컸다. 아랍 국가들의 석유수출 금지로 유가가 급등하는 바람에 그
의 회사 매출이 큰 타격을 입었기 때문이다. 경쟁업체들이 서둘러 생산을
줄였지만 그는 기도하던 중 석유수출 금지가 곧 해제될 것이라는 느낌을
받았다. 그는 오히려 생산을 늘렸고, 그 결과 그의 회사는 일시에 북미지역
최고의 생산업체로 비약할 수 있었다. "너는 내게 부르짖으라 내가 네게

응답하겠고 네가 알지 못하는 크고 비밀한 일을 네게 보이리라."(렘33:3)

위로부터의 업-소싱은 문제 해결을 넘어 비약을 경험하게 한다. 20세기의 최고부자 존 록펠러John D. Rockefeller도 그랬다. 그는 황량한 폐광에 납작 엎드려 기도했다. "어렸을 때부터 지금까지 저는 온전한 십일조를 드렸습니다. 그런데도 왜 이런 파산의 위기를 당해야 하는 것입니까. 주님이 살아 계신 증거를 보여주십시오." 그는 통곡했다. 그러자 마음속 깊은 곳에서 주님의 세미한 음성이 들려왔다. "때가 이르면 거두리라. 더 깊이 파라." 그가 다시 폐광을 파자 갑자기 검은 덩어리가 공중으로 솟구쳐 올랐다. 원유였다. 32세 때 그는 자본금 100만 달러로 오하이오 스탠더드 석유회사를 설립했고 43세이던 1882년 미국 석유산업의 90퍼센트를 장악하는 스탠더드 오일 트러스트의 실질적인 지배자가 될 수 있었다.

이렇듯 업-소싱은 강력하다. 우리의 인생을 송두리째 뒤바꾼다. 위에 계신 하나님과 친밀한 관계를 맺는 데 우리의 마음과 시간을 투자해야 하겠다. "여호와께서 내 음성과 내 간구를 들으시므로 내가 저를 사랑하는도다 그 귀를 내게 기울이셨으므로 내가 평생에 기도하리로다."(시116:1-2) 업-소싱을 통해 우리는 전능하신 하나님의 선하심을 맛볼 수 있다. "너희는 여호와의 선하심을 맛보아 알지어다…."(시34:8)

내면의 목소리를 따르라

위-소싱의 둘째는 자신의 내부로부터 공급받는 인-소싱In-sourcing이다. 내면의 목소리와 잠재력을 잘 개발하면 확고부동한 가치와 원칙으로 판단하고 행동할 수 있게 된다. 그 결과, 손해를 줄이고 이익을 늘릴 수 있다.

1965년 서른다섯 나이에 미국의 금융지주회사, 버크셔 해서웨이Berkshire Hathaway Inc.를 창업한 워렌 버핏Warren Edward Buffett은 열아홉 살에 신문과 콜라를 파는 아르바이트로 1만 달러를 모아 첫 주식투자에 나섰다. 그는 대박을 노리는 투기를 끔찍하게 싫어했다. 대신 저평가 우량주에 장기투자하는 단순원칙만 고집했다. 워렌 버핏의 투자원칙 첫째는 '돈을 잃지 않는 것'이고, 그의 투자원칙 둘째는 '첫 번째 원칙을 항상 고수하는 것'이었다. 이 두 원칙을 철저히 지킨 결과, 그의 회사는 2001년 한 해만 투자손실을 보았으며, 40년간 연평균 30퍼센트 정도의 투자수익률을 줄기차게 올렸다. 그렇게 해서 회사 몸집이 4,000배 불었고 주가도 1만 배 올랐다. 그는 주식투자 하나로 350억 달러 넘게 번, 세계 2위의 부자가 됐다. 이처럼 강한 내공에서 강한 인-소싱이 나온다.

함께 구하라

위-소싱의 셋째는 자신의 외부와 함께하는 아웃-소싱Out-sourcing이다. 이것을 잘하려고 기업들은 좋은 관계를 구축하는가 하면 아예 인수합병M&A을 벌이기도 한다. 2001년 잭 웰치John Frances Welch Jr를 뒤이어 GE 회장에 취임한 제프리 이멜트Jeffrey R. Immelt는 GE 수뇌부와 고객회사 CEO들을 함께 모아 그들의 당면 과제를 해결하고 미래시장의 트렌드를 앞질러 읽기 위한 '꿈의 회의Dreaming Sessions'를 열었다.

2004년 미국 뉴욕 주의 알바니에 위치한 GE 본사에서 가진 꿈의 회의
에서 이멜트 회장은 CEO들에게 이렇게 물었다. "당신의 회사가 앞으로
부딪힐 고민이 무엇입니까?" 물 부족, 화석연료 고갈, 오염물질배출 감축
이 그들의 대답이었다. 재빨리 그는 '환경과 에너지가 곧 돈Green is green'
이라는 결론을 내렸다. 그 후 그는 M&A를 통해 물 처리에 관한 첨단기술
을 모두 장악하는 등 환경과 에너지 부문의 신수종사업 확보에 집중했
다.[4] 그 결과, 2007년 GE는 저공해 항공기 엔진, 친환경 발전설비, 조명
기구 등 45개 제품에서 120억 달러의 매출을 올릴 수 있었고 2010년에는
200억 달러의 매출을 기록할 전망이다.

요즘은 적절한 외부를 찾아 연결시키는 능력이 곧 사업이고 경영이고
리더십이다. 심지어 새로운 혁신기업들은 핵심부문마저도 외부에 맡긴
다. 자체적인 연구개발R&D, Research and Development은 줄이고 외부와의 연결
개발C&D, Connect and Develop은 늘리는 것이다.

세계 최대의 소비재업체 프록터앤드갬블P&G의 앨런 래플리Alan Lafley 회
장은 2000년 취임하면서 앞으로 C&D전략을 통해 혁신의 50퍼센트 이상
을 외부에서 해결하겠다고 밝혔다. 결과는 성공적이었다. 여러 값진 수
확이 속속 나오고 있다.

P&G는 8,000여 명의 내부 R&D 인력을 활용하지 않고도 인터넷을 통
해 이탈리아의 한 작은 제빵업체로부터 감자 칩 반죽에 문양을 새기는
기술을 확보할 수 있었다. 그렇게 해서 2004년 북미에서 시판된 '프링글
스 프린츠Pringles Prints' 감자 칩은 대히트를 기록했다. P&G의 C&D전략은
과감하고 적극적이다. 경쟁업체와 협력하는 일도 마다하지 않는다. 심
지어 라이벌 기업인 크로락스Clorox와 손잡고 주방용 랩 '글래드GLAD'를
만들어내기도 했다.

'집단지성'이 이긴다

위-소싱의 넷째는 외부의 대중과 함께하는 크라우드-소싱Crowd-sourcing이다. 이는 특출한 소수가 아니라 광범위한 대중이 제공하는 '집단지성'을 통해 상상 밖의 제품, 서비스, 솔루션을 창출하는 것이다. 우리나라의 자동차용 전자지도 전문업체인 엠앤소프트M&Soft는 2003년부터 전자지도 웹사이트 '맵피마을'을 통해 70만 명의 회원들로부터 다양한 도로정보를 접수해 다중경로 탐색 등 80여 가지의 신기능이 장착된 최신 전자지도 '맵피 유나이티드'를 2007년에 출시했다. 매년 도로 정보가 30퍼센트 이상 바뀌는 우리나라의 현실에서 엠앤소프트는 월평균 3,000건씩 접수되는 맵피마을 게시물을 활용함으로써 연간 10억 원 이상의 연구개발비 등을 절감한다. 크라우드-소싱을 통해 최신판이 계속 나오기 때문에 130만 명에 달하는, 이 내비게이션 소프트웨어의 고객은 점증하는 추세다. 이제 크라우드-소싱은 대세다. 이것으로 성공하는 기업들이 여기저기서 나타나고 있다.

1989년 미국 알래스카에서 사상 최악의 기름 유출사고가 발생했다. 그 후 거의 20년이 흘렀지만 빙하 사이의 기름을 다 해결하지 못했다. 수십 척의 바지선들이 기름을 퍼 올렸지만 혹한의 날씨로 기름과 물이 젤리처럼 뒤엉켜 분리되지 않았기 때문이다. 마지못해 2007년 국제기름유출연구소OSRI는 이노센티브Innocentive에 도움을 청했다.

각종 문제에 대한 솔루션을 제공해 수익을 창출하는 이노센티브의 해결사는 소수의 사내 전문가가 아니라 175개 국가의 12만 5,000명에 달하는 대중이다. 이노센티브가 웹사이트를 통해 OSRI 문제해결 방법을 요청하는 글을 올리자 2주 만에 과학자, 기술자, 퇴직공무원, 학생, 가정주부로부터 수천 건의 아이디어가 쏟아졌다. 20년에 가까운 고민이 미국의 한 시멘트업체에서 근무하는 존 데이비스John Davids 씨에 의해 한 순간에 풀렸다. 시멘트가 굳지 않도록 계속 진동기계로 젓듯이 기름도 그러면 된다는 것이었다.

OSRI는 알래스카 바지선마다 진동 기계를 달아 기름 문제를 해결할 수 있었고, OSRI가 데이비스 씨에게 지불한 사례금은 2만 달러였다. 2001년 창립된 이후 이노센티브는 600개의 과제 중 200개를 이렇게 조치했다. 이노센티브의 비즈니스 모델은 보잉 등 고객기업들과 12만 5,000명의 대중 해결사를 연결시키고 수수료를 챙기는 방식이다.[5]

밖으로부터 부지런히 받아들이고자 하는 오픈-소싱Open-sourcing은 최상의 정책이다. 열면 흥하고 닫으면 쇠한다. 열어서 잡혈이 된 것이 닫아서 순혈인 것을 이긴다. 개인도 그렇고 나라도 그렇다. 전 세계를 향하는 대로를 닦으며 오랑캐로부터도 배우고자 했던 로마는 흥했고, 만리장성을 쌓으며 사방을 오랑캐로 삼았던 중국은 쇠했다는 주장이 터무니없어 보이지는 않는다.

스스로 높아 외부와 담을 쌓는 순혈주의는 파멸을 불러들이지만(잠 17:19), 모사가 많으면 경영이 성립한다(잠15:22). 혼자만의 지혜와 힘으로는 안 되기 때문에 밖으로부터 오픈-소싱을 해야 한다. P&G는 8,000여 명의 방대한 내부 R&D 인력이 있지만 기꺼이 자신의 속살을 열어 적과의 동침도 불사한다. 세계 최대에 안주하지 않고 C&D를 하고 아웃-소싱을 하며 진화를 거듭한다.

바로 이것이다. 하나님이시든지, 자신의 내부든지, 자신의 외부든지, 대중이든지 함께 팀워크로 위-소싱을 하면 성장을 지속할 수 있다. 혼자서는 안 된다. 함께해야 한다. 1768년 스코틀랜드에서 초판이 발행된

이래 지금껏 출판되고 있는 브리태니커 백과사전이 엄청난 부피와 비싼 가격을 일방적으로 고집해왔다면, 2001년 시작됐지만 이미 브리태니커를 제압한 다국어판 인터넷 백과사전 '위키피디아Wikipedia'는 전 세계의 누리꾼들이 자유롭게 가감편집해서 만들고 이용하는 집단지성의 산물이다.

240년을 훌쩍 넘은 브리태니커가 10만여 건의 정보량을 축적하는 데 머무른 반면, 위키피디아는 불과 8년 만에 250개 언어로 된 600만여 건의 정보량을 축적하고 있다. 위키피디아는 전문가들이 만든 마이크로소프트의 디지털 백과사전 '엔카르타encarta'도 당연히 압도했다.[6] 개방, 참여, 공유를 바탕으로 하는 집단지성의 협업이 오랜 전통을 누르고 소수 엘리트주의를 누른 것이다.

혼자 소싱하면 빈약할 것이나 함께 소싱하면 풍성할 것이다. 이제 벤처를 하더라도 혼자가 아니라 함께하는 웬처WE-nture여야 한다. 상상을 해도 함께하는 위-매지네이션WE-magination이어야 하겠고, 추진을 해도 함께하는 위-너지WE-nergy여야 하겠으며, 창조를 해도 함께하는 위-크리에이션WE-creation이어야 하겠다. 그래서 함께 벤처를 일구는 웬처의 공동 CEO, 그러니까 WE-CEO여야 하는 것이다.

위-코노미, 위-코리아

여기서 더 나아가야 한다. 경쟁과 효율뿐만 아니라 사회성과 형평성도 함께 작동되는 위-코노미WE-conomy의 덩치가 커져야 하는 것이다. 이런 맥락에서 사회책임까지 감당하겠다는 착한 기업들이 속속 등장하고 있는 것은 매우 바람직한 현상이다.

이제 기업은 이윤추구를 넘어 사회통합의 주체가 돼야 한다. 경제의 공동체성이 부각되는 위-코노미의 확산과 아울러 국민도 대통령처럼 다스림의 주체가 되는 위-폴리틱스WE-politics, 평신도도 목사처럼 가르침의 주체가 되는 위-리전WE-ligion이 가시화돼야 한다.

그러면 모두가 당당한 국민으로 함께 대접받는 위-코리아WE-Korea가 도래하리라. 높고 부유하고 선택된 특정인들의 대한민국만이 아니라 신용불량자, 파산자, 주민등록상실자, 노숙자, 장애인, 전과자와 같은 사회 약자들의 대한민국을 만들어야 한다. 물론 하늘에서 이루어진 하나님의 뜻이 우리나라에서도 이루어지는 갓-코리아GOD-Korea도 도래해야 하리라.

우리에게 성취해야 할 꿈이 있다면 하나님께는 더욱 성취하셔야 하는 꿈이 있다. 창세 이후 하나님께서 주권과 능력으로 우리와 더불어 성취해 가시는 꿈은 대략 3가지로 압축될 수 있다. 첫째는 이 땅에 하나님 나라가 임하는 것이다. "나라이 임하옵시며 뜻이 하늘에서 이룬 것같이 땅에서도 이루어지이다."(마6:10) 죄와 죽음으로부터 구원받는 것과 영원한 생명을 얻는 것은 물론이거니와 저 하나님 나라의 다양한 특성들이 이 땅의 현실 속에 발현되는 것도 당연히 포함된다. 하나님 나라를 이 땅에 실현하는 것은 하나님의 변함없는 꿈이자 세대를 이어 계속돼야 하는 우리의 꿈이다. "…세상 나라가 우리 주와 그 그리스도의 나라가 되어 그가 세세토록 왕노릇하시리로다 하니."(계11:15)

첫째의 연장선상에 있는 둘째는 이 땅의 높은 곳이 낮아지고 낮은 곳이 돋우어져 평지가 되는 것이다. "골짜기마다 돋우어지며 산마다 작은 산마다 낮아지며 고르지 않는 곳이 평탄케 되며 험한 곳이 평지가 될 것이요."(사40:4) 개인 간, 집단 간, 국가 간 양극화를 심화시키는 자유경쟁의 무자비함에 함몰되지 말고 골짜기 밑바닥을 챙기고 끌어올리라는 것이다. 그러나 전진과 성장을 죄악시하면 안 되겠다. 하향 평준화가 아니라 상향 평준화여야 할 것이다.

셋째는 모두 다 '왕-제사장'이 되는 것이다. "…그 중에 약한 자가 그날에는 다윗 같겠고 다윗의 족속은 하나님 같고 무리 앞에 있는 여호와의 사자 같을 것이라."(슥12:8) 우리를 다윗, 천사, 하나님의 수준으로 격상시키시려는 게 하나님의 꿈이다. 다윗이 누구인가. 왕인데도 백성을 축복하는 제사장 직분을 수행하지 않았는가(삼하6:17-19). 그는 아론 제사장의 계보가 아니라 멜기세덱의 계보(창14:18)를 좇은 왕-제사장이었던 것이다.

하나님의 꿈, '왕-제사장'

예수님도 그러셨다. 우리가 믿는 예수님은 그리스도이시다(눅2:11). 그리스도는 기름 부음을 받은 사람이라는 뜻인데 구약시대에 공개적으로 기름 부음을 받은 사람은 왕(삼상16:13)과 제사장(출28:41)뿐이었다. 예수님은 제사장 아론의 계보가 아니라 멜기세덱(히7:15)과 다윗의 계보를 좇은 왕-제사장, 곧 그리스도이시다. 그렇기에 이 예수님을 믿는 우리도 예수님의 영, 곧 성령 하나님의 기름 부음을 받은 '왕 같은 제사장들'이다. "오직 너희는… 왕 같은 제사장들이요…."(벧전2:9) 이것이 예수님을 통해 하나님께서 우리에게 주시는 우리의 새 신분, 곧 우리의 진정한 정체다. 우리는 우리의 정체에 걸맞게 살아야 한다. 안달복달, 애면글면하며 구걸하지 말아야 한다. 백성을 품고 섬기고 다스리는 왕권, 백성을 품고 섬기고 축복하는 제사장권을 당당히 활용해야 한다. 그럴 때 우리를 향하신 하나님의 셋째 꿈이 성취되는 것이다.

이 땅에서 하나님께서 성취하시려는 꿈은 우리의 구원과 자유를 넘어선다. 풍성한 공급을 받아 우리가 성장을 거듭하며 창조주 하나님의 형상대로 창조하며 사는 것, 더 나아가 왕권과 제사장권을 행사하며 왕 같은 제사장들로 사는 것, 이것이 우리를 향하신 하나님의 꿈이 아니던가. 우리는 기존의 자원을 놓고 대결하는 경쟁구도에서 벗어나 새로운 자원을 창출하는 창조구도로 가야 한다.

경쟁구도에서 창조구도로

이삭은 하나님의 큰 복을 받아 한 해에 100배의 농사를 짓고 마침내 거부가 돼 가축과 노복이 엄청나게 많았다. 그러자 블레셋 사람들이 그를 시기해 그의 우물을 다 막고 몰아냈다. 그가 그랄 골짜기로 이주해 거기서 우물을 얻었더니 이번엔 그랄의 목자들과 이삭의 목자들이 다투어 다른 우물을 팠지만 또 다툼이 일어났다. 거기서 다시 옮겨 또 다른 우물을 팠는데 이제 그들이 다투지 않자 그는 그 넓은 곳에서의 번성을 확신할 수 있었다.

"이삭의 종들이 골짜기에 파서 샘 근원을 얻었더니 그랄 목자들이 이삭의 목자와 다투어 가로되 이 물은 우리의 것이라 하매 이삭이 그 다툼을 인하여 그 우물 이름을 에섹이라 하였으며 또 다른 우물을 팠더니 그들이 또 다투는 고로 그 이름을 싯나라 하였으며 이삭이 거기서 옮겨 다른 우물을 팠더니 그들이 다투지 아니하였으므로 그 이름을 르호봇이라 하여 가로되 이제는 여호와께서 우리의 장소를 넓게 하셨으니 이 땅에서 우리가 번성하리로다 하였더라."(창26:19-22)

생존과 번성에 있어 우물은 필수자원이다. 그래서 이것을 놓고 늘 다툼이 벌어진다. 종종 다툼의 '에섹'이 대적의 '싯나'로 악화된다. 이렇게 좁은 경쟁구도에서 안 빼앗기고 고수하는 것도 중요하겠지만 기꺼이 넘기고 거기서 옮겨 아예 넓은 창조구도를 만드는 것은 더 중요하다. 우리가 믿는 하나님이 창조주이시기에 우리는 옮겨간 그 자리에서도 얼마든지 창조구도의 '르호봇'을 만들어낼 수 있다. "그들이 다투지 아니하였으므로 그 이름을 르호봇이라 하여 가로되 이제는 여호와께서 우리의 장소를 넓게 하셨으니 이 땅에서 우리가 번성하리로다."(창26:22)

창조주 하나님의 형상대로 지어진 우리는 기꺼이 경쟁구도를 떠나 창조구도를 만들어야 한다. 그리고 시간의 흐름 속에서 창조구도가 어느새 경쟁구도로 변질되었을 때 이삭이 또 다른 우물을 팠듯이 우리도 또 다른 창조구도를 일구어야 하겠다. 함께 상상하는 위-매지네이션, 함께 추진하는 위-너지, 그리고 함께 창조하는 위-크리에이션을 통해 전혀 새로운 벤처를 함께 창출하는 웬처의 WE-CEO가 되자. 그래서 창조주 하나님의 형상대로 창조자의 삶을 살고 왕권과 제사장권을 행사하는 왕-제사장의 삶을 살자. 하나님의 100퍼센트 주도권과 은혜, 우리의 100퍼센트 노력과 협력으로 그렇게 하자.

03

구원사역을 넘어
창조사역으로

한 흑인 학생이 아르바이트로 공장에서 작업반원들과 함께 도랑을 파는 일을 했다. 그때 한 사람이 삽에 몸을 기댄 채 회사가 충분한 임금을 안 준다며 불평을 늘어놓았다. 그 옆에서 다른 사람은 묵묵히 도랑을 파고 있었다.

몇 년이 지난 후 그 학생이 다시 그곳에 아르바이트를 하러 갔을 때, 불평하던 사람은 여전히 삽에 몸을 기댄 채 불평하고 있었는데 묵묵히 일하던 사람은 지게차를 운전하고 있었다.

여러 해가 지나 또 거기로 갔을 때, 불평만 하던 사람은 회사에서 쫓겨났는데 묵묵히 일하던 사람은 그 회사의 사장이 돼 있었다. 그는 이 일을 통해 크게 깨닫고는 무엇을 하든지 정직과 성실로 일하고자 했다.

그가 고등학생 때, 바닥에 흘러내린 콜라를 닦는 아르바이트를 했는데 하루는 콜라병 50개가 든 상자가 터져버렸다. 다들 못 본 체했지만 그는 바닥에 꿇어 엎드려 묵묵히 콜라를 닦아냈다. 그의 아버지는 자메이카 출신의 미국 이민자였고 그는 뉴욕의 빈민가에서 태어났는데 그의 가정은 항상 가난했다. 학교성적은 하위권을 맴돌았지만, 그는 정직하고 성실했으며 어떤 시련 앞에서도 용감했다. 그는 미국 합참의장의 자리에 올랐고 2001년에는 흑인 최초로 미국 국무장관이 됐다. 콧대 높은 백인들로부터도 존경받는다는 콜린 파월Colin L. Powell의 이야기다.[7]

자신의 약점, 환경의 어려움, 스스로 할 수 없는 것에 얽매이지 않고 지금 할 수 있는 것을 꾸준히 처리하다 보면 어느새 내공과 자신감이 쌓이고 돌파구가 열리고 환경도 좋아진다. 능력과 사랑이 풍성하신 주님께서 함께하시고 도우신다. 할 수 없는 것에 고착되지 말고 할 수 있는 것을 즐겁게 하라. 반드시 길이 나타날 것이다.

관찰이 경영이다

독일 출신의 리바이 스트라우스Levi Straus는 미국으로 건너가 뉴욕의 주택을 돌며 직물을 판매했다. 그러다가 캘리포니아 금광 붐을 따라 1853년 샌프란시스코로 이주해 그곳의 금광 주변에서 천막이나 포장마차용 질긴 천을 만들어 팔았다. 하루는 군납 알선업자가 그에게 10만 개 분량의 대형 천막 천을 납품할 수 있도록 해주겠다고 제안했다.

그는 행운이 찾아왔다며 기회를 그냥 덥석 물었다. 큰 빚을 얻어 생산시설과 종업원을 늘리고 밤낮으로 고생한 끝에 주문량을 다 만들었다. 그러나 군납의 길이 막히고 그는 파산 직전까지 몰렸다. 어쩌지 못해 막막해하던 중 광부들이 쉽게 닳고 해지는 작업복에 대해 불만이 많다는 것을 알고는 천막 천으로 작업복 바지를 만들면 어떨까 하는 아이디어를 번뜩 떠올렸다. 그는 굵은 천막용 삼베로 작업복 바지를 만들었다. 터지고 끊어지는 것을 막기 위해 솔기를 튼튼한 실로 꿰매고 뒷주머니가 떨어지지 않도록 구리 리벳을 박아 넣었다. 그리고 그가 만든 바지에 '리바이스 팬츠Levi's Pants'라는 이름을 붙여 광부들에게 팔았다. 곧 모든 광부들이 그의 바지를 입었고 그는 금광업자들보다 더 많은 돈을 벌 수 있었다.

어떤 위기든지 그것에 함몰되지 않고 그것의 주변을 잘 살피면 전혀 뜻밖의 해답을 발견하게 된다. 그에게 파산 직전의 위기가 없었다면 최초이자 최고인 리바이스 청바지는 탄생할 수 없었을 것이다. 대단해 보이는 것일수록 덥석 물면 낭패를 당하기 십상이다. 찬찬히 따져봐야 한다. 어리석은 사람은 온갖 말을 다 믿지만 슬기로운 사람은 어떻게 행할지 잘 살핀다(잠14:15). 남의 말을 그냥 믿고 쉽게 받아들이는 사람은 스스로 순수하다고 생각할지 모르지만 사실은 게으르다. 여기저기 두드려 보고 부지런히 살피고 확인하는 수고를 안 하는 것이다. 따라서 피해를 피하고 이익을 찾아내려면 꼼꼼히 관찰하는 번거로움이 필요하다. 대상과 주변을 잘 관찰할수록 피해를 줄이고 이익을 높이는 길이 보인다. 관찰이 경영이다. "일을 숨기는 것은 하나님의 영화요 일을 살피는 것은 왕의 영화니라."(잠25:2)

1980년 과외금지 조치가 내려졌다. 일본의 구몬수학 교재를 한국식으로 가공해 학생들에게 그룹 과외를 하던 강영중은 눈앞이 아찔했다. 과외방을 닫고 3개월 동안 고민했다. 그리고 문제의 주변을 잘 살펴보니 답이 나왔다. '앉아서 기다리지 말고 직접 찾아가자.' 그렇게 해서 교사가 가정을 방문해 학생을 가르치는 방문학습지 사업이 사상 처음으로 시작될 수 있었다.[8] 나중에 학습지 사업이 잘되자 구몬수학 측이 무리한 로열티를 요구할 때도 그는 고민을 거듭한 끝에 답을 찾았다. 1990년 '눈높이'라는 자체 브랜드로 승부수를 던진 것이다. 그 결과, 연간 8,000억 원 규모의 대교그룹이 가능하게 됐다. 살다 보면 문제나 위기를 만나게 된다. 그때 그것에 사로잡히지 말고 그 주변을 차분하게 잘 살피면 새 길이 보인다. 관찰이 경영이고, 리더십이고, 창조다.

넥스트리의 최윤규 사장은 아이디어 뱅크다. 반짝이는 아이디어들을 좀 가지고 있는 정도가 아니다. 그에게는 세상을 뒤바꿀 아이디어들이 차고 흘러넘친다. 그는 늘 자신의 창조적인 아이디어와 제품 개발로 세상을 바꾸는 꿈을 꾼다. 그래서 그를 만나면 행복하고 신난다. 그가 개발한 특허 제품 중 하나는 음료수 페트병 바닥에 종이컵을 집어넣은 것이다. 그가 일상의 불편함을 유심히 관찰한 덕분에 이제 전 세계의 소비자들은 종이컵을 따로 챙기지 못해 생긴 곤란을 모면할 수 있게 됐다.

할 수 있는 것을 하라

리바이 스트라우스에게 굵은 천막 천이 청바지 재료로 돌변했다면 최소영에게 청바지 천은 그림 재료로 돌변했다. 그녀는 뭔가 독특한 것을 찾다가 물감 대신에 청바지로 그림을 만들기 시작했다. 청바지를 잘라 붙이고 탈색시켜서 부산의 서민적인 도시 풍경을 화폭에 담았다. 청바지는 설명이 필요 없는 만국공통어다. 그래서 토속적인 이미지가 강한 그녀의 그림이 팝아트 분위기로 금세 세계화에 성공할 수 있었다. 그녀의 「도시 풍경」은 2006년 5월 홍콩 크리스티 경매에서 2억 원에 낙찰되

기도 했다. 서른 살도 안 된 그녀는 이미 세계 미술계의 주목을 한몸에 받고 있다. 무한경쟁의 정글에서 물감이라는 기존의 방식으로 경쟁하지 않고 청바지라는 색다른 방식으로 경쟁함으로써 그녀는 1980년생의 어린 나이, 부산이라는 지방, 지방대학 출신이라는 학벌의 벽을 단숨에 뛰어넘고 세계정상을 넘볼 수 있었던 것이다.

할 수 없는 것, 바꿀 수 없는 것에 집착하지 말고 문제나 위기를 만나도 할 수 있는 것, 바꿀 수 있는 것을 찾아 챙기면 미래가 열린다. 다윗은 골리앗에 맞서려고 창과 같은 신형무기를 원하지 않았다. 그는 하찮은 돌멩이를 집어들었다. 어디에나 널린 돌멩이였지만 물매질이 가미되자 창을 휘두르는 골리앗을 한 방에 쓰러뜨릴 수 있는 최고의 무기가 되었다.

하찮고 평범한 것이라도 살짝 비틀어 바꾸면 비범한 것이 된다. 주님께서 포도주로 변형창조하신 맹물도, 다윗이 골리앗을 쓰러뜨린 돌멩이도 태초부터 지금까지 우리 주변에 넘쳐나는 흔해 빠진 것들이다. 우리는 희소한 것을 손에 쥐려고 경쟁하기보다는 너무 많아 하찮고 평범한 것을 비범한 것으로 바꿀 수 있어야 한다. 희귀한 다이아몬드를 쥐려고 서로 경쟁하는 것이 아니라 넘쳐나는 돌멩이를 줍고 던져 창조의 돌파구를 여는 것이다.

경기도 양평군 용문면 다문리에 위치한 동수농원의 곽희동 대표는 무농사를 지을 때 버리는 무청을 시래기로 말려 팔아야겠다는 생각을 했다. 그래서 9월에 파종한 무를 늦어도 11월 말까지 서리에 노출시킨 후 일시에 무청을 수확했다. 적절한 색깔을 내려고 차광 장치를 갖춘 하우스에서 겨우내 결빙과 해빙을 반복시키면서 무청을 시래기로 탈바꿈시켰다. 웰빙 바람을 타고 시래기가 간암 등에 좋다는 소문이 돌자 잘 포

장된 '곽희동 시래기' 는 100그램당 3,000원에 팔려나갔다. 무값의 3배
인데도 물량이 달렸다. 이렇게 시래기만으로 동수농원이 올리는 순수익
은 한 해 5,000만 원을 웃돈다. 너무 많아 하찮기에 다 버리는 무청을 약
간 비트니 고가의 시래기가 탄생된 것이다.

살짝 비틀기만 해도

맹물, 돌멩이, 무청처럼 평범한 것을 살짝 비트는 작은 변화는 자주
시도돼야 한다. 깊은 데로 가서 그물을 내리는 대단한 변화도 간혹 있어
야겠지만, 배의 오른편에 그물을 살짝 던지는 미세한 변화도 종종 있어
야 하는 것이다. 깊은 데로 이동하는 큰 변화가 그물이 찢어지고 두 배
가 가라앉는 풍어를 만났다면(눅5:6-7), 배의 오른편으로 이동하는 작은
변화도 그물이 찢어지거나 배가 가라앉을 정도는 아니었지만 그물을 들
수 없는 풍어를 만날 수 있었다(요21:6,11). 이처럼 가벼운 변화가 큰 수
확을 이룬다. 요즘은 고등어에 홍삼을 넣어 비린내를 없애고 영양가를
높인 경우도 있고, 쌀에 녹차를 발라 판매하거나 쌀을 1인분씩 캔에 담
아 파는 경우도 있다. 평범한 것을 약간만 비틀면 특별한 것이 될 수 있
는 것이다.

있는 그대로의 맹물을 제공하지 말고 그것을 포도주로 변화시켜 제공
해야 한다. 2003년 노무현 대통령 취임식 때, 열여덟 살밖에 안 된 임형
주가 애국가를 선창했다. 그가 팝페라 테너가 아니었다면 세계 정상급
국내 성악가들을 제치고 그 자리에 설 수 없었을 것이다. 기존의 줄에
서서 일등하려고 경쟁하는 대신에 그 줄을 비켜서서 그것을 약간 비틀

어보라. 그러면 새롭게 변형된 줄의 첨단에 서게 될 것이다. 정통을 대변하는 발레를 브레이크 댄스라는 비정통으로 비틀었더니 비보이B-Boy 열풍을 넘어 비보이 한류까지 불어닥치지 않았던가. 첨단이 아니어도 된다. 평범한 것도 변형시키면 첨단이 될 수 있다. 건국유업은 마시면 배탈도 나고 휴대하기도 불편한 액체우유를 사탕처럼 씹어 먹을 수 있는 사탕우유 '포켓밀크'를 만들어냈다. 평범함을 비틀면 비범함이 된다. 자일리톨 껌의 성공도 알약통 형태로의 변형 덕분일 것이다.

조각가 이환균은 속도가 빨라지면 공간이 넓어진다는, 아인슈타인의 상대성이론을 도입해 기존의 조각품을 이리저리 비틀었다. 그의 작품에는 착시와 어지러움이 나타나고 정직한 형태가 왜곡돼 길게 늘어지고 찌부러지고 납작하다. 시각적인 충격 때문인지 발길을 당기는 흡인력이 강하다. 그는 이미 유명해졌다. 2006년 작품 수출로 2억 4,000만 원을 벌어들였고 2007년에는 8억 원어치가 수출됐다고 한다.

남다른 결과를 원한다면 남다른 변화가 선행돼야 한다. 1973년에 설립돼 아동 출판의 외길을 걸어온 예림당은 2001년부터 지금까지 30권의 'Why' 시리즈를 1,000만 부 넘게 팔았다. 『해리포터』의 국내 판매부수에 견줄 만하다. Why의 성공요인은 2가지로 요약된다. 그것은 만화와 정보를 결합해 고수준의 학습만화 시장을 개척한 것과 과감한 홈쇼핑 광고다. 2001년부터 2004년까지 100만 부에 머물렀던 총판매량이 홈쇼핑 광고로 2005년에 130만 부, 2006년에 480만 부로 급증했다. 만화학습이라는 콘텐츠와 홈쇼핑이라는 유통방식이 만나자 총판매량이 1,000만 부를 돌파할 수 있었던 것으로 평가된다.

건국유업, 이환균, 예림당 등의 사례를 통하여 볼 수 있듯 남다른 변화는 남다른 결과를 만들어낸다.

창조작업의 첫 단계, 변형창조

맹물은 평범하고 많고 하찮지만 포도주는 특별하고 드물고 귀하다. 맹물은 밋밋하지만 포도주는 짜릿하다. 각 분야에서 맹물을 포도주로 변형시킬 때, 세상은 그만큼 더 행복하고 귀하고 풍요롭게 된다. 예수님처럼 우리도 각 분야에서 맹물을 포도주로 바꾸는 변형창조를 할 수 있다. 이것이 창조의 첫 단계다. 맹물을 이리저리 비틀어 포도주로 만드는 것은 크게 어렵지 않다. 예수님처럼 맹물을 포도주로 만들어 세상에 공급하라.

독일의 폴크스바겐은 드레스덴에 위치한 자동차 제조공장의 외관을 통유리로 마감했다. 그래서 밖에서도 안이 훤히 들여다보인다. 이것 때문에 드레스덴 공장은 관광객들이 찾는 명소가 됐다. 공장의 외관이 통유리라는 것 외에는 특별한 것이라곤 없다. 그런데 그게 전통적인 제조업에 관광이라는 3차 산업의 이미지를 부여하는 포인트로 작용했다. 슬쩍 겉모양만 바꾸었는데도 맹물이 포도주로 변한 것이다.

예수님은 그 많은 물로 귀한 포도주를 만드셨고, 다윗은 그 많은 돌에서 최신식 무기를 이끌어냈다. 최소영은 그 많은 청바지 천으로 그림을 만들었고, 곽희동은 그 많은 무청을 시래기로 탈바꿈시켰다. 너무 많아서 무가치한 것, 또는 나의 보잘것없는 것을 변화시켜 최상의 것을 끄집어내야 한다. 이것이 창조작업의 첫 단계, 곧 변형창조다.

내게 있는 것을 동원해서 그것에 약간의 변화를 주면 수많은 사람들을 끌어들이는 명품이 창조될 수 있다. 일본의 최북단에 위치한 홋카이도의 삿포로는 눈의 천국이다. 1950년 그 많은 눈으로 고등학생들이 삿포로의 오도리 공원에다 6개의 조각품을 만들었고, 동네 사람들은 이를 보며 좋아했다. 그 후 해마다 거기서 눈 조각품들을 만들어 세우는 대회가 열리기 시작했다. 2008년 59회 삿포로 눈 조각 축제에는 200만 명의 국내외 관광객들이 찾아왔다. 또한 2008년 현재 11회째 거듭된 강원도 인제의 빙어축제도 성공가도를 달리고 있다. 겨울의 인제가 값없이 많이 가지고 있는 것이라면 단연코 소양호의 얼음이다. 그것에 구멍을 뚫고 빙어를 낚게 하고 얼음 썰매, 얼음 축구, 얼음판 커플 자전거를 경험하게 함으로써 많은 사람들을 불러들이고 있는 것이다.

평범한 일상과 미래의 단서

남의 특별한 것을 부러워할 필요가 없다. 보잘것없어도 내 것에 변화를 주면 된다. 희귀한 것을 찾지 않아도 된다. 무가치하게 널브러진 것도 얼마든지 고가품으로 변모할 수 있다.

100퍼센트 창조적인 블루 오션Blue Ocean이 어디 있을까. 기존의 경쟁적인 레드 오션Red Ocean에 신기술, 신기법이 가미되면 변형적인 블루 오션이 창출될 수 있다. 올드 패션일지라도 뭔가 새로운 것이 주입되면 얼마든지 뉴 패션으로 바뀔 수 있는 것이다.

제주도의 2배 넓이에 불과한, 중동의 두바이는 보잘것없는 모래더미 위에 160층의 초특급 호텔을 건축하고 무가치한 바닷물에 방대한 해저 호텔을 만들었다. 쓸데없는 모래와 바닷물에 다양한 변화를 줌으로써 두바이는 세계의 'DO BUY'가 될 수 있었다. 늘 안 되는 핑계를 찾는 사람이 있는가 하면, 평범한 일상에서도 항상 변화의 실마리를 찾아내는 사람이 있다. 자세의 차이다.

누가 헬렌 켈러Helen Adams Keller에게 물었다. "하나님께서 시각과 청각 중 하나만 되돌려주신다면 무엇을 택하겠습니까." 주저 없이 그녀는 자유롭게 의사소통할 수 있도록 청각을 택하겠다고 대답했다. 이 이야기를 접한 강영우의 낙담한 마음에 섬광이 비쳤다.

'나는 시각을 잃었지만 청각도 살아 있고 말도 할 수 있지 않은가.'

중학교 때 그는 축구공에 심하게 맞아 망막박리로 실명했다. 2년 동안 입원했고 또 2년 동안 기도했지만 잃은 시력을 되돌릴 수 없었다. 그의 어린 마음에는 남산 밑에 쪼그리고 앉아 점치는 맹인 점쟁이, 그리고 손님을 찾아 밤거리를 헤매는 맹인 안마사만 떠올랐다. 그 어떤 것도 그의 부정적인 마음을 바꿀 수 없었다. 모아둔 수면제와 진통제를 한꺼번에 집어삼키고 자살을 시도하기도 했다. 그러다가 헬렌 켈러의 이야기를 접하고는 점점 긍정적으로 변하기 시작했다.

'보지도, 듣지도, 말하지도 못하는 삼중 장애인이었던 그녀가 대학에 들어갔다면, 듣고 말할 수 있는 나는 노력하면 대학에도 가고 유학할 수도 있겠다. 내가 대학에 들어가고 장차 전문직에 종사하게 되면 나는 그 분야의 개척자가 될 것이다. 실명은 불편과 고난과 저주가 아니다. 하나님께서 개척자의 사명을 수행하라고 주신 도구다. 한번 도전해보자.'

그는 실명의 긍정적인 측면을 붙잡고 전진했다. 열여덟 살에 서울맹학교 중등부 1학년에 들어갔고, 스물네 살에 연세대학교 교육학과에 입학해 문과대학을 차석으로 졸업했다. 우리나라 최초의 장애인 정규 유학생으로 미국에 건너가 4년도 안 돼 피츠버그대학교에서 교육학 석사학위, 심리학 석사학위, 교육학 박사학위를 다 땄다. 그 후 그는 노스이스턴 일리노이 대학교 교수 등을 거쳐 백악관 국가장애위원회에서 정책 담당 차관보를 지냈다.

거기서 한 걸음 더 나아가라

다들 역경을 겪는다. 하지만 그때야말로 긍정적인 자세가 요구된다. 기막힌 함정에서 탈출구를 찾고 평범한 일상에서 미래의 단서를 찾아야 한다. 온갖 함정에서 탈출하는 구원을 넘어 완전히 새로운 영역도 창조할 수 있어야 한다. 구원주이시자 창조주이신 하나님을 우리가 믿기 때문이다. "… 그의 믿은 바 하나님은 죽은 자를 살리시며 없는 것을 있는 것 같이 부르시는 이시니라."(롬4:17) 하나님은 무소불능하시다(욥42:2). 이 하나님을 믿는 자에게는 불가능이 없다. 광야에 길이 열리고 사막에 강이 생긴다(사43:19). 반석이 변하여 못이 되며 차돌이 변하여 샘이 된다(시114:8). 주 예수님도 구원주이시며 또 창조주이시다. 주님은 죽은 나사로를 되살리는 완전 재창조도 하셨고(요11:44) 흙을 이겨 날 때부터 없던 장님의 눈동자를 다시 만드는 부분 재창조도 하셨다(요9:6). 오병이어를 5,000명의 장정들이 먹고 남도록 하는 확대 재창조도 하셨고, 물을 포도주로 바꾸시는 변형 재창조도 하셨다(요2:9). 이런 창조의 주님을 따라 우리도 창조자로 살되, 특별히 맹물을 포도주로 변형시키는 창조작업의 첫 단계를 이행해야 하겠다. 각 분야의 맹물을 포도주로 변형시켜 제공하는 창조자의 삶을 살자.

미국의 리처드 후버Richard Hoover는 존스홉킨스 대학병원의 안과학 교수였다. 그는 당시의 대다수 안과 의사들과는 달랐다. 다들 안질환 치료에만 관심을 기울일 때, 그는 거기서 한 걸음 더 나아가 시각장애인들의 재활에 관심을 쏟았다. 그는 시력을 잃고 고생하는 시각장애를 안과학의 실패이고, 안과 의사의 책임이라고 보았다. 시각장애인들의 재활을 도와야 할 책임이 안과 의사에게 있다는 것이었다. 그는 시각장애인들의 보행을 끊임없이 연구했고, 그래서 세계 최초로 보행학에 관한 책을 냈다. 1960년대 초부터는 시각장애인들의 보행을 지도하는 보행 교사도 양성했다. 그가 자신의 분야에서 맹물에 안주하지 않고 포도주를 만듦으로써 시각장애인들은 흰 지팡이를 의지해 혼자서 자유롭게 외출할 수 있게 됐고 보행 교사라는 신종직업도 탄생했다. 현재의 맹물을 그대로 두지 않고 미래의 포도주로 만들어내는 사람들 덕분에 이 세상은 더 귀하고 복된 곳이 된다.

미국의 토머스 갤로데트Thomas Gallaudet가 코네티컷의 작은 마을에서 목회할 때의 일이다. 어느 부부가 근심에 가득 차, 말을 못하는 네 살배기 아이를 데려왔다. 자세히 보니 선천성 청각장애인이었다. 말을 듣지 못해 말을 못 배운 것이었다. 아이의 부모는 크게 실망했지만 갤로데트 목사는 한 걸음 더 나아가보기로 했다. 1816년 그는 교회의 한 켠에다 '코네티컷 농아학교' 간판을 붙이고 직접 그 아이를 가르쳤다. 인근에서 청각장애 아동 2명이 더 합류했다. 나중에 청각장애인을 위한 예배가 신설됐고 초등과정, 중등과정도 생겼다. 그는 청각장애인 교육 분야에서 미국 최초의 교수가 돼 뉴욕대학교에서 강의하게 됐다. 그의 활약에 힘입어 세계 유일의 청각장애인 종합대학인 갤로데트 대학교도 세워졌다. 맹물을 포도주로 변형시키려는 그의 노력 덕분에 청각장애인들의 교육과 사회진출이 가능해진 것이다.[9]

에드가 헬름Edgar Helm은 감리교 목사였다. 보스턴에서 목회하다가 1902년 성탄절을 맞아 교인들로부터 헌 옷과 중고품을 대량으로 수거해 주변의 가난한 사람들에게 나누어주려고 했다. 그런데 가난한 사람들이 거절했다. 그들이 원하는 것은 공짜 중고품이 아니라 일자리였다. 헬름 목사는 단순히 중고품을 나누는 데서 한 걸음 더 나가야겠다고 결심했다. 그는 보스턴에다 '굿윌 인더스트리Goodwill Industries Store' 라는 중고품 가게를 차리고 가난한 사람들이 거기서 중고품을 수거하고 수리하고 판매하는 일을 하도록 했다. 굿윌 스토어는 미국 전역으로 퍼져나갔고 캐나다는 물론 전 세계로 확산됐다. 미국에만도 1,700개가 넘는 점포가 생겼다. 우리나라에도 2003년 들어와 현재 서울 목동점, 서울 테크노마트점, 부산점, 수원점 등 4개 점포가 있다. 2005년 현재 전 세계의 굿윌 스토어 2,078개가 올린 총매출은 26억 5,000만 달러이며 굿윌의 프로그램으로 취업된 인원은 12만 9,899명, 취업 및 직업훈련 서비스를 수혜한 인원은 84만 6,730명, 직업알선 서비스의 혜택을 입은 인원은 34만 4,423명이다. 굿윌 인더스트리는 2020년까지 전 세계에 걸쳐 2,000만 명의 개인과 그 가족들이 직업을 통해 경제적으로 자립하게 만들 계획이다. 맹물을 포도주로 만들려는 한 사람의 노력이 대형 사회복지 기업의 전 세계적인 확산을 만들어낸 것이다.

포도주로 재탄생하라

우리는 '못 한다' 고 하지 말아야 한다. 주님을 믿으면 주님이 하신 것을 우리도 할 수 있기 때문이다(요14:12). 우리는 '없다' 고 하지 말아야 한다. 주님께서 우리에게 하나님의 성령도 주셨고(요일4:4) 주님의 이름도 주셨기 때문이다(요16:23). 우리가 주님께 일일이 요구하는 것을 넘어 이제 성령님의 도우심과 주님의 이름으로 우리가 직접 해내는 것을 주님은 원하신다. 성령님의 능력과 주님의 이름으로 우리가 직접 귀신을 쫓아내고 질병을 치유하고(막16:17-18) 풍랑을 잠잠하게 하고 맹물을 포도주로 만들어내야 하는 것이다. 그런데 이런 실행은 반복돼야 한다. 맹물이 포도주로 바뀌어도 시간이 지나면 다시 맹물로 퇴화하기 때문이다. 지금 정상에 서 있다고 자만할 수 없다. 한순간에 추락할 수 있다. 그렇기 때문에 맹물을 이리저리 비틀어 포도주로 변형시키는 재창조 작업이 주기적으로 지속돼야 하는 것이다.

우리가 수행해야 하는 경영 전략은 세 가지다. 첫째는 기존의 영역에 충성하며 그것의 효율성을 높이는 효율경영이다. 둘째는 새 영역들을 개척하고 발굴하는 창조경영이다. 셋째는 새 영역들 중에서 미래의 핵심영역을 가려내 집중적으로 키우는 미래경영이다. 효율경영이 방어적이라면 창조경영은 공격적이고 미래경영은 집중적이다.

우리는 기존의 맡은 일에 충성하되 새 일들도 창조해야 하며 그것들 중에서 미래의 핵심이 될 일도 선별하고 육성해야 한다. 효율경영자를 넘어 창조경영자, 미래경영자가 돼야 하는 것이다. 그럴 때 대중을 행복하고 풍요롭게 만들며, 그 결과 일시에 부요함과 존귀함을 얻을 수 있게 되는 것이다. 예수님은 옛 율법에 충성하시되 그것을 완성하셨을 뿐만 아니라(마5:17-19) 서로 사랑하라는 새 계명을 선포하셨다(요13:34-35). 더 나아가 미래 교회의 주역으로 제자들을 양육하셨다. 예수님께서 효율경영을 넘어 창조경영, 미래경영을 하셨다고 할 수 있을까. 효율경영을 넘어 창조경영, 미래경영을 하며 구원사역자를 넘어 창조사역자, 미래사역자가 되자.

미래를 책임지는
뉴크리스천

잠언, 욥기, 전도서를 함께 읽으면 우리는 좀더 포괄적인 지혜를 얻게 된다. 잠언은 '하나님을 믿고 열심히, 바르게, 잘 살면 성공한다'고 외친다. 힘 있는 외침이지만 완벽하게 옳지는 않다. 욥기는 '하나님을 믿고 열심히, 바르게 잘 살아도 사람의 이해를 초월하는 고난을 겪기도 한다'며 잠언의 지혜를 보완한다. 심층적이지만 다소 특수하다. 전도서는 어떤가. "사람은 미래를 알 수 없다 미래는 하나님의 영역이다 인생이 헛되지만 미래를 결정하시는 하나님을 경외하는 가운데 열심히 수고하며 현재를 즐기는 것만이 헛되지 않다."(전2:24, 3:22, 6:2-6, 8:7, 9:10, 11:8, 12:13) 소수의 젊고 유능한 사람들을 위한 잠언의 지혜도 아니고 특별히 고난 받는 사람들을 위한 욥기의 지혜도 아니다. 보통 사람들의 즐거운 현재학, 이것이 전도서의 지혜다.

정말 그렇다. 과거에 집착하면 패배감에 젖고 미래를 두려워하면 우울증에 걸린다. 하나님을 꾸준히 의식하며 하나님 앞에서 현재를 즐길 수 있어야 한다. 지금 학생이면 학생을 즐기고 지금 독신이면 독신을 즐기고 지금 무명이면 무명을 즐기고 지금 밑바닥이면 밑바닥을 즐겨라. 지금 무엇을 가졌든지, 지금 어떤 상태든지 그것을 즐겨라.

하지만 전도서의 즐거운 현재학만으로는 가슴이 좀 답답하고 어쩐지 불만스럽다. 여기에 예언서들의 미래학이 더해져야 한다. 예언자들은 절망스러운 현재의 변혁을 목청껏 외치면서도 메시아의 도래라는 하나님의 미래지향적인 약속을 선포하곤 했다(사61:1-3, 렘31:31-34, 겔36:26-27). 현재학의 한계를 넘어서려는 미래학의 몸부림이었다.

즐거운 현재학을 넘어

이제 우리의 몫은 21세기의 현장에서 주님의 나라를 일구시는 성령 하나님의 미래지향적인 움직이심에 늘 주목하는 것이다. 꿈에서 독수리의 발목을 붙잡고 하늘을 날았다. 산골짜기에 금덩어리들이 보였다. 손을 놓고 골짜기로 내려갔다. 그러자 금덩어리 뒤에 숨어 있던 사자들이 갑자기 나타났다. 무서워서 산꼭대기로 뛰어올라갔더니 독수리가 기다리고 있었다. 다시 독수리를 붙잡고 하늘을 날던 중 산골짜기를 내려다보니 이번에는 은덩어리가 가득했다. 또 손을 놓고 골짜기로 내려갔더니 이번에는 뱀들이 들이닥쳤다. 놀라서 다시 산꼭대기로 뛰어올라갔는데 고맙게도 독수리가 또 기다리고 있었다. 다시 독수리와 함께 날다가 독수리가 데려간 곳에 내려보니 사람들이 많이 있었다. 그들이 반갑게 영접해주더니 귀한 자리로 안내하는 것이었다.

이 꿈에서 독수리는 하나님의 미래를 내다보는 예언자적인 통찰력을 상징하는 게 아닐까. 금과 은은 물론 좋은 것이다. 그러나 영원하고 고귀한 최상위 가치를 위해 쓰여야 하는 하위 가치다. 그러니 그것만을 추구하다가 사자와 뱀을 만나는 험악한 인생이 아니라, 예언자적인 통찰력을 추구함으로써 사람들의 대접을 받는 존귀한 인생을 살아야 한다.

이 땅의 현실에서 주님의 나라를 일구기 위해 성령님은 끊임없이 미래를 몰고 오신다. 그렇기에 성령님의 미래지향적인 움직이심에 주목하고 민감해지면 이 땅에 펼쳐지는 미래의 실마리를 미리 발견하게 된다. 그래서 주님의 나라를 위해 쓰임 받을 뿐만 아니라 세상적인 성공도 크게 거둘 수 있다. 예언자적인 미래의 통찰력을 선점할 수 있기 때문이다.

성령님의 미래학에 주목함으로써 우리는 구원사역을 넘어 창조사역의 주체가 될 수 있다. 전도서의 즐거운 현재학을 붙잡는 한편, 이 땅의 곳곳에서 펼쳐지는 성령님의 미래지향적인 움직이심을 잘 관찰하는 예언자가 돼야 한다. 이것이 창조경영의 핵심이다.

디지털 1년이 아날로그 100년을 뒤로 제치는 시대에는 전혀 새로운 영역을 개척하는 창조경영이 요구된다. 이미 나타난 현상만 붙잡아서는 창조경영을 할 수 없다. 아직 나타나지 않은 것을 붙잡을 때, 창조경영이 가능하다. 금과 은을 붙잡지 말고 독수리의 발목을 붙잡자.

독수리의 발목

그렇다면 어떻게 독수리의 발목을 붙잡을 수 있는가. 첫째로 은혜를 구하고 찾고 두드림으로써 붙잡아야 한다(마7:7). 하나님께 그렇게 하고 이 세상의 현실 가운데에서 그렇게 해야 한다. 은혜는 손에 쥐려고 하지 않았는데 그냥 손에 쥐어지는 것이고, 입에 넣으려고 하지 않았는데 그냥 입에 넣어지는 것이고, 눈에 보려고 하지 않았는데 그냥 보여지는 것이다. 금과 은보다 은혜를 더욱 구해야 한다(잠22:1).

둘째로 지혜를 구하고 찾고 두드림으로써 붙잡아야 한다. 하나님께 그렇게 하고 이 세상의 현실 가운데에서 그렇게 해야 한다. 지혜는 먼저 보는 눈이다. 기존 시장에서 틈새를 보고 기존 시장을 넘어 새 시장을 보는 지혜의 눈, 이것이 있어야 창조경영을 할 수 있다. 금과 은보다 지혜가 더 귀하다(잠8:19). 지혜가 제일이다(잠4:7). 우리는 기도와 말씀 묵상과 예배를 통해 만물을 새롭게 하시는 성령님의 지혜, 지혜로운 전문가의 동행함으로써(잠13:20) 전문가의 지혜, 자신의 앞길을 잘 살핌으로써(잠14:15) 터득하는 현장의 지혜를 얻을 수 있다. 그래서 복잡다단한 현재에 대해 정통하게 되고 미래의 희미한 실마리도 먼저 발견하게 된다. 그 결과, 기존 시장을 확대하게 되고 새 시장도 선점하게 되는 것이다.

셋째로 능력을 구하고 찾고 두드림으로써 붙잡아야 한다. 하나님께 그렇게 하고 이 세상의 현실 가운데에서 그렇게 해야 한다. 삽질은 평생 해야 삽질일 뿐이다. 삽질이 익숙하고 편하겠지만 용량은 턱없이 작다. 굴삭기를 장만하고 운전하는 수고를 감수할 때 용량이 커진다. 큰 물질을 얻으려면 큰 능력이 있어야만 한다. 금과 은보다도 능력을 우선 붙잡자(신8:18).

넷째로 믿음을 구하고 찾고 두드림으로써 붙잡아야 한다. 하나님께 그렇게 하고 이 세상의 현실 가운데에서 그렇게 해야 한다. 믿음은 참으로 신비하다. 눈에 보이지 않는 믿음이 거대하게 나타나 있는 현상들을 가능하게 한다. 나타나지 않은 믿음이 나타난 현상들의 아버지다. 우리의 소원을 현실의 현상으로 만드는 것이 우리의 믿음이다(히11:1–3).

믿음의 제국

마음으로 믿고 마음에 의심하지 않으면 산더러 '옮겨져라' 는 명령이 성취된다(막11:23). 겨자씨 한 알의 믿음만 있으면 산을 옮길 수 있다(마 17:20). 믿으면 불가능한 일이 없다(막9:23). 믿으면 하나님의 영광을 보게 된다(요11:40). 보이는 밖의 거대한 제국을 이루려면 먼저 보이지 않는 안의 거대한 믿음의 제국부터 이루어야 한다. 보이는 밖의 큰 사람, 큰 건물, 큰 기업에 압도되지 말고 보이지 않는 안의 믿음의 덩치를 키워야 한다. 40년 전에는 GE가 태산처럼 드러나 있었고 마이크로소프트는 씨도 안 보였다. 10년 전에는 마이크로소프트가 태산처럼 드러나 있었고 구글은 씨도 안 보였다. 지금은 구글이 태산처럼 드러나 있지만 그것을 뒤로 옮길 새 제국의 씨앗이 누군가의 마음속에서 자라고 있을 것이다.

안의 믿음의 제국을 키운 사람이 밖의 현실의 제국도 세운다. 밖의 드러난 덩치에 기죽지 말고 안의 보이지 않는 믿음의 제국을 건설하자. 눈에 보이는 금과 은을 추구함으로써 사자와 뱀의 밥이 되지 말고 눈에 보이지 않지만 미래로부터 현재로 침투하시는 성령님의 미래지향적인 통찰력을 추구하자. 독수리의 발목을 붙잡듯이 은혜, 지혜, 능력, 믿음을 붙잡자. 그래서 성령님과 함께 주님의 나라를 이 땅에 일구는 일꾼으로 쓰임 받을 뿐만 아니라 새 가치, 새 시장, 새 영역을 창조하는 창조경영의 주인공이 되자.

05

내부 충격과 외부 충격

미국의 시사주간지 『타임』은 긍정적이든 부정적이든 세상에 큰 영향을 미친 '올해의 인물'을 1927년부터 매년 선정하고 있다. 『타임』은 중국의 후진타오 국가주석 등을 제치고 평범한 'You'를 2006년도의 인물로 지목했다. 명망가나 스타가 아니라 디지털 세상에서 익명으로 열심히 활동한 '당신'이 바로 올해의 인물이라는 것이다.

세상이 참으로 많이 바뀌었다. 인터넷 카페, 블로그, UCC 등으로 디지털 세상이 무한히 진화하면서 평범한 당신은 이제 더 이상 남의 상품을 소비만 하는 소비자가 아니다. 디지털 세상에서 당신은 엄연한 생산자이고, 제작자다. 당신은 1인 작가, 칼럼니스트, 기자, 편집장, 미디어 사장이다. 당신 자신이 1인 기업가, 브랜드, 스타다.

종이 신문 세상이나 지상파 방송 세상에서 평범했던 당신은 그저 남이 제공하는 콘텐츠의 소비자일 뿐이었다. 당신이 기여할 수 있는 것이

거의 없었다. 그러나 디지털 세상에서 당신은 생산자이고, 제작자이고, 유통자다. 당신이 직접 생산한 글은 블로그로, 당신이 직접 제작한 동영상은 UCC로 온누리에 유통된다. 소비자가 왕이 되는 소비자 주권, 아니 소비자 권력이 진행되고 있는 것이다.

이것은 단순한 트렌드의 변화가 아니다. 만물을 새롭게 하시고 만인을 왕 같은 제사장으로 만드시려는 성령 하나님의 주도하심이 그 배후에 있다고 생각된다. 성령님은 인간 내부의 변화뿐만 아니라 인간 외부의 변화도 주도하신다. 영혼의 거듭남과 성장, 그리고 세상의 거듭남과 성장도 주도하시는 것이다. 그렇기에 변화하는 세상의 흐름을 잘 간파하고 신속하게 대처하는 사람, 기업, 국가는 생존하게 될 것이다. 지속적으로 버티고 생존하는 것, 이것이 최선의 성공이다.

1970년대 이후로 지금까지 우리나라에서 대기업으로 진입하는 중소기업은, 아직 장담할 수는 없지만 미래에셋과 이랜드 정도일 것 같다. 1991년 등장한 팬택이 연간 3조 원대의 매출을 올리며 대기업 진입의 가능성을 보여주었지만 한 번의 추락으로 퇴출 위기에 몰리기도 했다. 대기업은 규모의 경제와 다양한 기술의 융합을 통해 더욱 덩치를 키우지만 중소기업은 생존 자체가 더욱 어려워지는 세상이다.

소비자 권력 시대와 양극화 시대에서 최상의 전략은 지속적으로 생존하는 것이다. 어떻게 하면 지속적인 생존을 보장받을 수 있겠는가. 내부 충격과 외부 충격이 계속돼야 한다.

먼저 주 예수님을 믿음으로써 우리 안에 계신 성령님을 우리의 멘토로 모시고 매일 성령님의 인도하심(롬8:14)과 우리 내면의 영의 인도함을 받는 내부 충격이 있어야 한다. 이게 제대로 되면 시행착오 없이 승승장구할 수 있게 된다.

잡종 강세

다양한 분야의 다양한 전문가들을 접촉함으로써 외부 충격도 받아야 한다. 이종교배의 외부 충격을 거듭한 잡종이 순수 토종보다 강하기 마련이다. MIT의 강점은 우수한 학생, 탁월한 석학, 대단한 시설이 아니다. 서로 다른 전공 교수들을 섞어서 옆방에 배치시켜 주는 방식이다. 그렇게 해서 타 전공으로부터 외부 충격을 계속 받게 하려는 것이다.

나는 '독립된 나'로서 살지 않고 '관계된 나'로서 산다. 나를 둘러싼 전문가 집단이 있다면 그들과의 접촉이 나에게 외부 충격을 공급해준다. 두바이의 셰이크 모하메드Sheikh Mohammad 국왕은 놀라운 상상력과 막강한 추진력을 동시에 갖춘 탁월한 국가 경영자다. 그리고 영국의 옥스퍼드대학교 출신을 중심으로, 전 세계에서 몰려든 2,000명의 전문가 집단이 그의 주변을 맴돌며 두바이를 꿈의 나라로 만들고 있다.

관광객들이 던져주는 먹이에 익숙해진 해변의 펠리컨들에게 야성을 회복시키는 방법은 하나뿐이다. 관광객들의 먹이 공급을 차단하고 야생 펠리컨들을 투입하는 것이다. 안주하려는 습관을 깨뜨리고 내 안의 야성을 끄집어내려면 야성적인 사람들과의 접촉을 통해 외부 충격을 받아야 한다. 독서를 통해 다양한 전문가들을 만나는 것이 손쉬운 방법이다.

집에 창문이 있는 이유는 밖으로부터 빛과 바람을 받아들이기 위해서이다. 외국의 자본이나 기술에 종속되기 싫다며 빗장을 내걸었다면 우리나라의 경제 발전은 없었을 것이다. 개방을 막았던 북한 경제의 쇠락을 보라. 우리나라가 오늘날의 인재강국이 된 것도 구한말 이후에 외국 선교단체 등을 통한 외국 자본 유입으로 여기저기에 다양하게 세워진 학교 덕분이었을 것이다.

음성을 경청하라

내 안에 계신 성령님과 내 영의 음성을 듣는 내부 충격, 그리고 전문가들의 음성을 듣는 외부 충격을 통해 늘 신선한 지혜와 지식으로 무장하고 그것으로 살면 잘될 수밖에 없을 것이다. "지혜 있는 자는 강하고 지식 있는 자는 힘을 더하나니."(잠24:5) 구체적으로 세 가지의 음성을 경청함으로써 우리는 천상, 세상, 시대, 현장의 지혜와 지식을 얻을 수 있다.

첫째는 성령님의 음성이다. 하나님의 깊은 것이라도 통달하시는 성령님(고전2:10)을 우리의 가장 귀한 멘토, 코치, 컨설턴트, 파트너로 모셔야한다. 성령님은 만물을 새롭게 하시며 만인을 왕 같은 제사장으로 만드시는 방향으로 우리의 내부와 외부를 변화시키신다. 이런 성령님의 음성을 감지할 수 있도록 우리는 성령님과의 관계를 꾸준히 발전시켜야 하겠다. 우리는 주로 기도와 말씀과 묵상을 통해 성령님의 음성을 들을 수 있다.

둘째는 전문가의 음성이다. 지혜로운 사람을 만나면 지혜를 얻는다(잠13:20). 자기 분야에서 성공한 실력자의 경험적인 지혜를 들어야 한다. 시궁창을 보는 사람을 만나면 시궁창을 보게 되고 태양을 보는 사람을 만나면 태양을 보게 된다. 우리는 전문가와 동행해야 한다. "의논이 없으면 경영이 파하고 모사가 많으면 경영이 성립하느니라."(잠15:22)

자신을 지혜롭게 여긴 나머지, 전문가의 음성을 구하지 않는다면 게으른 사람이다. "게으른 자는 선히 대답하는 사람 일곱보다 자기를 지혜롭게 여기느니라."(잠26:16) 중요한 일을 시작하기 전에 전문가의 음성을 구한다면 지혜로운 사람이다. "무릇 경영은 의논함으로써 성취하나니 모략을 베풀고 전쟁할지니라."(잠20:18) 문제가 생겨서 전문가의 음성을 구한다면 보통 사람이고, 문제가 터져도 전문가의 음성을 구하지 않는다면 아주 어리석은 사람이다. "의논이 없으면 경영이 파하고 모사가 많으면 경영이 성립하느니라."(잠15:22) 겸손한 사람이라면 자신의 한계를 인정하고 전문가의 음성을 얻고자 구할 것이다.

셋째는 시대의 음성이다. 시대마다 음성이 다르다. 디지털 시대의 특징은 기술융합, 영역파괴, 민주화, 무한확장이다. 기술, 소비자, 시장의 변화를 잘 관찰하면 미래를 선점할 수 있는 안목이 생길 것이다. 창조경영의 단서는 무한한 호기심으로 시대와 현장을 잘 관찰하는 데에 있다. 잘 관찰하면 '아, 이거다' 하는 창조의 디테일을 발견하게 된다. 현재에 정통하면 미래의 실마리를 발견하게 되는 것이다.

어리석은 사람은 무분별하게 다 받아들이지만 지혜로운 사람은 잘 관찰하고 행동한다. "어리석은 자는 온갖 말을 믿으나 슬기로운 자는 그 행동을 삼가느니라."(잠14:15) 잘 살피는 관찰이 리더의 중요한 과업이다. "일을 숨기는 것은 하나님의 영화요 일을 살피는 것은 왕의 영화니라."(잠25:2) 요셉은 이집트의 총리가 되자 왕 앞을 떠나 이집트 전역을 두루 살피며 순찰했다(창41:45-46).

우리는 먼저 하나님과 하나님의 움직이심을 잘 살펴야 한다. "너는 범사에 그를 인정하라 그리하면 네 길을 지도하시리라."(잠3:5) 현장도 잘 살펴야 한다. "네 양떼의 형편을 부지런히 살피며 네 소떼에 마음을 두라."(잠27:23) 유심히 하나님의 움직이심을 관찰하고 시대와 현장의 변화를 관찰해야 한다. 중년의 모세는 현장을 관찰했지만 하나님을 관찰하지 못해 실패했다(출2:12). 하나님의 중심을 살피고 현장의 중심을 살펴야 하겠다. 하나님과 사람, 시대와 현장을 잘 살피는 것이 곧 리더십이다. 관찰력에서 통찰력이 나오기 때문이다.

06

작당이 창조를 낳는다

거칠게 단순화해보면 이 세상에는 새로운 사람과 낡은 사람의 두 유형이 있다. 새것을 수용하면 새로운 사람이고, 그것을 거부하면 낡은 사람이다. 새것에는 낯선 힘이 있어 그것을 수용하고 그것에 맞추기가 어렵다. 그래서 많은 사람들이 새것을 거부하는 선택을 쉽게 한다. 하지만 새사람은 새롭고 긍정적인 변화를 수용하고 유지하고 그것에 맞추려고 한다. "새 포도주는 새 부대에 넣어야 할 것이니라."(눅5:38) 새 포도주를 수용하고 유지하고 그것에 맞추면 새 부대다. 그러나 새 포도주를 아예 거부하거나 수용하다가 견디지 못해 찢어지면 낡은 부대다.

예수님과 예수님의 말씀은 새 포도주였다. 구약의 율법을 완성시키면서 마무리하셨다. 그러나 당시의 바리새인들은 그것을 거부함으로써 스스로 낡은 부대임을 입증하고 말았다(눅5:39). 무엇이 우리 인생의 길과 진리와 생명인가(요14:6). 길은 여기 있거나 저기 있는 게 아니다. 길은 길을 잘 아는 인격이고, 길을 만드는 인격이고, 길 자체인 인격이다. 땅에서 하늘을 잇는 길은 하늘로부터 땅으로 내려오신 예수님의 인격이다.

진리는 이래야 한다거나 저래야 한다는 당위의 명제가 아니다. "걱정하지 말라. 내가 너를 영원히 책임지겠다." 이렇게 약속하는 인격이 진리다. 우리 인생을 영원히 책임지실 수 있는 만세 반석의 진리는 예수님의 인격이다. "너희에게는 오히려 머리털까지도 다 세신 바 되었나니 두려워하지 말라…"(눅12:7) 생명도 마찬가지다. 물에 빠진 사람의 생명은 그 자신에게 있지 않고 그를 구해주는 인격에 있다. 우리 인생을 죄와 저주와 죽음의 풍랑에서 구해주는 영생은 예수님의 인격이다. "저희가 심히 두려워하여 서로 말하되 저가 뉘기에 바람과 바다라도 순종하는고 하였더라."(막4:41)

바리새인들은 묵은 포도주였던 구약의 율법을 고수한 나머지, 새 포도주로 오신 예수님과 예수님의 말씀을 거부했다. 지금의 새 포도주는 예수님을 증거하시는 성령님과 성령님의 움직임이다(요15:26, 16:13, 고전 2:10). 우리는 우리의 영혼 안팎과 우리의 교회 안팎을 늘 새롭게 변화시키시는 성령님의 움직임을 민감하게 수용하는 새 부대가 돼야 한다. 교회 안의 흐름뿐만 아니라 교회 밖의 흐름도 당연히 성령님이 주도하신다.

1853년 동인도 함대의 매튜 페리Matthew Perry 제독은 밀러드 필모어Millard Filmore 미국 대통령의 친서를 들이밀며 노쇠한 일본 막부를 향해 개항을 요구했다. 대포를 장착한 증기선 4척을 이끌고 페리 제독이 나타나자 일본 사무라이들이 최고의 검법을 자랑하며 시위했지만 그저 평범한 미국 병사가 쏜 권총 시범 사격에 경악하지 않을 수 없었다. 일본은 새로운 서양 문물을 수용하며 1868년 메이지 유신을 단행했고, 그 결과 새 부대로 변신할 수 있었다.

생명은 곧 변화다

영국의 해군 함대는 세계 최강이었다. 군함에서 대포를 쏘는 해전에서 영국군을 당할 적이 없었다. 그러나 1차 세계대전에서 독일군이 '유보트'라는 잠수함을 출격시키자 영국군은 당황하지 않을 수 없었다. 영국군이 기존의 군함에 집착하고 있을 때, 독일군은 잠수함이라는 새 병기 개발에 집중했던 것이다. 생명은 시간이고 시간은 흐름이며 흐름은 변화다. 시간의 흐름을 타고 변화할 때, 낡은 부대에서 벗어날 수 있다.

1927년 프랑스군은 1차 세계대전 때의 곤경을 떠올리며 가장 완벽한 방어 진지를 구축하고자 했다. 1936년 프랑스군은 독일과 접한 동쪽 국경지대 지하에 요새와 요새를 잇는 총연장 750킬로미터의 거대한 마지노선을 10년에 걸친 노역 끝에 완성했다. 그러나 1940년 5월, 2차 세계대전 때 독일군은 전혀 새로운 대규모 기갑 부대를 이끌고 벨기에를 가로질러 프랑스 동북부 지역을 돌파했다. 탱크의 기동력으로 단숨에 마지노선을 우회해 한 달 만에 파리를 함락시켰던 것이다.

새것은 낯설지만 크고 강한 것에 구멍을 내며 그것을 무너뜨린다. 덴마크의 보청기 회사 오티콘Oticon은 직원 700명의 강소기업이다. "거대한 적들과 싸우기 위해서는 늘 새로운 병기를 개발해야 했다." 이렇게 해서 오티콘의 닐스 야콥센Niels Jacobsen 사장은 직원 47만 명을 거느린 독일의 거대기업 지멘스를 무너뜨리고 보청기 분야에서 세계 1위를 다투게 되었다.

평범과 상식은 우리의 적이다. 세상의 변혁을 꿈꾸는가? 창조적이고 매혹적인가? 신비하고 신기한가? 기발하고 도발적인가? 남들이 다 아는 지루한 과거 이야기는 그만 하자. 미래에서부터 현재를 향해 쏜살같이 달려오는 새 포도주를 수용할 수 있는 새 부대만이 새 시대를 감당할 수 있다. 새롭고 긍정적인 변화마저 거부하는 '21세기 바리새인'이 돼서는 안 되겠다.

미국 간호사였던 마거릿 생어Margaret Sanger는 1916년 공안질서 방해죄로 체포됐다. 그녀의 피임술 전파를 거부하던 기독교계와 정치계의 박해 때문이었다. 당시의 여성들은 수없이 임신하고 대책 없이 유산해야 하는 짐승과도 같았다. 그 결과 여성들의 건강이 엉망이었고 수명도 짧았다. 그녀는 피임술을 금하는 현행법을 지킬 이유가 없다며 맞섰다. 20년 후 그녀의 나이 57세 때, 미국 연방 대법원이 피임술의 전파를 허용했다. 새롭고 긍정적인 변화를 창출할 뿐만 아니라 널리 전파한 그녀의 과감한 실천 덕분에 세상 여성들의 삶이 획기적으로 바뀌게 된 것이다.

새롭고 긍정적인 변화에 대해 두려워하고 주저하고 거부할 것인가, 아니면 그것을 수용하고 시도하고 앞장세울 것인가. 가장 나은 안전은 성장과 전진을 위해 창조적인 변화를 주도하는 것이다. 영혼과 현실, 그리고 교회와 사회를 늘 새롭게 변화시키시는 성령님의 움직임을 민감하게 수용하는 새 부대가 돼야 하겠다.

어디에 머물든지 거기를 넘어서라

파괴하고 변화하고 혁신하고 창조하자. 기존 시장에서의 몫을 늘리고 기존 가치를 고수하기보다는 새 시장을 창조하고 새 가치를 창조하자. 지금 어디에 머물든지 거기를 넘어서라. 지금보다 더 성장하고 더 전진하라. 변화와 혁신이 최종 목표는 아니다. 더 성장하고 더 성과를 내는 창조사역자가 되는 것, 그것이 최종 목표다. 신앙도, 인생도 성과를 남기는 것이다. 너무 각박한 말처럼 들리는가. 마태복음 25장에 나오는 달란트 비유의 요점은 바로 성과다. 아이들에게 달란트 시장이나 달란트 잔치를 열어주는 데 그치지 않고 주님으로부터 받은 달란트로 더 크고 많은 성과를 올려야 하는 것이 신앙이고 인생임을 가르쳐야 하겠다.

이 세상에는 또 자신을 훈련하는 사람과 자신을 방치하는 사람의 두 유형이 있다. 탤런트 최수종이 사극 「대조영」의 초반부에서 노비 배역을 맡았다. 그는 노비의 얼굴이 기름지게 보이면 안 된다고 생각하여 7개월간 방울토마토와 미숫가루만 먹었다. "온갖 어려움을 헤치고 고구려 유민들을 규합해 발해를 건국하려고 수하들과 동고동락하는 장수의 얼굴에 기름기가 줄줄 흘러서야 되겠습니까." 노비 배역이 끝난 후에도 그는 계속 밥을 사양하며 몸을 관리했다고 한다.

크라운제과의 윤영달 회장은 서울 근교의 산을 등반할 때면 같은 산을 세 번씩 오르내린다. 지리산을 등반하듯이 운동량을 늘리려고 그런다. 물론 지루하지만 그럼으로써 끈기와 인내심을 기른다. 그는 자신의 음치를 극복하기 위해 한 곡을 무려 석 달씩이나 반복해서 들었다고 한다. 반복해서 자신을 달구는 자기 훈련은 필수적이다. 50도의 물은 1톤이라도 계란 하나를 삶지 못하나 100도의 물은 한 컵만 있어도 된다. 반복과 집중, 그리고 인내로 자신을 벌겋게 달궈야 한다.

메가스터디의 김성오 중등교육 담당대표는 원래 약사였다. 경남 마산에서 약국을 성공적으로 운영하던 그가 학원과 인터넷 교육 사업을 하려고 마산과 서울을 오가기는 쉽지 않았다. 처음에 주중 1일씩 오가던 것을 점점 늘렸다. 학원과 인터넷 교육 사업에 전념하게 될 때까지 처음 2년간 새마을호 열차를 연평균 200회나 탔다. 다음 3년간 비행기를 연평균 300회나 탔다. 다들 힘들지 않으냐고 물을 때마다 그의 대답은 간단했다. "웬만큼 힘든 일도 반복하면 요령이 생기고 습관이 됩니다. 그러면 적응력도 생깁니다." 반복과 인내가 그의 성공비결이다.

반복과 집중, 그리고 인내

작곡가 김희갑은 40년 음악 인생을 통해 「킬리만자로의 표범」「하얀 목련」「사랑의 미로」「립스틱 짙게 바르고」「타타타」와 같은 히트곡을 수없이 남겼다. 가요뿐만 아니라 영화음악과 뮤지컬에서도 히트작을 만들어냈다. 그의 성공비결은 유연한 자기훈련이다. "작곡 의뢰가 들어오면 두 배로 써서 절반은 버리고 선곡은 제작자에게 맡기고 이전의 멜로디는 잊고, 같은 스타일을 고집하지 않습니다."

뭔가를 성취하는 데 불덩이 같은 열정은 필수다. 그러나 다스려지지 않은 불덩이는 위험하다. 훈련되고 다스려지고 오래가는 열정이어야 한다. "운동장에서 달음질하는 자들이 다 달아날지라도 오직 상 얻는 자는 하나인 줄을 너희가 알지 못하느냐 너희도 얻도록 이와 같이 달음질하라. 이기기를 다투는 자마다 모든 일에 절제하나니 저희는 썩을 면류관을 얻고자 하되 우리는 썩지 아니할 것을 얻고자 하노라."(고전9:24-25)

이 세상에는 혼자서 일하는 사람과 함께 일하는 사람의 두 유형이 있다. 혼자만의 꿈은 마음속의 꿈으로 끝날 수 있지만 함께 모의하고 작당하는 꿈은 놀라운 공명을 일으키며 강력한 에너지를 분출한다. 적절한 파트너와 함께 계속 맞장구를 칠 수 있다면 마음속의 꿈은 어느새 실현된 꿈으로 바뀔 것이다.

달리는 호텔로 불리는 롤스로이스Rolls-Royce 팬텀은 우리나라에서 대당 6억 5,000만 원에 팔린다. 이런 초특급 명차가 나오게 된 것은 가난한 집안 출신의 영국 엔지니어 프레더릭 헨리 로이스Frederic H. Royce가 영국 귀족이자 사업가였던 찰스 스튜어트 롤스Charles S. Rolls를 만남으로써 가능했다. 로이스가 만든 자동차를 롤스가 독점 판매할 수 있도록 서로 약속한 것이다. 서로 어울리지 않을 듯한 두 사람이 세계 최고를 향해 의기투합함으로써 1906년 3월 세계 최고의 명차 회사 롤스로이스가 태어났다.[10]

미국에서도 두 사람의 작당이 큰 성공을 거두었다. 1930년 데이비드 팩커드David Packard가 스탠퍼드대학교에서 윌리엄 휴렛William Hewlett을 만남으로써 미국의 기업 역사상 가장 뛰어난 기업 중의 하나인 휴렛팩커드Hewlett-Packard Company가 탄생할 수 있었다. 1939년 두 사람이 팩커드의 차고에서 시작한 휴렛팩커드는 미국 실리콘밸리의 시작을 알리는 신호탄이었다. 두 사람은 성공한 벤처기업인이었을 뿐만 아니라 훌륭한 자선가로서의 족적을 업계에 유산으로 남겼다.

작당은 계속 이어졌다. 1976년 스티브 잡스Steven Paul Jobs는 고교 동문인 스티브 워즈니악Steve Wozniak과 함께 작당에 작당을 거듭했다. 그렇게 해서 가장 창의적인 기업 중의 하나인 애플컴퓨터가 차고에서 시작될 수 있었다. 이보다 1년 앞서 빌 게이츠William H. Gates도 고교 친구인 폴 앨런Paul Gardner Allen과 모의에 모의를 거듭한 끝에 지금의 초일류기업인 마이크로소프트의 간판을 걸 수 있었다. 1998년 래리 페이지Lawrence E. Page는 세르게이 브린Sergey Brin과 함께 자신의 여자친구 집 차고에서 구글google을 출범시켰다. 2년 후 구글은 객관적인 웹 페이지 순위를 알려주는 페이지랭크PageRank 검색 방식을 통해 하루 1,800만 건을 검색하는 미국 최대의 검색 사이트로 부상했다.

작당하면 이긴다

지금 구글의 주가 총액은 GM과 포드를 합친 것보다 많으며 코카콜라와 인텔도 앞질렀다. 마이크로소프트에 맞서는, 아니 브랜드 파워에서 그것을 앞지르는 세계 최대의 인터넷 기업으로 자랐다. 그러나 구글은 여기에 만족하지 않고 '구글 효과'라는 신조어를 만들며 IT뿐만 아니라 유통, 부동산, 광고, 출판 등 전방위를 평정하고 있다.

래리 페이지와 세르게이 브린은 스탠퍼드대학교에서 만났다. 각자 개성이 강했고 자기 분야에서 자신이 최고라고 생각했기 때문에 늘 티격태격 싸웠다. 그러다가 대학원 논문을 쓰려고 인터넷으로 관련 자료들을 검색하던 중, 수없이 무질서하게 쏟아지는 자료들을 보고는 전혀 새로운 검색 사이트를 따로 만들자며 의기투합했던 것이다.

2006년 『포브스Forbes』가 밝힌 래리 페이지의 자산 총액은 140억 달러, 세르게이 브린의 자산 총액은 141억 달러다. 합치면 이건희 전 삼성그룹 회장의 66억 달러보다 4배 이상 높다. 모의, 작당, 의기투합의 결과는 상상할 수 없이 크다. "두 사람이 한 사람보다 나음은 저희가 수고함으로 좋은 상을 얻을 것임이라."(전4:9)

2005년 스티브 첸Steve Chen은 채드 헐리Chad Hurley와 함께 유튜브닷컴Youtube.com을 창업했다. 두 사람은 온라인 결제 회사인 페이팔의 직장동료였다. 둘은 2005년 1월, 친구들과 파티를 하면서 찍었던 동영상을 온라인에 올리려 했는데 그러지 못했다. 그래서 궁리 끝에 어도비 플래시 기술로 누구나 쉽게 동영상을 온라인에 올릴 수 있는 방법을 찾아냈다. 두 사람이 5개월간 물밑작업을 벌인 끝에 유튜브닷컴을 선보이자, 이 사이트에는 하루 1,000만 명이 방문하고 6만 5,000개의 동영상이 올랐다. 순식간에 유튜브는 UCC의 대명사로 자리잡았다. 유튜브는 미국의 시사주간지 『타임TIME』에 의해 '2006년 최고의 발명품'으로 선정되고 구글에 16억 5,000만 달러로 인수되면서 더욱 유명세를 떨쳤다. 이미 유튜브는 사용자들이 손수 만들어 올리는 동영상을 통해 '벼락 스타'들을 창출하고 있다. 정치 선거전에서의 활용도가 높아지면 정치 판세까지 좌우할 것이라는 전망도 나왔다.

이렇듯 작당하면 세상이 뒤집어진다. 우리나라의 벤처 1세대를 이끈 휴맥스의 변대규 사장이 이공계 박사과정 공부를 포기하고 창업을 결심한 것은 포장마차에서였다. 그는 대학원생 친구들과 단골 포장마차에서 장래에 대해 서로 이야기하다가 장난처럼 창업을 하자는 의견을 모았다고 한다. 작당이 없었다면 창업도 없었을 것이다.

"…할 수 있거든이 무슨 말이냐 믿는 자에게는 능치 못할 일이 없느니라…"(막9:23) 이 믿음으로 함께 거룩한 작당을 벌이고 그래서 이 세상을 주님의 나라로 변혁시키려는 창조사역의 주인공들이 많아졌으면 좋겠다. 창조적인 파괴자와 창조적인 건축자 말이다. "보라 내가 오늘날 너를 열방 만국 위에 세우고 너로 뽑으며 파괴하며 파멸하며 넘어뜨리며 건설하며 심게 하였느니라."(렘1:10)

모세와 여호수아, 엘리야와 엘리사, 다윗과 요나단, 베드로와 요한처럼 거룩한 작당으로 이 세상에 주님의 뜻을 심고 가꾸고 성취하자. "한 사람이면 패하겠거니와 두 사람이면 능히 당하나니 삼겹 줄은 쉽게 끊어지지 아니하느니라."(전4:12) 거룩한 작당은 창조의 어머니다.

07

믿음으로 키우는 창조

우리는 하나님과 사람 앞에서 착함을 유지해야 한다. 착함은 신뢰관계의 뿌리다. 그리고 처음부터 끝까지 충성됨을 유지하는 것은 신뢰관계의 몸통이다. 여기에다 잘해냄까지 추가하면 신뢰관계에 날개가 달린다. "그 주인이 이르되 잘하였도다 착하고 충성된 종아 네가 작은 일에 충성하였으매 내가 많은 것으로 네게 맡기리니 네 주인의 즐거움에 참예할지어다 하고."(마25:21)

이 세상의 팍팍한 현실에서 잘해내려면, 다시 말해 성과를 내려면 양심과 충성심만으로는 부족하다. 그 둘을 포괄하되 그것들을 넘어서는 현명함이 요구된다. 양심껏 충성스럽게 살아야 하겠지만 그 위에 현명함을 더해야 한다. 양심과 충성심을 지키되 불필요한 손해나 위험을 피하고 좋은 성과를 올릴 수 있어야 한다. 현명함은 일을 그르치지 않고 일이 잘되게 해준다.

다윗은 아버지의 명령에 순종하는 착한 막내였고(삼상17:20), 몇 마리밖에 안 되는 아버지의 양이라도(삼상17:28) 책임을 다해 충성스럽게 잘 먹였다(삼상17:35). 후일에 이스라엘의 왕이 됐어도 그는 책임감을 갖고 성실하게 잘 다스렸다. "이에 저가 그 마음의 성실함으로 기르고 그 손의 공교함으로 지도하였도다."(시78:72) 그는 수천 마리가 아니라 몇 마리의 적은 양이었음에도 불구하고 충성을 다해 쳤고, 게다가 능수능란하게 쳤다. 물맷돌도 공교한 양손잡이로 던졌을 것이다. 그는 작은 일에 충성했고 큰일도 능수능란하게 잘해냈다. 착함과 충성됨을 갖춘 일꾼이 간혹 있다고 하지만 다윗처럼 잘해냄까지 겸비한 프로는 드물 것이다. 잘하고 싶어도 못해내는 게 아마추어라면, 프로는 하기 싫어도 잘해낸다.

어떻게 하면 착하고 충성되면서도 잘하는 프로가 될 수 있을까. 효율경영과 창조경영을 병행하면 된다. 기존의 사업에서 피해를 줄이고 이익을 늘리는 것이 효율경영이라면 전혀 새로운 판을 짜고 그 판을 키워서 거의 독식하는 것은 창조경영이다. 심하게 말해서 효율경영은 마른 수건도 짜내는 것이고 창조경영은 새 우물을 파는 것이다. 달리 말해서 전자는 메뉴를 효율적으로 따라 하는 것이고 후자는 메뉴 자체를 바꾸는 것이다. 요즘처럼 판이 자주 바뀌는 속도 시대에는 창조경영자라야 잘해내는 프로라 할 수 있겠다.

우리가 믿는 하나님은 죽은 자를 살리시고 없는 것을 있는 것처럼 부르시는 창조주이시다. 이 하나님을 믿는 우리는 바랄 수 없는 중에 바라고 믿을 수 없는 중에 믿을 수 있다(롬4:17-18). 시도하고 도전하고 모험할 수 있다. 갈 곳을 몰라도 떠나며(히11:8) 깊은 데를 정확히 알지 못해도 찾아가서 그물을 내린다(눅5:4-5). 믿음은 광야에 길을 내는 창조다(사43:19). 창조주 하나님을 믿으면 시조, 원조, 창업자가 될 수 있다.

창조적 미래를 향한 모험

1998년 여전히 인터넷의 내일이 불투명하던 때, 래리 페이지와 세르게이 브린은 세계가 인정하는 스탠퍼드대학교 박사과정을 그만두고 인터넷 검색엔진 기업을 세웠다. 안전하게 정해진 길을 버리고 불안하고 불확실한 세계에 뛰어든 것이다. 새로운 미래에 대한 두려움이 있었지만 그것이 그들의 창업 의지를 꺾지는 못했다. 그렇게 구글이 탄생됐고 창창한 나이에 그들은 억만장자가 될 수 있었다.

1948년 테레사 수녀는 종신서원을 했던 로레토 성모수녀회의 수녀복을 벗고 인도에서 가장 가난한 여성들이 입는 흰 사리로 갈아입었다. 그녀는 로레토 성모수녀회가 운영하던 성마리아학교 교장직을 박차고 나갔다. 가르침의 즐거움이 그녀를 참으로 행복하게 했지만 그것이 그녀를 붙잡아놓지는 못했다. 그녀는 3개월간의 기초간호학 속성과정을 이수한 후 콜카타의 빈민가를 찾아가 무작정 어려운 사람들을 돌보기 시작했다. 고아, 한센병 환자, 죽음에 임박한 자들을 위한 집을 열면서 그녀는 점점 더 밑바닥으로 내려갔다. 거룩한 수녀복을 입고 성마리아학교 교장직을 안전하게 수행하면서 적당한 선행을 베풀 수도 있었겠지만 그녀는 극빈층에게 다가가 과감하게 이들과 뒤섞이는 것을 두려워하지 않았다. 그렇게 마더 테레사가 탄생했고 결국 그녀는 노벨 평화상을 받으며 성녀라는 호칭도 얻었다.

일차적으로 사회 분배를 염두에 두되 구글의 창업주처럼 개인 성장을 더 앞세우는 길, 그러니까 빌 게이츠의 표현을 빌자면 '창조적 자본주의'의 길을 걷든지, 아니면 일차적으로 개인 성장에 유념하되 마더 테레사처럼 사회 분배를 더 앞세우는 길, 그러니까 '창조적 사회주의'의 길을 걷든지 여하튼 전능하신 창조주 하나님을 믿는 우리는 '창조적 미래'를 향해 모험해야 한다.

현재의 안전망을 버리고 새로운 미래에 대한 두려움을 떨치며 한 걸음씩 전진하는 모험, 이것은 성경적인 기업가 정신이다. 그런 의미에서 아브라함은 벤처 기업가의 표상인 셈이다. "믿음으로 아브라함은 부르심을 받았을 때에 순종하여 장래 기업으로 받을 땅에 나갈 새 갈 바를 알지 못하고 나갔으며."(히11:8) 아브라함은 자신의 인생을 책임져줄 수 있는 고향의 안전망을 버리고 새로운 땅을 향해 전진해야 했지만(창 12:1) 그 구체적인 길을 알지 못했다.

목적이 아무리 분명해도 과정은 항상 불분명하다. 그렇기 때문에 한 걸음씩 전진하는 믿음의 모험이 더욱 필요한 것이다. 구체적인 길을 다 알지 못했지만 한 걸음씩 믿음의 모험을 감행했을 때, 먼 훗날 아브라함은 이스라엘 민족의 조상이 될 수 있었다. 소명, 사명, 목적이 분명하다고 해서 과정이 탄탄대로인 것은 아니다. 믿음의 담력으로 불분명한 과정을 헤쳐나가야 하는 것이다.

과정은 항상 불분명하다

바울은 이방인의 사도로 분명한 부르심을 받았지만 선교의 로드맵이 처음부터 명확했던 것은 아니었다. "성령이 아시아에서 말씀을 전하지 못하게 하시거늘 브루기아와 갈라디아 땅으로 다녀가 무시아 앞에 이르러 비두니아로 가고자 애쓰되 예수의 영이 허락지 아니하는지라."(행 16:6-7) 그러나 바울이 믿음의 걸음을 계속했을 때, 마게도냐로 이끄시는 성령님의 인도하심을 받을 수 있었다. "무시아를 지나 드로아로 내려 갔는데 밤에 환상이 바울에게 보이니 마게도냐 사람 하나가 서서 그에 게 청하여 가로되 마게도냐로 건너와서 우리를 도우라 하거늘 바울이 이 환상을 본 후에 우리가 곧 마게도냐로 떠나기를 힘쓰니 이는 하나님 이 저 사람들에게 복음을 전하라고 우리를 부르신 줄로 인정함이러라." (행16:8-10) 이렇듯 목적은 분명하지만 과정이 불투명하기 때문에 믿음 의 모험이 요구되는 것이다.

예수님은 베드로에게 깊은 데로 가서 그물을 내려 고기를 잡으라고 말씀하셨다. 이제 베드로의 목적지는 분명해졌다. 깊은 곳이다. 그러나 어디가 깊은 곳이며 어떤 과정을 거쳐서 거기로 가야 할지는 불분명했 다. 믿음으로 배를 젓는 것만이 필요했다. 베드로가 그렇게 했을 때, 드 디어 만선의 결과를 응답받을 수 있었다(눅5:4-6).

완벽하게 준비해서 정확히 알고 행동하려다가는 아예 시도조차 못 할 수 있다. 어설퍼도 일단 저질러야 결과가 나온다. 이론적으로는 순도 100퍼센트가 가능하겠지만 적용, 응용, 실행의 영역에서 그것은 없다. '2% 부족할 때'라는 청량음료가 있듯이 가장 적게는 순도 2퍼센트에서 도 시작해야 한다. 그러다가 점점 순도 99퍼센트까지 높여가야 한다. 롯 데제과의 초콜릿 '드림카카오'는 순도 56·72·86·99퍼센트로 다양 하다. '드림카카오 99%'를 먹어본 소비자들은 혓바닥을 테러라도 당한 듯이 벼루, 고무, 크레파스, 흙, 한약재를 씹은 맛이라고 전한다. 순도 100퍼센트의 복음진리도 성경 속에서나 가능하다. 실제의 응용 영역에 서 복음진리는 각종 문화와 희석돼 2퍼센트에서 99퍼센트까지 다양한 순도로 전달될 것이다.

책상머리에서 순도 100퍼센트를 외치는 이론가가 아니라 현장에서 순도 2퍼센트부터 적용하고 응용하고 실행하는 행동가여야 한다. 경영의 아버지 톰 피터스Tom Peters가 그렇게 강조한 것도 행동이다. "나는 부자, 유명인, 지식인으로 평가받고 싶지 않다. 오직 행동가로 평가받고 싶다." 우리는 특히 응용 영역에서 순도 2퍼센트일지라도 복음진리를 전파하려고 애쓰는 행동가들을 존중해야 한다. 믿음의 독특성은 준비가 어설퍼도 저지르는 행동에 있다.

안락한 집에서 야생의 들판으로

아깝고 두렵지만 현재의 안전망을 과감히 버리고 더 높은 곳, 더 깊은 곳, 더 먼 곳, 더 낮은 곳, 더 새롭고 낯선 곳을 향해 전진하는 행동은 창조주 하나님을 믿는 기업가 정신이다. 우리가 하나님을 적나라하게 경험하는 곳은 안락한 집이 아니라 야생의 들판이다. 과정이 불명확해도 믿음의 행동으로 야생의 들판을 헤쳐나가다 보면 하나님의 도우심과 문제해결 방법, 그리고 구체적인 길을 발견하게 될 것이다. 목적지가 분명해도 그 과정은 늘 믿음의 담력으로 전진해야 하는 불확실성의 연속이다.

우리가 전능하신 창조주 하나님을 믿고 기업가 정신으로 살아가면 이전과는 다른 것을 있게 하는 창조경영을 할 수 있다. 창조경영은 광야에 길을 내듯이(사43:19) 무에서 유를 창조하는 것이고(롬4:17), 또한 돌덩이를 물덩이로 바꾸듯이(시114:8) 물을 포도주로 바꾸는 것이다(요2:9). 무슨 경영이든지 불가능한 것이 없으신(욥42:2) 창조주 하나님을 우리가 믿기에 기업가 정신으로 무장하고 창조경영자의 길을 가야 하겠다.

누구나 손쉽게 창조경영을 할 수 있는 것은 아니지만 일단 창조경영자가 되면 모든 것을 다 얻게 된다. 모험하고 개척하는 창조의 길을 가려면 욕먹고 비난받고 공격당하게 돼 있는데 그것을 두려워만 하면 창조경영자가 될 수 없다. 두려움이 뒤따르는 모험을 지금 감행하지 않으면 두려운 미래를 맞이하게 될 것이다. 전능하신 창조주 하나님을 믿고 도전하고 모험하고 창조하라.

낸시 랭Nancy Lang , 박혜령은 미국의 뉴욕에서 태어나 갓난아이 때 귀국했다. 그녀는 강남의 부촌 아파트에서 바이올리니스트를 꿈꾸며 남부럽지 않게 자랐다. 그러나 아버지의 갑작스런 죽음과 어머니의 사업 실패로 그녀의 꿈은 연기처럼 사라졌다. 끝없이 절망하고 방황하며 자살도 시도했다. 그러나 당시 암과 싸우던 어머니의 간절한 기도가 그녀의 영혼을 수렁에서 건져냈다. 공주병은 사라졌고 꿈꾸는 현실주의자로 거듭났다.

상업적인 위조품이라는 비판도 있지만 그녀는 발칙한 팝 아티스트다. 콩팥 같은 날개에 명품 가방을 든 손으로, 또 로봇의 몸에 사람의 머리를 단 것으로 행위예술을 한다. 각종 전시회에서는 비키니를 입은 채 퍼포먼스를 벌인다. 초대받지 않았지만 2003년 베니스 비엔날레에 참가해 산마르코 성당 앞에서 란제리 차림으로 바이올린을 켜기도 했다.

그녀가 행위예술만 하는 것은 아니다. 패션 브랜드 쌈지의 아트 디렉터이면서 TV 진행자로 활동하기도 한다. LG전자의 기상천외한 LCD 모니터 광고에도 출연했다.

그녀는 "달러가 좋다!"고 거침없이 밝힘으로써 미술계의 이단아가 됐다. 그러나 그녀는 돈도 벌고 예술도 해야 했기 때문에 비즈니스 아티스트의 길을 선택했노라고 당당히 말한다.

돈에 대해 긍정적인 양심을 길러라

"예술도 비키니처럼 가벼웠으면 좋겠어요. 무거워야 예술인가요. 어디든지 깃털처럼 훨훨 날아갈 수 있어야 해요. 잠바때기를 걸치고 냉소적이며 고민과 고통이 가득한 예술가의 이미지는 싫어요. 피카소 같은 화가가 좋지, 고흐 같은 화가는 정말 싫거든요. 살아서 부와 명성을 누려야지, 고통스럽게 살다가 사후에 명성을 떨치면 뭐 해요. 루이뷔통 같은 명품도 좋아요. 그게 싫은 사람도 있나요. 기분을 좋게 하고 아름다운 것이면 다 좋아요."

그녀의 인생 목표는 돈을 많이 벌어 사람들에게 좋은 영향을 주는 유명인이 되는 것이다. 장차 그녀는 재단을 세우고 꿈을 잃은 청소년들에게 희망을 되찾아주고 싶다고 한다. 남들의 시선과 비난을 아랑곳하지 않고 실패를 두려워하지 않으며, 발칙하고 도발적인 퍼포먼스들을 거침없이 벌이는 그녀의 인생이 여타 스타들처럼 추락하지 않고 전진과 성장을 거듭했으면 좋겠다.

돈을 사랑하라는 게 아니다. 돈을 바르게 잘 벌고 기꺼이 드리고 후하게 나눠야지, 돈을 사랑함은 일만 악의 뿌리가 된다(딤전6:10). 그렇다고 돈에 무관심하도록 가르쳐서는 안 된다. 가끔씩 자동차 사고가 일어난다고 해서 아예 자동차를 타지 말라고 가르치면 되겠는가. 바르게 잘 운전해서 효과적으로 활용하도록 가르쳐야 하지 않겠는가. 돈도 마찬가지다. 돈을 적극적으로 벌 수 있도록 돈에 대해 긍정적인 양심을 길러줘야 한다.

최고부자 솔로몬의 타락한 경우를 들려주며 돈에 대해 부정적인 양심을 갖도록 가르치기보다는, 유일한 유한양행 창업주처럼 돈을 바르게 잘 벌고 후하게 나누며 아들에게조차 물려주지 않고 사회에 환원한 모범적인 경우를 제시할 수 있어야 한다. 돈을 버는 것에 대해 괜한 양심의 가책을 갖는다면 적극적인 경제활동을 영위할 수 없다. 돈은 경제의 피며 경제는 생명을 생명답게 하는 토대다. 돈을 버는 것에 대해 부정적으로 억압돼 있는 양심을 자유하게 해야 한다.

죄, 죽음, 저주, 가난, 질병, 귀신과 같은 온갖 속박으로부터 우리를 자유하게 하시려고 주 예수님은 오셨고(눅4:18) 마침내 십자가에 내어줌을 당하셨다(롬4:25). 우리에게 자유를 주시려고 주님께서 그렇게 되셨으니 우리가 더 이상 부당한 속박에 매여 있어서는 안 되겠다(갈5:1).

조상의 죗값도, 자신의 죗값도 아니다

성경에는 우리가 반드시 타고 넘어야 할 세 봉우리가 있다고 말한다. 첫째는 조상이 지은 죗값을 자손이 당해야 한다는 봉우리다(출20:5, 민 14:18). 이 첫째 봉우리를 타고 넘어야 한다. 이스라엘 사람들은 국가가 멸망하고 바벨론에 포로로 잡혀가는 망국의 때에 이 첫째 봉우리에 걸려 넘어졌다. '우리 조상이 죄를 지어 그 죗값을 우리가 지금 당하는 것이기에 뭘 해도 소용이 없다' 는 운명론에 빠져 허우적거렸던 것이다. 그때 선지자들이 외쳤다. "아버지가 신 포도를 먹으면 아들의 이가 시리다는 속담은 더 이상 유효하지 않다 각자 자기 죄로 죽을 뿐이다."(렘 31:29-30, 겔18:1-4) 조상의 죗값을 당한다며 신세한탄하지 말고 하나님을 붙잡고 스스로 앞길을 타개해나가자는 것이었다.

첫째 봉우리를 넘었다면 이제 둘째 봉우리를 타고 넘어야 한다. 조상의 죗값은 아니지만 여전히 자기 죗값의 덫에 빠져 있기 때문이다. 우리 스스로는 아무도 자기 죗값을 치를 능력이 없다. 대속이 필요할 뿐이다. 육체가 되신 하나님의 아들, 예수 그리스도께서 그렇게 하셨다. 나무 십자가에서 죽음의 피를 흘리심으로 그 피가 법을 어긴 우리의 죗값을 대속했다. 이 사실을 믿기만 하면 우리는 스스로 법을 지키지 못한 법의 저주, 그러니까 둘째 봉우리의 덫에서 해방될 수 있다.

그럴 뿐만 아니라 아브라함처럼 믿음으로 말미암아 의인이 되며 많은 땅을 얻는 복, 많은 사람을 얻는 복, 남들을 잘되게 하는 복도 받게 된다(갈3:13-14). 천지를 창조하신 말씀(요1:1-3)이 육체의 예수님으로 오셨다(요1:14, 요일4:2). 이 하나님의 아들 예수님이 법을 어긴 죗값에서 우리를 자유하게 하셨다. 그렇기 때문에 이 사실을 믿기만 하면 우리는 첫째 봉우리도, 둘째 봉우리도 훌쩍 뛰어넘어 자유의 셋째 봉우리에 당도하게 된다.

하나님의 아들이 자유하게 하시면 참으로 자유하게 되는 것이다(요8:36). 죗값을 집행하려고 끊임없이 달려드는 집달리들, 곧 마귀와 그 귀신들은 우리와 상관이 없다. 예수님께서 십자가에서 죄뿐만 아니라 죗값의 채무증서까지 다 소멸시키셨기 때문이다(골2:13-15). 이제 우리는 자유의 셋째 봉우리도 타고 넘어 저 멀리 펼쳐지는 풍요의 평원을 바라보며 전진해야 한다. 예수님 안에 있는 아브라함의 복, 그리고 성령님의 내주하심과 인도하심이 그것이다(갈3:14).

우리는 죄와 죗값의 온갖 속박에서 해방되는 자유를 넘어 예수님 안에서의 창조적인 활동을 통해 더 풍성한 생명을 누릴 수 있어야 한다(요10:10). 우리는 예수님의 십자가 고난과 그 결과를 우리의 것으로 믿고 수용함으로써 다시 창조자의 삶을 살 수 있게 됐다. 예수님의 십자가 사건을 통해 약속된 성령과 아브라함의 복을 받는 길이 우리에게 열려졌기 때문이다(갈3:13-14).

약속된 성령을 받는다는 것은 하나님 자신, 천국, 영생을 소유하는 영원 축복을 의미한다고 압축시켜 정의할 수 있다. 구약시대에는 왕, 제사장, 선지자에게만 성령의 외부적인 임재하심이 있었던 것 같다. 그러나 신약시대에는 주 예수님을 믿고 성령으로 거듭나기만 하면 성령의 내재하심이 있게 된다. 신약시대의 내재하심은 구약시대의 외재하심보다 훨씬 강력하다고 볼 수 있다. 구약시대에는 1년에 한 차례, 그 해의 대제사장만이 짐승의 피를 가지고 지성소에 들어갈 수 있었다. 그러나 신약시대에는 누구든지 주님의 십자가 보혈에 의지해 언제나 수시로 하나님의 하늘 지성소에 출입할 수 있게 됐다. 아니, 우리 자신이 성령 하나님을 소유한 지성소 그 자체인 것이다. 주 예수님을 믿음으로 말미암아 우리 안에 하나님의 성령이 거하신다. 그래서 우리는 걸어다니는 천국인 셈이다. 인생이 한몫을 챙기는 것이라면 우리는 하나님의 성령을 우리 안에 챙기고 사는 것이 아닌가. 우리 안에 하나님을 소유했으니 우리는 최고의 부자이고, 권력자다. "…너희 안에 계신 이가 세상에 있는 이보다 크심이라."(요일4:4) 이 믿음이 있으면 신성한 자부심으로 행복하고 당당할 것이다.

아브라함의 총체적인 축복

또한 아브라함의 복을 받는다는 것은 우리도 아브라함처럼 땅으로 대표되는 경제 축복, 자손으로 대표되는 사람 축복(창13:14-17), 그리고 다른 사람들의 복이 되는 복덩이 축복(창22:18)이 임하는 현세 축복을 받게 됨을 의미한다고 좀 거칠게 정의할 수 있다. 주 예수님을 믿으면 이 아브라함의 총체적인 복을 받게 된다(갈3:9, 13-14). 하나님은 아브라함에게 반드시 복을 주고 복을 주며 번성하게 하고 번성하게 하겠다고 스스로 맹세하시며 약속하셨다(히6:13-14). 법이 아니라 약속이다. 법은 지켜야 하지만 약속은 믿어야 한다. 아브라함의 인격의 어떠함이나 형편의 어떠함에도 불구하고 약속하신 하나님께서 거의 일방적으로 약속을 이루실 것이기에 믿음이 요구되는 것이다.

본토를 떠났기에(창12:1) 아브라함에게는 땅 한 뼘도 없었지만 하나님은 그에게 복에 복을 주셔서 동서남북 사방의 광활한 땅을 차지하게 하셨다. 땅이 그만큼 중요하기 때문이다. 21세기에 들어 디지털의 영토가 계속 급팽창하면서 진화를 거듭하고 있지만 실물의 땅은 항상 중요하다. 땅은 모든 경제의 근간이다. 여전히 땅은 부의 최대 원천이다. 지구가 사라지지 않는 한 늘 그럴 것이다.

하나님은 아브라함에게 그 넓은 땅을 약속하셨을 뿐만 아니라 조카 롯 외에는 아무 피붙이도 없었던 그에게(창12:5) 하늘의 별과 같이 많은 자손도 주셨다. 땅과 사람, 이 둘만 있으면 나라도 세운다. 고구려 멸망 후 대조영은 만주 지역의 넓은 땅과 고구려 유민이 있었기에 발해를 건국할 수 있었다. 쿠르드족은 1,000만 명이 넘지만 땅이 없기에 이란, 이라크, 터키, 레바논, 시리아, 아제르바이잔, 그루지야 등지에 흩어져 난민촌을 형성하며 온갖 괄시와 공격을 받으며 살고 있다.

많은 사람들로 종족이 형성된다 해도 경제력의 근본인 영토가 없으면 나라를 세울 수도 없고 인재를 양성할 수도 없다. 그렇기에 하나님은 하나님의 제사장 나라를 세우시려고 유랑의 아브라함에게 광활한 땅도 주시고 수많은 자손도 주시겠다고 약속하셨다. 특히 사람이 뿌리박고 살아야 할 땅이 중요하기에 땅을 먼저 언급하셨다. 사실 구약성경에서 땅의 족보와 사람의 족보를 빼고 나면 횅한 느낌이 들 것이다.

땅과 경제적인 자유

특히 구약성경은 아브라함이 처음으로 땅을 확보한 사건과 아들을 얻은 사건을 대서특필하고 있다. 땅과 사람이 그토록 중요하기 때문이다. 아브라함이 이런저런 동산의 축복을 먼저 받았지만(창13:2) 처음으로 부동산의 축복을 받은 것은 아내 사라의 매장지 매입이었다. 히브리의 어원이라는 '하비루', 곧 유랑민이 처음으로 소유하는 땅이었기에 구약성경은 그 매입과정을 아주 자세히 기록해놓고 있다(창23:1-20).

땅은 정말로 좋은 것이다. 땅이 없으면 자유도 없다. 땅이 있어야 경제적인 자유를 확보할 수 있고 정치적인 자유 등 다른 자유도 챙길 수 있다. 땅이 없는 자유는 진정한 자유가 아니다. 그래서 구약성경이 중요한 비중으로 다루는, 복된 희년의 본래적인 의미는 잃은 땅의 되찾음에 있는 것이다(레25:10). 없는 땅을 소유하고 잃은 땅을 되찾는 것에서 모든 경제력과 자유가 출발한다. 사람다운 삶이 땅에 기초한다는 것을 구약성경은 분명히 하고 있다.

내가 섬기는 청년 대학생 모임인 '영코아Young Core'의 복학생 3명연세대 대학원 정치학과 2년 박정범, 연세대 경영학과 4년 김성탄, 연세대 사회학과 4년 권용태이 2007년 1학기 동안 남아프리카공화국의 케이프타운대학교 등 18개 국가의 19개 유명 대학교들을 샅샅이 훑었다. 무려 165일간 한국어로 붓

글씨를 써주는 등 현지 대학생들과 이리저리 소통하며 우리나라에 관한 정보를 두루 알렸다. 그리고 현지 대학교들에 관해 생생한 정보를 얻어 귀국했다. 한 학기의 수업을 포기하고 극도의 고생을 마다한 채, 저들은 우리를 알리고 남들을 이해하며 다양한 정보를 캐낼 수 있었다. 저들이 책으로 펴낸 세계 대학 여행 경험담은 많은 독자들에게 큰 유익을 줄 것임에 틀림없다. 장장 6개월간의 여행을 마무리하고 돌아온 저들의 결론은 이랬다. "서유럽을 비롯해 어느 나라에서든지 우리나라가 잘사는 나라라는 점을 여행 내내 재확인할 수 있었고, 여행 말미에는 다시 돌아갈 수 있는 조국의 땅이 있다는 사실 때문에 행복했다."

땅은 인재 양성의 기반이 된다. 아브라함은 땅도, 자식도 없는 유랑민이었지만 하나님의 축복으로 이스라엘 민족과 국가의 아버지가 됐고 많은 왕들이 그의 허리에서 나왔다(창17:4-6). 더군다나 이스라엘 민족은 세계의 모든 민족 위에 뛰어날 수 있었다(신28:1). 모든 경제력의 기반이 되는 땅을 차지했고 그것에 힘입어 수많은 자손과 인재를 배출했기 때문이다. 오랜 동안 전 세계의 경제계와 지성계를 주름잡고 있는 유대인들을 보라.

경제와 인재는 같이 간다

경제와 사람이 뒷받침되면 국가를 세울 수 있고 막강한 경제력을 바탕으로 탁월한 인재가 양성되면 일류국가로 발전할 수 있다. 경제와 인재는 같이 가며 인재는 경제에 기초한다. 경제가 없으면 인재도 없다. '경제ⓝ인재'인 것이다. 땅을 기반으로 하는 경제는 개인, 가정, 민족,

국가를 형성하는 데 필수불가결한 요소다. 그 점을 하나님께서 너무도 잘 아셨기에 떠돌이 아브라함에게 정착지를 주시겠다고 약속하셨던 것이다.

이제 아브라함의 그 복은 주 예수님을 믿는 우리에게 그대로 적용된다. "너희가 그리스도께 속한 자면 곧 아브라함의 자손이요 약속대로 유업을 이을 자니라."(갈3:29) 땅, 경제, 돈을 경시하는 유교주의 선비사상도 아니며 그것들만 강조하는 신자유주의 물신사상도 아니다. 우리는 구약성경을 따라 가정, 민족, 국가를 형성하는 데 필수불가결한 기반으로서의 땅, 경제, 돈을 이해할 수 있어야 한다. 아브라함의 경제적인 복은 예수님 안에서 신약시대 이후를 사는 우리의 것이 된다.

구약시대에도 아브라함의 경제적인 복을 자신의 개인적인 것으로 만든 사람이 있었으니 바로 야베스다. "야베스가 이스라엘 하나님께 아뢰어 가로되 원컨대 주께서 내게 복에 복을 더하사 나의 지경을 넓히시고 주의 손으로 나를 도우사 나로 환난을 벗어나 근심이 없게 하옵소서 하였더니 하나님이 그 구하는 것을 허락하셨더라."(대상4:10) 우리가 하나님을 최고로 사랑하고 믿으면 하나님도 우리를 최고로 사랑하시고 믿으신다. 자신감을 갖고 야베스의 기도를 드릴 수 있어야 한다.

아니, 야베스의 차원을 넘어 우리는 주 예수님을 믿는 믿음 덕분에 이미 아브라함의 복을 받았다고 주장하고 선포하고, 그래서 그것을 성취하고 누리고 나눌 수 있어야 한다. 아브라함의 고차원적이고 총체적인 복이 야베스의 개인적이고 가족적인 복을 훨씬 능가하기 때문이다. 하나님은 주 예수님을 믿는 자들에게 아브라함의 복을 약속하셨다. 이제 우리에게 필요한 것은 복을 주십시오, 라는 기도보다는 우리가 이미 그 복을 받았다는 믿음의 선포다.

공장의 말단 종업원이었던 스콧 애덤스는 세계 최고 수준의 만화가가 되겠다고 스스로 약속했고 그것을 확신하려고 하루에 열다섯 번씩 기록했다. 스스로 약속하고 기록하기를 매일 반복함으로써 그는 마침내 그것을 성취할 수 있었다. 사람이 스스로 약속하고 믿기를 반복해도 놀라운 성취를 이루는데, 하물며 전능하신 하나님의 약속을 개인의 믿음으로 받는다면야 더 큰 성취를 이룰 수 있지 않겠는가.

이렇게 기도해야 하겠다. "하나님 아버지, 주 예수님 안에서 율법의 저주를 철폐하시고 아브라함의 복이 제게 임하게 하시니 감사합니다. 점점 잘되게 하시고 점점 불어나게 하옵소서. 은혜와 믿음과 사랑이, 지혜와 능력과 역량이, 시간과 물질과 일꾼이, 그리고 건강과 여유와 영향력이 점점 불어나게 하옵소서."

그리고 믿음으로 발설도 해야 한다. "주 예수님 안에서 저주가 철폐됐다. 내게 아브라함의 복이 임했다. 나는 점점 잘되고 있다. 점점 불어나고 있다. 은혜와 믿음과 사랑이, 지혜와 능력과 역량이, 시간과 물질과 일꾼이, 그리고 건강과 여유와 영향력이 점점 불어나고 있다." 우리는 아브라함에게 주신 히브리서 6장 14절의 하나님 약속을 우리 자신의 것으로 보고 읽고 듣고 묵상하고 암송하고 믿고 기도하고 발설하고 선포하고 주장하고 지키고 행해야 한다.

믿음으로 기도하고 발설하라

기독교 신앙은 하나님과 하나님의 약속의 말씀에 대한 믿음에 기초해 있다. 하나님과 하나님의 약속의 말씀을 믿는 믿음으로 하나님을 기쁘게 해드리는 것이지, 잔뜩 제사를 드려 신의 이목을 잡아끌려는 게 아니다. 신에게 애걸복걸하고 안달복달하며 복을 짜내려는 것은 무속신앙이고 기복신앙이다. 아브라함의 복이 예수 그리스도 안에서 이미 우리의 것이라고 고백하는 믿음이 기독교 신앙이다. 신의 관심을 돌이켜 복을 짜내는 것이 아니라 예수 그리스도 안에 이미 준비돼 있는 복을 믿음으로 개인 소유화하는 것이다. "내가 반드시 너를 복 주고 복 주며 너를 번성케 하고 번성케 하리라."(히6:14) 이 약속의 말씀이 눈에서, 귀에서, 마음에서(잠4:20-21) 떠나지 않아야 하고 입에서, 머리에서, 행동에서(수1:8) 떠나지 않아야 하며 이마에서, 손에서, 문기둥에서(신6:8-9) 떠나지 않아야 한다. 늘 기도해야 하듯이 늘 말씀과 더불어 먹고 마시고 뒹굴고 살아야 하는 것이다. 그럴 때 그 말씀이 우리의 것으로 성취된다.

이런 하나님의 성취 방식을 귀신들은 귀신같이 알고 모방한다. 사람들로 하여금 온갖 부적들을 몸에, 베개에, 장롱에, 천장에, 출입문에 붙이도록 하는데 정작 우리 크리스천들은 무시하고 소홀히 하지 않는가. 말씀이 있으면 반드시 성령님이 함께하시며 말씀이 있으면 믿음도 생겨 창조적인 일이 일어난다는 것을 확신해야 한다. 말씀을 붙잡으면 성령님도, 믿음도, 창조사역도 다 붙잡게 되는 것이다.

하나님의 모든 약속, 특히 아브라함에게 주신 히브리서 6장 14절의 약속을 우리는 주 예수님 안에서 붙잡고 또 붙잡으며 믿고 또 믿어야 한다. 우리가 주님을 믿음으로 말미암아 영원 축복과 현세 축복을 다 받게 된다는, 아니 다 받았다는 부요의식이 가장 먼저 개발돼야 하기 때문이다. 이 부요의식이 전제되면 역사의식도, 사회의식도, 종말의식도 한층 풍성해질 것이다. 우리는 부요의식과 아울러 역사의식, 사회의식, 종말의식도 다 가져야 한다.

먼저 부요의식이다

우리가 역사의식을 갖고, 과거사를 성찰하고 미래를 통찰하고 현재를 관찰함으로써 지금 여기에서의 시대정신과 시대과제를 파악하는 지혜를 얻게 된다. 또한 나와 우리를 넘어 이웃과 연대하는 사회의식도 키워야 한다. 개인과 역사의 종말을 넘어 주님의 재림과 함께 주님의 나라가 새롭게 전개되는 우주적인 종말의식도 가져야 한다. 그러나 주님을 믿음으로 말미암아 생명을 얻고 더 풍성히 얻게 되는 부요의식이 전제돼야 역사의식, 사회의식, 종말의식도 더 탄력을 받게 될 것이다.

창조도, 구원도, 선교도 하나님이 하셨고 하시고 하실 것이다. 예수님이 다 이루셨고(요19:30) 이루시며 이루실 것이다. 구원과 영생뿐만 아니라 모든 게 다 공짜선물이다. 하나님의 아들도 선물이고, 그 아들과 함께 구원과 영생도 선물이고, 다른 모든 것도 선물이다. 우리는 믿음으로 받아들이면 된다. 우리는 예수님을 믿고 따르는 신앙인으로서 예수님을 인격적으로 닮아가야 하고 예수님처럼 살아가야 한다. 그러나 그중에서도 예수님의 십자가 고난과 그 결과를 우리 자신의 것으로 만드는 믿음이 늘 가장 중심이어야 한다. 믿음의 바탕이 부실한데도 지나치게 예수님을 닮으려 하거나 예수님처럼 살려 하거나 심지어 예수님이 되고자 할 때, 우리는 복음에서 되돌아 다시 심각한 율법주의의 덫에 걸리게 된다.

믿음은 사람의 인격, 경건, 능력에 기초하지 않는다. "베드로가 이것을 보고 백성에게 말하되 이스라엘 사람들아 이 일을 왜 기이히 여기느냐 우리 개인의 권능과 경건으로 이 사람을 걷게 한 것처럼 왜 우리를 주목하느냐."(행3:12) 태어나면서부터 걷지 못하는 신체 장애인을 걷게 한 것이 예수님을 믿고 예수님의 이름으로 기도한 덕분이지, 다른 이유는 전혀 없다는 것이다. "그 이름을 믿음으로 그 이름이 너희 보고 아는 이 사람을 성하게 하였나니 예수로 말미암아 난 믿음이 너희 모든 사람 앞에서 이같이 완전히 낫게 하였느니라."(행3:16) 사람의 인격, 경건, 능력이 아니다. 예수님을 믿는 믿음, 그리고 예수님의 이름으로 기도하는 기도뿐이다. 여하튼 우리 자신으로부터 말미암는 것은 믿음이 아니다. 믿음은 하나님과 하나님의 말씀으로부터 말미암는 것이다.

우리가 가장 먼저 키워야 하는 것은 하나님과, 하나님이 미리 해놓으신 일과, 하나님의 말씀에 대한 믿음이다. 우리는 열심히 활동하고 충성하는 중에 공짜선물, 곧 은혜를 사모하는 믿음의 공짜심리를 개발해야 한다. 공짜심리를 강하게 가져도 양심의 가책을 받지 않을 때, 우리는 내면의 부요의식과 실제의 부요함으로 충만하게 될 것이다.

공짜심리를 키워라

"너희가 그 은혜를 인하여 믿음으로 말미암아 구원을 얻었나니 이것이 너희에게서 난 것이 아니요 하나님의 선물이라."(엡2:8) 믿음으로 구원과 영생은 물론, 다른 모든 것들도 다 공짜선물이다(롬8:32). 예수님의 십자가 희생의 대가로 이미 준비돼 있는 공짜선물들을 우리는 믿음으로 먼저 받아서 그것으로 하나님과 사람들에게 다시 드린다. 그렇기에 우리의 드림은 희생과 수고가 아니다. 우리의 드림은 기쁨과 감사여야 한다.

우리가 믿는 하나님은 광야의 이스라엘 백성들에게 바람으로 새떼를 몰아주시는 분이시다. 광야에 있던 장정 5,000명이 배불리 먹고 남도록 오병이어의 기적을 일으키시는 분이시다. 이 하나님을 믿는데 평범하게 살 수는 없다. 시도하고 모험하고 혁신해야 한다. 남들이 가지 않는 새 길을 개척하는 창조자여야 한다. 하나님이 창조주이시니 이 하나님을 믿으면 시조, 원조, 창업자가 될 수 있다.

다음 두 가지 중 하나라도 있으면 창조자의 삶을 살 수 있다. 하나는 '아, 이거다' 하는 것을 일찍 발견하고 그것에 몰두하는 것이고, 다른 하나는 욕과 비난과 공격을 두려워 말고 도전적인 기세로 모험하고 개척하는 길을 과감하게 걷는 것이다. 주님과 함께, 주님을 위하여 번성하고 정복하고 다스리는 창조자의 삶을 살아야 하는 것이다. "하나님이 자기 형상 곧 하나님의 형상대로 사람을 창조하시되 남자와 여자를 창조하시고 하나님이 그들에게 복을 주시며 그들에게 이르시되 생육하고 번성하여 땅에 충만하라 땅을 정복하라 바다의 고기와 공중의 새와 땅에 움직이는 모든 생물을 다스리라 하시니라."(창1:27-28)

출애굽의 구원이나 광야의 훈련이 최종 목적은 아니다. 가나안을 정복하고 다스리며 거기서 번성하고 번영하며 나누는 것이 최종 목적이다. 구원도, 자유도, 훈련도 과정일 뿐이다. 정복하고 번영하고 나누는 사회 공동체를 형성하는 것이 도달점이어야 한다. 개인적인 성공과 번영을 넘어 사회적인 성공과 번영을 이루자. 주님나라의 완성은 아니어도 주님나라에 근접해가는 사회 공동체를 이 땅에 세워나가자. 개인 성공담을 넘어 사회 성공담을 나누자.

약자가 이기는 길, 창조

요셉은 10명의 이복형들이 짓누르는 긴장감을 이겨야 했다. 게다가 친모도 없이 친동생 베냐민을 챙기는 책임을 맡았다. 이복형들 틈에서 생존해야 하는 절박감은 친부 야곱을 더 가까이 하게 했고 아마 천부 하나님도 더 가까이 하게 했던 것 같다. 그래서 그는 친부의 총애는 물론 천부의 총애도 한몸에 받았다. 친부는 장자의 지위를 상징하는 듯한 긴 채색 옷을 그에게 입혔고, 천부는 그에게 해와 달과 11별이 절하는 꿈을 주셨다. 한 가문의 실질적인 장자를 넘어 천하의 장자가 되게 하시겠다는 꿈이 아니었던가. 긴장감이 감도는 환경은 전심을 다해 절박하게 하나님을 찾게 만든다. 그 결과는 하나님을 만나는 영광이다.

"너희가 전심으로 나를 찾고 찾으면 나를 만나리라."(렘29:13) 온 마음을 다 쏟는 전심으로 하나님을 찾으면 하나님을 만날 수 있다는 약속의 말씀이다. 뒤집어 말하면, 대충 미지근하게 찾아서는 하나님을 만날 수 없다.

마음을 다하고 성품을 다하고 힘을 다해(신6:5) 절박하게 찾아야 한다.

너무 간절한 나머지 핏발이 터지는 절박감으로 하나님을 찾아야 한다. 요셉은 아마 그렇게 하나님을 찾았을 테고, 그래서 천하의 장자로 축복하시는 하나님의 꿈을 받게 됐다고 상상해본다.

광야에 홀로 서는 법

성완종 회장은 경남기업 등 11개의 계열사를 통해 연간 2조 원을 웃도는 매출을 올리는 대아그룹의 회장이다. 그는 서른아홉 나이에 서산장학재단을 세우고는 모두 208억 원의 장학기금을 출연했고 1만 1,000명의 학생들에게 장학금을 수여했다. 그는 자신을 성공시킨 은인으로 세 사람을 꼽는다. 돈을 벌려고 집을 나간 친어머니, 사정없이 매타작을 해대던 아버지, 그리고 그와 그의 형제들을 억척스럽게 괴롭히던 새어머니다.

어느 날 아버지가 새어머니를 데리고 왔다. 그때부터 4형제 중 맏이였던 그의 인생에 찬바람이 불기 시작했다. 남의 헛간에서 자고 신문을 돌리고 휴지를 모아 팔고 등짐을 져서 생계를 꾸려야 했다. 친어머니와 형제들을 괴롭히는 새어머니의 잠든 몸에 시퍼런 칼끝을 겨누기도 했다. 초등학교 졸업을 코앞에 두었을 때, 세 동생들을 키우려면 돈을 벌어야 한다는 생각에 친어머니를 찾아 무작정 상경을 시도했다. 그는 충남 서산의 고향을 등지고 종일 100리를 걸어 홍성에서 서울행 완행열차에 몸을 실었다. 그의 손에는 영등포역 근처에서 식모살이를 하던 친어머니의 주소가 적힌 편지봉투가 꽉 쥐여 있었고, 그의 안주머니에는 외삼촌이 준 10원짜리 지폐 몇 장이 꼬깃꼬깃 들어 있었다. 새벽에 신문을 돌리며 낮에는 약국에서 심부름하고 밤에는 교회 부설학교에서 공부했다. 그렇게 그는 광야에서 울타리 없이 홀로 서는 법을 배웠다.

요셉은 어려서 어머니를 여의고 이복형들에게 팔려 이방 땅에서 노예가 됐다. 다윗은 사울 왕에게 쫓겨 광야를 전전했다. 요셉과 다윗과 성완종, 그들을 키운 것은 광야의 맨바람, 그리고 보이지 않는 주님의 강인한 손길이었다. 지금 허덕허덕 쫓기며 도망치는가. 그 쫓김도 어느 날 정상에서 내려다보면 아름다운 추억이 될 것이다. 반드시 정상에서 주님과 함께 내려다보는 날이 오리라.

전심으로 하나님을 찾고 그래서 하나님을 만나고 하나님의 약속을 받아야 하다. 아니, 예수님을 믿는 자라면 이미 누구에게나 주어져 있는 약속의 말씀을 그대로 믿으면 된다. "너희가 그리스도께 속한 자면 곧 아브라함의 자손이요 약속대로 유업을 이을 자니라."(갈3:29) 이 약속의 말씀을 믿는 믿음과 함께 갖춰야 할 것이 하나 더 있다. 요셉의 꿈해석 기술이나 다윗의 물매질 기술처럼 일시에 판세를 역전시킬 수 있는 자기만의 고유 기술이다. 일시에 요셉을 국무총리 자리에 끌어올리시려고 하나님은 그의 꿈해석 기술을 사용하셨다. 그만의 독특한 꿈해석 기술이 그를 그 자리로 급상승시킨 엘리베이터였던 것이다. 물매질 기술이 소년 다윗을 일약 장군의 자리로 끌어올린 것과 마찬가지다.

고유 기술을 발굴하라

나폴레옹Napoleon Bonaparte은 스물넷에 장군이 되고 서른넷에 황제가 됐다. 그의 고속승진은 그만의 포병 기술 덕분이었다. 18세기 말엽에 왕

족과 가까운 프랑스 청년들은 시끄럽고 더럽고 힘든 포병대에 입대하지 않고 화려한 기병대에 입대했다. 그러나 당시의 대규모 지상전에서 기병대의 역할은 거의 없어졌고 포병대의 역할이 막중해졌다. 포병장교 출신이었던 나폴레옹은 대승을 거듭할 수 있었다.[11]

절박한 환경으로 내몰리는 것, 그래서 간절하게 하나님을 찾고 그 결과 하나님을 만나고 하나님의 꿈이나 비전이나 약속을 받는 것은 역전 인생의 전반전일 뿐이다. 하나님의 함께하심과 도우심으로 파란만장한 우여곡절의 대가를 치르면서 한 방에 기존의 전세를 역전시킬 수 있는, 자신만의 고유 기술을 발굴하고 그것을 후반전에서 활용해야 한다.

우리는 선인이 돼야 하고 끝까지 충성하는 충인이 돼야 한다. 그러나 더 중요한 것은 잘해내는 달인이 되는 것이다. "그 주인이 이르되 잘 하였도다 착하고 충성된 종아⋯."(마25:21) 선인이고 충인인데 달인이 아닌 경우도 있다. 주인이 이렇게 말할 수도 있다. "수고는 많이 했는데 결과가 아쉽구나, 착하고 충성된 종아⋯."

잘해내는 달인은 책상머리에서 만들어지지 않는다. 부단히 하나님을 찾고 동행하는 가운데, 부지런히 현장을 땀으로 적시며 자신만의 고유 기술을 발굴하고 그것을 활용할 때 달인의 경지에 이르게 된다. 요셉이나 다윗처럼 기존의 굳어진 판을 완전히 뒤엎는 역전 인생의 달인이 돼야 한다. 아마추어인지, 프로인지 스스로 자문해보라. '이론가인가, 활동가인가. 활동가이되 선수인가. 선수라면 대표선수인가. 대표선수이면서 골잡이인가. 골잡이이되 역전의 골잡이인가. 나 때문에 전세가 완전히 뒤집히는가.' 그러나 흘러간 옛 노래의 달인이어서는 안 된다. 짚신 제작의 달인, 마차 제작의 달인, 브라운관 TV 제작의 달인, 비퍼beeper 제작의 달인은 이제 쓸데없다. 미래의 어떤 영역에서 달인이어야 한다. 미

92

래에 필요한 전혀 새로운 뭔가를 창조해내는 달인 말이다.

역전승이 전공이신 주님과 함께 지금 당장 물밑에서 은밀히 창조 프로젝트를 시작하자. 주님의 함께하심과 도우심을 믿는 믿음과 나만의 비밀무기 발굴을 통해 굳어진 판세를 뒤엎는 꿈을 꾸며 그렇게 하자.

"그러나 하나님께서 세상의 미련한 것들을 택하사 지혜 있는 자들을 부끄럽게 하려 하시고 세상의 약한 것들을 택하사 강한 것들을 부끄럽게 하려 하시며 하나님께서 세상의 천한 것들과 멸시받는 것들과 없는 것들을 택하사 있는 것들을 폐하려 하시나니."(고전1:27-28)

약자가 이기는 길

군사력이든지, 경제력이든지 강자는 힘이 세다. 힘이 세면 고지를 점령하게 되고 일단 고지를 점령하고 나면 오랫동안 쉽게 지켜낼 수 있다. 3,200년 전쯤 트로이 전쟁에서 그리스 연합군이 트로이 군대보다 강했지만 성을 함락하는 데는 10년의 세월이 걸렸다. 그마저도 트로이 목마라는 지략 덕분이었다. 고지 선점의 효과는 막강하다.

그러면 약자는 늘 져야만 하는가. 아니다. 약자라도 이기는 길이 있다. 첫째로 관찰해야 한다. 관찰을 통해 현재의 흐름을 파악하고 어떻게 움직여야 할지를 알아야 한다(대상12:32). 어리석은 사람들이 죽어도 좋다며 무작정 덤빌 때, 지혜로운 사람은 반드시 이길 길을 찾는다. 무턱대고 나서기보다는 주도면밀하게 살펴야 한다. "슬기로운 자는 재앙을 보면 숨어 피하여도 어리석은 자들은 나아가다가 해를 받느니라."(잠22:3)

우리는 죽으려고 태어난 것도 아니고 실패하려고 태어난 것도 아니다. 잘 관찰함으로써 위험을 줄이고 기회를 높여야 한다. 제갈량을 제갈량답게 만들고 이순신을 이순신답게 만든 것은 신중한 관찰이었다. 바람과 물, 지형과 지물, 적군과 아군을 잘 관찰함으로써 위험을 줄이고 기회를 높였다. 그 결과, 약자임에도 불구하고 승리를 거듭할 수 있었다. 메르세데스 벤츠Mercedes-Benz는 1인 가구의 증가세에 주목함으로써 작고 귀여운 명차 스마트Smart를 출시할 수 있었다. 경영자라면 현재의 흐름을 잘 읽고 잘 될 것과 안 될 것을 미리 가려내야 한다. 그래서 안 될 것은 버리고 잘 될 것에 집중해야 한다. 그러다 보면 작은 몸집이 불어나고 마침내 강자와 맞붙어 이길 수 있게 된다.

둘째로 분별해야 한다. 좋은 사람이 있고 나쁜 사람이 있다. 제비족, 꽃뱀, 사기꾼에게 걸리면 인생을 망친다. 한번 망친 인생은 회생이 어렵다. 좋은 사람을 파트너로 삼아야 한다. "지혜로운 자와 동행하면 지혜를 얻고 미련한 자와 사귀면 해를 받느니라."(잠13:20) 범사를 헤아려 좋은 것을 취하다 보면(살전5:21) 점점 힘이 세어질 것이다.

셋째로 종합해야 한다. 어느 한 요소만으로는 약자가 강자를 이길 수 없다. 강력한 요소뿐만 아니라 다양한 요소를 결집시켜야 한다. 힘에 지혜를 동원하고 성실에 열정을 동원해야 한다. 서비스와 친절을 합치고 겸손과 인내를 합쳐야 한다. 서너 가지가 아니라 수십, 수백 가지의 경쟁 요소를 만들고 종합해야 한다. 다양한 전문가들과 소통하고 연합하기도 해야 한다. 그러면 약자가 강자를 이길 수 있는 틈이 나타난다.

넷째로 창조해야 한다. 기존의 영역에서 위험을 줄이고 기회를 높이는 것만으로는 안 된다. 기존의 영역에 아무리 투입량을 늘려도 산출량이 더 이상 늘지 않을 때가 언젠가는 온다. 한계생산성이 마이너스가 된다는 말이다. 마른 수건을 짤 게 아니라 새 우물을 파야 한다. 더 이상 결실하지 못하는 고목을 흔들지 말고 새 묘목을 심어야 한다. 기존의 영역에서 관찰, 분별, 종합을 통해 위험을 줄이고 기회를 높임으로써 계속 몸집을 불려야 하겠지만 동시에 전혀 새로운 영역도 발굴해야 한다. 삼성전자가 TV 등 가전제품 시장에서 큰 이익을 올리고 있었지만, 이병철 창업주는 28년 전 전혀 새로운 반도체 사업을 시작함으로써 삼성전자를 지금의 IT 강자로 만들 수 있었다.

지나간 무대에서 헛고생해서는 안 된다. 1년, 5년, 10년 후 떠오를 새 무대의 주인공이 돼야 한다. 그러려면 기존 영역에서 생산성을 높이는 노력만으로는 안 된다. 미래의 새 영역을 발굴해야 한다. 주 예수님은 복음의 주님이신 동시에 창조의 주님이시다. 창조의 주님과 함께 지금 당장 새 영역의 발굴을 시작하되 관찰과 분별과 기도로 하자.

다섯째로 기도해야 한다. 관찰, 분별, 종합, 창조에 기도의 화학작용이 일어나야 한다. 기도하면 하늘의 영감이 더해지고 곱해진다. 그러면 위험은 사라지고 기회는 커진다. 기존의 영역은 점점 몸집이 불고 새 영역도 선점하게 된다. 기도가 미래다. "너는 내게 부르짖으라 내가 네게 응답하겠고 네가 알지 못하는 크고 비밀한 일을 네게 보이리라."(렘33:3)

강자가 거의 다 장악하는 시대다. 패자부활의 가능성이 희박해지고 있다. 20 대 80의 법칙이 아니라 1 대 99의 법칙이다. 그렇지만 약자가 강자를 이길 길이 있다. 한 방의 홈런만이 능사가 아니다. 단타와 도루도 좋다. 거듭하다 보면 승리할 수 있다. 낙숫물이 돌을 뚫는다. 약자라도 자신의 고유 기술과 함께 관찰, 분별, 종합, 창조, 그리고 기도를 통해 조금씩 전진하면 마침내 고지를 점령하게 될 것이다.

“내게 구하라 열방을 유업으로 주리니
네 소유가 땅끝까지 이르리로다”
(시2:8)

2장

말씀이 믿음의 밥이다

01

믿음의 추진력을
내뿜는 심력

대다수 신앙인들이 구원의 확신을 갖고 저 천국에 갈 것이라고 믿는다. 이것은 개신교회의 대단한 강점이다. 그런데 이 세상에서 주님의 뜻을 심고 가꾸며 이 세상을 주님나라에 근접한 곳으로 변화시킬 수 있다는 믿음은 약한 듯하다. 개신교회의 아픈 약점이다. 저 천국으로 가는 복음도 복음이지만 저 천국을 이 세상에 오게 하는 복음도 복음이다. 저 천국으로 가는 복음과 저 천국이 이 세상에 오는 복음이 함께할 때, 복음이 완성된다. 이 세상에 살면서 우리는 구원의 확신을 갖고 저 천국에 갈 것을 믿는 한편, 우리 각자의 현장을 주님나라에 수렴하는 곳으로 만들려는 꿈과 믿음과 열심도 당연히 가져야 한다. 이 세상을 주님나라로 만드는 것이 주님의 꿈과 사역이기 때문이다. "나라이 임하옵시며 뜻이 하늘에서 이룬 것 같이 땅에서도 이루어지이다."(마6:10) 저 하늘에서의 주님나라도 아니고 교회 안에서의 주님나라도 아니다. 오히려 교회 밖의 사회 곳곳에서의 주님나라다.

이스라엘 민족은 원래 이집트 제국의 노예들이었다. 그러나 주님의 뜻은 노예민족을 자유민족으로 해방시키는 것이었다. 그래서 주님은 이집트 현장에 모세를 파송해 열 번의 전쟁을 이집트 왕 바로와 치르면서 이스라엘 민족을 자유민족으로 해방시키셨다. 그러나 땅이 없는 자유민족은 유랑민족일 뿐이다. 주님은 이스라엘 민족에게 가나안 땅을 주셔서 정착민족이 되게 하셨고, 더 나아가 세계 일등 민족이 되게 하셨다(신 28:1). 여기서 그치지 않고 최종적으로는 세계 만민에게 축복의 통로가 되는 제사장 민족으로 삼으실 터였다(출19:6). 그런데 이스라엘 민족의 불신앙과 배반으로 저들을 제사장 민족으로 삼으시려던 하나님의 꿈과 사업은 이제 주 예수님과 그분의 교회를 통해 이 세상에서의 주님나라의 성취로 바뀌어 진행되고 있다.

이 세상은 성경에서 말하는 주님나라를 향해 끊임없이 전진해야 한다. 결코 이 세상에서 주님나라가 완성될 수 없다 해도 이 세상의 마지막 지향점은 주님나라여야 한다. 이 세상은 더 착하고 강하고 풍성해져야 한다. 어떻게 하면 그렇게 될 수 있을까. 우리의 믿음이 계속 성장하면 된다. 주님과 주님의 약속은 준비 완료다. 문제는 우리의 믿음이다. 모든 것을 가능케 하는 믿음이 성장을 반복하면 반드시 더 나은 미래가 창조된다. '바르게 하는가.' 이 기준도 중요하지만 더 중요하고 우선적인 것이 있다. '성장하고 있는가.' 시행착오 없이 바르게만 하려다가 때와 기회를 놓치거나 지레 포기하거나 제자리걸음을 하는 완벽주의자보다는, 시행착오를 통해 배우고 성장하는 경험주의자가 더 낫다. 100퍼센트를 외치는 책상머리형 완벽주의자가 되지 말고 2퍼센트부터 시작하는 현장 중심형 경험주의자가 되자.

완벽이 아니라 경험이다

이 세상에 100퍼센트의 완벽은 없다. 100퍼센트의 복음도 성경 안에서만 존재한다. 실제의 응용영역에서는 2퍼센트의 복음에서 98퍼센트의 복음이 있다. 우리는 시행착오 속에서 현명해지고 성장한다. 위대한 일들도 시행착오 속에서 탄생하곤 한다. 100퍼센트를 외치는 고집스런 입술이 아니라, 2퍼센트부터 응용하는 유연한 손발이 되자. 지나치게 바르게 하느라고 애쓴 나머지 신경쇠약증에 걸리는 자녀보다 좌충우돌하더라도 꾸준히 그릇의 크기를 키우는 자녀가 부모의 눈에 더 대견하지 않을까.

바르게 하는 것도 중요하지만 성장하는 것은 더 중요하고 우선적이다. 주님께서 거지더러, 병자더러, 노예더러, 유아더러 바르게 하라고 먼저 말씀하실까. 부유해져라, 건강해져라, 자유하라, 성장하라고 먼저 말씀하시지 않을까. 바르게 하는 것보다 더 나아지고 성장하는 것이 아무래도 우선인 것 같다. 주님은 우리가 다방면에서 지속적인 성장을 거듭하길 원하신다.

무엇보다 머리의 힘, 마음의 힘을 키울 수 있어야 한다. 머리의 뇌력과 마음의 심력이 눈에 보이는 그 어떠한 거대함보다 더 거대하기 때문이다. 뇌력에서 놀라운 상상력이 나오고, 심력에서 강한 믿음의 추진력이 나온다. 그렇기에 뇌력과 심력이 상승작용하면 기적 같은 창조가 일어난다. 또한 나타난 것보다 나타날 것이 더 크고 새롭다. 그것은 상상력과 믿음의 추진력 안에 감춰져 있다. "믿음은 바라는 것들의 실상이요 보지 못하는 것들의 증거니."(히11:1) 바라는 것들을 실제로 만들어주는 것이 믿음이다. 바라는 것들이 상상력의 산물이라면, 그것들을 실제로 만들어주는 추진력은 믿음의 산물이다. 뇌력과 심력을 키우지 않고서는 그럴싸한 실제를 창조할 수 없다.

보이는 거대함은 보이지 않는 뇌력과 심력의 자녀이다. "…누구든지 이 산더러 들리어 바다에 던지우라 하며 그 말하는 것이 이룰 줄 믿고 마음에 의심치 아니하면 그대로 되리라."(막11:23) 산에게 바다에 던져지라고 명령하는 것은 기발한 상상력이다. 그리고 그 명령이 성취될 것이라고 마음에 의심하지 않는 것은 대단한 믿음이다. 이렇게 뇌력의 산물인 상상력에다 믿음이 추진력을 곱해주면 산을 바다로 옮기는 기적이 일어난다. 거대하지만 이미 고정돼 있는 외형의 위용에 압도되지 말고, 눈에 안 보이기에 얼마든지 무한할 수 있는 뇌력과 심력을 키우는 데에 늘 주력해야 한다.

상상력과 추진력

예수님은 우리가 천재적인 상상력으로 구하고 믿음으로 응답받으라고 말씀하신다. "너희가 기도할 때에 무엇이든지 믿고 구하는 것은 다 받으리라 하시니라."(마21:22) '무엇이든지'가 상상력의 영역이라면 '믿고 구하는 것'은 믿음의 영역이다. 무엇이든지 생각하는 상상력으로 구하되, 믿음의 추진력으로 더하면 다 응답된다는 것이다. 정말 놀라운 약속이다. 우리는 이 약속의 말씀을 그대로 믿고 무엇이든지 생각하고 구하는 머리의 상상력, 그리고 그 구하는 것을 다 받는다는 마음의 믿음을 길러야 한다.

21세기는 상상력 시대다. 특히 인터넷의 무한팽창으로 상상력만 있어도 좋은 결과를 거둘 수 있게 되었다. 자본가의 노동 착취로 노동자는 점점 가난해지고 자본가는 점점 부유해진다고 일찍이 칼 마르크스Karl Heinrich Marx가 갈파했다. 노동자의 노동가치가 200인데 자본가가 그 가격을 100으로 매긴다면 100의 잉여가치가 생기고, 그것은 바로 자본가의 이윤이 된다는 것이다. 맞는 이야기로 보인다. 토지 자본을 가진 지주, 기계 자본을 가진 생산자, 화폐 자본을 가진 금융가의 이윤 축적은 노동 착취의 결과일 수도 있다.

하지만 디지털 혁명이 가속화되면서 상상력을 기반으로 하는 '사이버 자본'도 등장하고 있다. 최근에는 블로그를 통해 자신의 스토리를 글로 생산하는 사람들이 많아졌고, 그들 중에는 대중의 인기를 몰아 책을 내거나 영화를 찍게 되는 10대도 있다. 단연코 압권은 UCC다. 아무 자본도 없이 개개인이 자신의 고유한 개인기를 동영상으로 제작해 포털에 올리면 일시에 전국으로, 전 세계로 퍼뜨릴 수 있다. 대구의 경일여고 2학년인 조래은 학생은 열한 살 때부터 쳤던 기타 연주 실력을 동영상으로 제작해 인터넷 카페에 올렸다가 네티즌들의 환호에 힘입어 CF 모델이 되기도 했다.

토지 자본, 기계 자본, 화폐 자본이 없다고 낙망해서는 안 된다. 하나님께서 개개인에게 주신 천부적인 상상력으로 자본가 대열에 낄 수도 있는 사이버 자본 시대가 새롭게 열리고 있기 때문이다. 마이크로소프트의 빌 게이츠가 정보 부자라면 『해리 포터』 시리즈의 조앤 롤링Joanne Kathleen Rowling은 이야기 부자다. 아직 자산 총액에 있어서는 빌 게이츠가 비교할 수 없을 정도로 앞서 있지만 자산 증가율 곡선의 경우는 조앤 롤링이 훨씬 가파른 모습을 보인다.[12] 빌 게이츠의 자산 총액이 51조 원이고 지난 6년간 그 증가율이 6.25퍼센트였다면 조앤 롤링의 자산 총액은 1조 130억 원에 그 증가율이 141퍼센트에 달했다. 2003년 빌 게이츠는 450억 원의 주식 배당금을 받았지만 조앤 롤링은 1,000억 원의 저작권료를 받았다. 바야흐로 경제의 첨단과 중심이 정보화 경제에서 이야기 경제로 전환되고 있다. 이런 흐름은 이야기의 상상력만으로도 기술이나 정보를 능가하는 자본 형성이 얼마든지 가능한 시대가 열렸다는 것을 의미한다.

믿음의 에너지가 상상력을 싹틔운다

상상력은 무슨 일을 시작할 때 먼저 있어야 하고(잠8:22), 어떤 일을 행할 때 함께해야 하며(잠8:27), 성공하기에 유익하고(전10:10) 재물을 얻게 하는(잠8:21) 지혜의 일종이다. 성경은 지혜가 제일이라고 단언한다(잠4:7). 그렇기 때문에 그것을 찾고 구하고 활용하면 부귀와 재물과 의까지 얻게 될 것이다(잠8:17-18). 우리가 지혜를 우선적으로 구하되 특히 무한팽창하는 디지털 경제 시대에 걸맞은 상상력을 구해야 한다.

그러자면 소갈머리, 주변머리, 잔머리를 다 동원하는 게 좋다. 차분히, 진득하게, 오래 씹어서 얻는 지혜를 소갈머리라고 재정의해본다면 주변머리는 이리저리, 여기저기, 이것저것 두루 관찰해서 얻는 지혜라고 새롭게 정의해봄직하다. 잔머리는 짧은 순간에 돌출하는, 얄팍하고 계산적인 지혜라고나 할까.

소갈머리만 좋고 주변머리나 잔머리는 나쁘다고 단정할 수 없다. 상상력을 포함하는 총체적인 지혜를 얻으려면 소갈머리, 주변머리, 잔머리가 다 필요하다. 변화의 폭과 속도가 넓고 빠른 요즘에는 더욱 그렇다. 한 가지에 집중하다가는 뒷북치기 십상이다. 두세 가지에 집중하면서 서너 가지를 두리번거릴 수 있는 유연성이 요구된다. 소갈머리의 알찬 지혜, 주변머리의 살피는 지혜, 잔머리의 임기응변적인 지혜를 두루 길러야 한다.

상상력도 중요하지만 믿음의 추진력을 내뿜는 마음은 더욱 중요하다. 상상력의 씨앗이 어떠한가도 살펴야 하지만 마음밭을 더욱 살펴야 한다. 길가 밭, 돌밭, 가시떨기 밭과 같으면 씨앗이 자라서 열매를 맺을 수 없다. 길가 밭은 씨앗 자체에 관심이 없다. 무관심한 마음이다. 돌밭은 씨앗을 받지만 흙이 얇아서 씨앗을 말려 죽인다. 이것은 원한, 울분, 앙심에 사무친 마음이지 않을까. 가시떨기 밭은 세상 염려, 쾌락 추구, 돈 욕심 때문에 씨앗을 제대로 키워내지 못한다. 옥토 밭이라야 100배까지 결실한다(마13:19-23).

말씀의 씨앗에는 무한한 상상력이 있다. 문제는 마음의 토질, 그러니까 심력이다. 금이 간 마음, 갈라진 마음, 구멍이 난 마음, 깨어진 마음, 비틀어진 마음, 비뚤어진 마음, 꼬인 마음, 더러운 마음, 지저분한 마음, 우중충한 마음, 칙칙한 마음, 딱딱한 마음, 둔한 마음, 게으른 마음, 얄팍한 마음, 경박한 마음, 좁은 마음, 작은 마음, 약한 마음, 믿지 못하는 마음을 먼저 고쳐야 한다.

생각, 상상력, 말씀이 실체가 된다. 생각한 대로, 상상한 대로, 말씀대로 된다. 그러나 그냥은 안 된다. 마음과 믿음의 에너지가 지속적으로 공급돼야 한다. 생각, 상상력, 말씀이 씨앗이라면 믿음의 에너지를 공급하는 마음은 토양이다. 씨앗도 좋아야 하겠지만 토양이 안 좋으면 대량의 씨앗이 뿌려져도 무용지물이다. 소출이 없거나 부족한 것은 대개 밭의 문제이지 씨앗의 문제가 아니기 때문이다.

심력이 뇌력을 이긴다

토양의 힘이 좋아야 훌륭한 열매를 맺듯이 마음과 믿음의 힘이 좋아야 인생의 결실이 풍성해진다. 청년기까지는 뇌력이 좋은 사람이 두각을 나타내는 것 같지만 사회에 진출하면 심력이 좋은 사람이 두각을 나타낸다. 상상력의 씨앗도 중요하지만 그것을 키워내는 마음밭의 힘이 더욱 중요하기 때문이다. 다양하게 많이 알고도 그것을 키워낼 심력이 뒷받침되지 않으면 결실이 없고, 적지만 확실하게 알고 그것을 키워낼 심력이 뒷받침되면 결실이 있다. 성경 퀴즈 대회에서 1등을 해도 결실이 빈약한 신앙인이 있고, 몇몇 성경 구절만 붙잡고도 오래 집중함으로써 큰 열매를 거두는 신앙인이 있다. 이리저리 많은 일을 벌였는데 열매가 부실한 사람이 있는가 하면 두세 우물 전략으로 집중해서 풍성한 수확을 거두는 사람이 있다. 이는 심력의 차이가 아닐까.

심력이 좋은 옥토 밭은 어떠한가. 첫 번째로 진심, 양심이 있다. 토양의 바탕이 반듯하다. 이것이 옥토 밭의 첫 조건이다. 두 번째로 호기심, 관심이 있다. 여기에서 주의력이 나온다. 이것이 있기에 씨앗을 향해 문이 열린다. 세 번째로 결심이 있다. 이것은 씨앗을 받아들이고 동여매는 힘이다. 네 번째로 명심이 있다. 이것은 재삼재사 씨앗을 기억하는 힘이다. 이것이 없으면 물 위를 지나가듯이, 모래 위에 새기듯이 흔적도 없어진다. 다섯 번째로 열심이 있다. 이것이 없으면 씨앗을 발아시키고 성장시킬 수 없다. 여섯 번째로 중심, 충심이 있다. 이것이 있기에 안정감과 신뢰감을 준다. 일곱 번째로 앞심이 있다. 이것은 추진력이다. 상상력이 좋은 리더가 앞심이 센 참모를 만나면 대단한 일도 쉽게 추진된다. 여덟 번째로 뒷심이 있다. 뒷심은 지구력이다. 앞심만 있고 뒷심이 없으면 오래 끌어야 하는 대사를 성사시킬 수 없다.

어느 목사님은 어릴 때 별명이 '백동이'였다. 시험만 보면 전 과목이 100점이었다. 예체능도 뛰어나게 잘했다. 전국 고사를 치르면 거의 수석이나 다름없었다. 당연히 서울대학교 공대에 우수한 성적으로 입학했고 그곳을 우수한 성적으로 졸업했다. 가족들은 그 막내둥이가 대단한 뭔가를 해낼 줄로 기대했다. 그런데 폭탄선언이 터졌다. "우리 가족이 다 주님을 믿지만 구약성경의 레위인처럼 전적으로는 섬기지 않으니 제가 그렇게 하겠습니다." 형들은 물론 신앙심이 돈독했던 부모님도 선뜻 찬성할 수 없었다. 그래도 그가 굽히지 않자 형들은 "정 그렇다면 신학자가 돼라"며 한발 물러섰다. 그러나 그는 서울의 한 달동네에서 10년을 섬긴 후 주님의 부르심에 따르겠다며 그 달동네로 들어갔고 돈이나 옷이 생기면 이웃과 나누었다. 피골이 상접한 막내가 안쓰러워 둘째 형이 '너만을 위해 쓰라'며 용돈을 줘도 그날이면 다 나누고 없앴다.

믿음은 모험심이고 기업가 정신이다

그렇게 꼬박 10년을 채우더니 그는 신학대학원에 진학했다. 히브리어, 헬라어 등 성경 원전뿐만 아니라 성경과 관련된 역사에도 능통하도록 열심히 공부했다. 졸업 후에는 더 이상 제자를 받지 않는다는, 미국의 어느 영성신학 대가 밑에서 그의 제자가 됐다. 지금은 목사가 돼 목회사역을 펼치는 중이다. 10년간 달동네 봉사를 약속하고 그대로 지킨 데서 우리는 그의 중심, 앞심, 뒷심을 느끼게 된다.

옥토 밭이라면 아홉 번째로 옆심이 있다. 앞심과 뒷심이 있어도 남을 동참시키고 배려하는 옆심이 없으면 일을 밀어붙이면서 독단적이게 되거나 남에게 상처를 입힐 수 있다. 열 번째로 뱃심, 뚝심이 있다. 이것은 어려움에 직면해도 적에게 밀리지 않는 힘이다.

옥토 밭이라면 마지막으로 모험심이 있다. 이것은 씨앗 안에 담긴 내용대로 시도해보고 도전해보는 힘이다. 세세히 알지 못하고 충분히 이해하지 못해도 하나님의 명령을 따라 아브라함이 고향산천을 떠난 것(히11:8)이나, 주 예수님의 명령을 따라 베드로가 깊은 곳으로 가서 그물을 내린 것(눅5:5)이나, 선지자 엘리사의 명령을 따라 나아만이 요단 강에 몸을 일곱 번 담근 것(왕하5:14)이 모두 믿음의 모험심이 아닐까. 이는 또한 기업가 정신이기도 하다.

심력은 수많은 상상력의 씨앗들을 추리고 길러서 열매로 만들어내는 에너지다. 수많은 정자들이 추려져서 단 하나의 정자가 착상되는 자궁이 태아를 키워내듯이 수많은 생각, 상상력, 말씀의 씨앗들을 추리고 길러서 실체로 키워내는 마음밭이 어떠하냐가 참으로 중요하다. 상상력이 중요하지만, 한때 대단했던 상상력도 어느새 상식이 되기도 한다. 머리의 힘, 곧 상상력은 사거나 빌려 쓸 수도 있다.

그러나 마음만은 그럴 수 없다. 스스로 길러야 한다. 몸 훈련 머리 훈련도 필요하지만, 마음 훈련은 더욱 필요하다. 식사와 운동을 통해 몸을 만들고 독서와 경청을 통해 머리를 만들 수 있다. 그러나 마음을 만드는 것은 녹록지 않다. 실행과 경험과 시행착오를 통해 마음이 단련된다. 노동력과 상상력은 사거나 빌려 써도 된다. 그러나 심력만큼은 그럴 수 없다. 스스로 훈련시켜야 한다.

금이 가고 갈라지고 구멍이 나고 깨어진 마음을 땜질해야 하며, 비틀어지고 비뚤어지고 꼬인 마음을 교정해야 하며, 더럽고 지저분하고 우중충하고 칙칙한 마음을 청소해야 하며, 딱딱한 마음을 경작해야 하며, 둔한 마음을 민첩하게 해야 하며, 게으른 마음을 성실하게 해야 하며, 얕은 마음을 깊게 해야 하며, 천박한 마음을 고상하게 해야 하며, 좁은 마음을 넓혀야 하며, 작은 마음을 키워야 하며, 약한 마음을 강화해야 하며, 믿지 못하는 마음을 신실하게 해야 한다.

생각, 상상력, 말씀의 씨앗이 좋아도 마음밭의 품질이 하찮으면 성과를 낼 수 없다. 마음에서 믿음이 나오고 믿음에서 추진력이 나오기 때문이다. 명품 씨앗, 우량 씨앗은 사거나 빌리거나 얻을 수 있다. 성경, 책, 설교, 강연, 컨설팅, 대화를 통해 그럴 수 있다. 그러나 고품질의 마음밭은 스스로 경작해야 만들어진다. 사거나 빌리거나 얻을 수 없다. 씨앗의 품질보다 밭의 품질이 더 문제다.

크게 상상하고 믿고 행동하라

말솜씨가 기발하다고 해서 리더인 것은 아니다. 언어 구사력이 좀 떨어져도 심력이 강하면 리더십도 강할 수 있다. 심력이 강할수록 다양한 사람들에게 헌신할 수 있고, 그들을 자신의 뜻을 위해 동원할 수 있으며, 그로 인해 그들이 성장할 수 있기 때문이다. 심력과 동원 능력, 그리고 리더십은 떼려야 뗄 수 없다.

마크 빅터 한센Mark Victor Hansen은 덴마크에서 미국으로 이민한 빈털터리 아버지의 아들이었다. 그는 허구한 날 돈타령을 해대는 가난한 가정에서 자랐다. "내가 돈을 찍어내는 기계인 줄 아느냐. 돈이 나무에 주렁주렁 매달리는 게 아니야." 그래서 그는 이 세상에 결핍이 가득하다는 생각을 떨칠 수 없었다. 그의 인생도 결핍에 시달려야 했고 1974년에는 결국 파산했다. 그러나 그렇게 골짜기 인생을 살면서도 그는 믿음과 희망의 메시지를 반복해서 들으며 재기의 몸부림을 쳤다. 그러던 어느 날, 그는 자신의 작고 좁은 생각을 바꾸기로 결심했다. 크게 상상하고 믿고 행동하기로 한 것이다. 진짜로 크게 생각하고 그렇게 될 줄로 믿고 행동하는 것이 제2의 천성이 될 때까지 그는 부단히 자신을 개조해나갔다. "나를 사로잡고 있는 이 우울증에서 반드시 벗어날 거야. 내일은 어마어마한 판매 실적을 올릴 거야. 나는 주변 사람들의 인생을 변화시키는 성공자가 될 거야." 그 후 그는 상상한 대로, 믿는 대로 된다는 것을 연거푸 입증했다. 보험회사의 세일즈맨들을 대상으로 하는 강연 스케줄이 달력에 꽉 차는 것을 상상하고 믿었더니 얼마 후 정말로 그렇게 됐다. 파산을 이기고 재정 자립이 가능해졌다. 뿐만 아니라 그는 100가지 이상의 이야기를 엮어 1억만 부가 팔린 『영혼을 위한 닭고기 수프』 시리즈를 잭 캔필드Jack Canfield와 함께 출간하기도 했다.

지금 그는 미국을 대표하는 카운슬러, 저술가, 세미나 강사다. 인간의 가능성 개발과 행복한 인생에 초점을 맞추고 매년 100여 기업에서 강연한다. 특히 그는 수백만 명의 백만장자들을 만들어내고 그들로 하여금 자선재단, 종교단체, 비영리단체에 100만 달러씩 기부하도록 하는 데 자신의 사명을 두고 헌신하고 있다. 지금까지 그가 길러낸 백만장자들이 기부한 금액은 10억 달러에 달하는데, 이 추세라면 향후 10년 안에 1조 달러의 기부금이 쌓일 전망이다.[13]

하나님은 무한하시다. 무소불능하시며(욥42:2) 생각하신 대로 다 이루신다(사14:24). 그렇기에 하나님을 믿고 구하는 우리에게 무한한 상상력과 믿음이 요구된다. 광야의 60만 이스라엘 백성들에게 하나님께서 1개월간 고기를 코에서 넘쳐서 싫어하기까지 먹이시겠다고 하자 모세는 양 떼, 소 떼, 바다의 고기 떼를 잡아도 부족하지 않겠느냐며 반문했다. 무한하신 하나님 앞에서 상상력과 믿음의 결핍을 드러낸 것이다.

그러나 전능하신 하나님은 바람으로 바다에서 메추라기 떼를 몰아다 주셨다(민11:21-32). 천하의 모세라도 그렇게는 상상하지 못했나 보다. 믿음만 있다면 방법은 따라오게 돼 있다. 무한하신 하나님이 힘드실까 봐 마음 졸일 필요는 없다. 바닷물을 앞에 두고 물 한 통 떠가는 것이 하나님의 뜻인지 혹시 실례는 아닌지 소심하게 묻는다면, 그 물음 자체가 성가시고 짜증스러울지도 모를 일이다. "…여호와의 손이 짧아졌느냐…."(민11:23)

믿음이 있으면 길은 열린다

하나님께서 에스겔에게 마른 뼈가 가득한 골짜기를 보여주시며 물으셨다. "인자야, 이 뼈들이 능히 살겠느냐." 에스겔이 대답했다. "주 여호와여, 주께서 아시나이다." 에스겔은 상상력과 믿음이 한계에 도달한 그 지점에서도 하나님께 가능성의 문을 닫지 않았다(겔37:1-3). 마리아도 그랬다. 성령이 임하시면 사내를 알지 못해도 아들을 낳을 것이라는 천사의 대답에 마리아는 상상력과 믿음의 문을 열어두었다. "…말씀대로 내게 이루어지이다…."(눅1:38)

하나님께서 무한하시며 무소불능하시기에 우리는 상상력과 믿음이 아무리 커도 부족하다. 무한하신 하나님의 입장에서는 1이나 1조나 똑같이 0이다. 무한대분의 1도 0이고 무한대분의 1조도 0이다. 우리가 1원을 구해서 응답받든지, 1조 원을 구해서 응답받든지 무한하신 하나님께는 아무것도 아닌 0이다. 1원 응답이나 1조 원 응답이든지, 한 가지 응답이나 오만 가지 응답이든지, 감기 치유 응답이나 암 치유 응답이든지 무한하신 하나님께는 그게 그것이고 아무것도 아니다.

하나님의 공급이 먼저 멈춘 적은 없다. 우리의 필요나 꿈이나 믿음이 먼저 멈출 때, 하나님의 공급도 비로소 멈춘다. 5,000명의 장정들이 다 배불리 먹고 남기자 오병이어의 기적이 멈췄고(마14:17-21), 빈 그릇들이 다 차자 한 병의 기름이 떨어졌다(왕하4:1-6). 우리의 필요가 차지 않는 한, 우리의 꿈이 삭지 않는 한, 우리의 믿음이 멈추지 않는 한 하나님의 공급은 계속될 것이다.

이 세상의 경제가 토지 자본 경제에서부터 기계 자본 경제, 화폐 자본 경제, 그리고 사이버 자본 경제로 끊임없이 확장되고 있다면 하나님의 경제는 말할 나위도 없이 무한확장일 것이다. 아니, 처음부터 무한했다. 하나님의 경제는 줄어드는 법이 없다. 아무리 가져가도 원형이 그대로 보존된다. 아니, 우주가 무한히 팽창하듯이 하나님의 경제는 무한팽창이다.

현대사회로 접어들면서 팽창하는 경제의 극명한 사례들이 나타나고 있다. 애플컴퓨터의 MP3 '아이팟iPod'은 출시 후 5년간 5,000만 개가 팔렸다. 그런데 그 이어진 이야기가 훨씬 더 엄청나다. 애플컴퓨터는 음원을 무제한으로 내려받을 수 있는 초소형 하드디스크가 내장된 하드웨어인 아이팟에서 음원을 쉽게 내려받고 재편집할 수 있도록 소프트웨어 '아이튠스iTunes'를 개발하여 보급했고 거기에다 다양한 음원 콘텐츠까지 확보했다. 아이팟을 통해 다운로드된 음악은 무려 20억 곡을 넘어선다.[14]

상상력에 믿음의 추진력이 곱해질 때

아이팟 그 자체는 전형적인 아날로그 경제다. 하나를 팔면 재고 물량이 하나 준다. 그러나 아이팟의 아이튠스를 통해 다운로드되는 음원은 무한히 복제될 수 있다. 디지털 경제에서는 원형 파일이 그대로 보존되면서 다운로드 방식으로 무한 증식하는 것이다. 이 세상의 디지털 경제도 무한복제, 무한증식이 가능한데 저 하늘의 천국경제는 어떠하겠는가. 아무리 퍼가도 절대로 줄지 않으며 오히려 무한히 증식되는 슈퍼 디지털 경제일 것이다.

오병이어에 천국경제가 접목되자 순식간에 5,000배로 늘어났다. 당시 거기에 장정 100만 명이 있었다면 100만 배로 늘어났을 것이고 1억 명이 있었다면 1억 배로 늘어났을 것이다. 머리의 상상력에 마음의 믿음의 추진력이 곱해질 때, 천국경제가 접속되면서 오병이어 기적의 5,000배가 아니라 5,000조 배도 가능하다. 천국경제에서는 아무리 퍼가도 원형이 그대로 보존되기에 희소성의 원칙이 통하지 않는다.

눈에 보이는 제국보다 눈에 안 보이는 제국이 더 크다. 바깥의 거대함에 압도되지 말고 머리와 마음의 몸집과 맷집을 키우자. "믿음으로 모든 세계가 하나님의 말씀으로 지어진 줄을 우리가 아나니 보이는 것은 나타난 것으로 말미암아 된 것이 아니니라."(히11:3) 눈에 안 보이는 하나님의 말씀, 그리고 그것을 믿는 마음의 믿음이 눈에 보이는 거대함보다 항상 더 거대하다.

나타난 것은 이미 과거다. 그러나 하나님의 말씀을 믿는 마음의 믿음이 만들어낼 미래는 더 새롭고 거대하다. 드러나 있는 꽃이나 열매에 현혹되면 안 된다. 과거의 것이기 때문이다. 남의 꽃이나 열매를 추구하지 말고 자신의 씨앗을 심고 가꾸어야 한다. 이미 성공한 사람의 자세를 따라 하려고 벤치마킹benchmarking할 수 있을지 모르겠으나 그 내용까지 벤치마킹해야 하는 것은 아니다.

지금 꽃이 피었거나 열매가 맺혔다는 것은 수년 전에 씨가 뿌려지고 뿌리가 내려졌기 때문인데 이제야 그것을 모방하겠다면 남의 과거에 얽매이겠다는 것과 다르지 않다. 벤치마킹은 남의 성공을 따라 하다가 뒷북만 치는 바보짓일 수도 있다. 눈에 안 보이는 하나님의 말씀을 믿는 마음의 믿음은 이미 드러난 거대함을 뒤따르는 벤치마킹이라기보다는 안개를 헤치고 새로움을 찾아 전진하는 '벤처라이징venturing'이 아닐까.

환하게 뚫린 앞길을 가는 것은 믿음이 아니다. 애매모호한 안개 길을 가는 것이 믿음이다. 믿음으로 안개를 헤치다 보면 전방이 조금씩 드러난다. 이것이 믿음의 행보다. 갈 곳을 알지 못하지만 떠나라는 하나님의 말씀을 붙잡고 한 걸음씩 전진하는 것(히11:8)이 믿음이며, 어디인지 알지 못하지만 깊은 곳에 그물을 내리라는 주님의 말씀을 붙잡고 배를 저어가는 것(눅5:4-5)이 믿음이다.

경제ⓝ인재＠사회

이미 나타난 과거로 회귀하는 벤치마킹은 진정한 의미의 믿음이 아니다. 아직 나타나지 않은 미래의 흐린 안개를 뚫고 전진하는 것이 참다운 믿음이다. 이미 나타난 과거에의 벤치마킹이 아니라 아직 나타나지 않은 미래에의 벤처라이징이어야 한다. 믿음의 모험이 있을 때, 우리의 발끝을 비추는 주님의 빛을 보게 될 것이다. 상상력의 근육과 믿음의 근육이 마주쳐 엮이면 새 역사가 창조된다.

교회 밖의 사회 현장 사역으로서, 내가 동역자들과 함께 주력하고 있는 '코아미션CoreMission: www.coreacademy.kr' 사역은 주님나라와 온 나라와 우리나라의 인재를 양성하는 현장 중심 인재발전소이고자 한다. 이 사역은 월요일부터 토요일까지의 6일이 곧 주일이고, 교회 밖의 사회 현장이 곧 교회여야 한다는 새 패러다임에 기초해 있다. 이미 드러나서 과거가 된 거대한 사역들을 벤치마킹하는 것이 아니라 다가오는 시대에 걸맞은 새 사역을 벤처라이징하겠다는 것이다.

아무리 거대한 교회일지라도 지역교회는 양어장과 같은 한계가 있다. 변화의 폭과 깊이가 전 지구적으로 출렁거리는 세계화와 인터넷의 시대에는 현장의 바다에서 직접 방목하는 현장교회가 필요하다. 그래서 코아미션의 새 패러다임은 6일 중심 일터교회의 필요성과 중요성을 강조하며 특히 경제력 확보를 통해 인재를 양성하고 그 인재로 하여금 착하고 강하고 풍성한 사회를 만들게 하는 '경제ⓝ인재@사회'를 주장한다.

교회 밖의 사회 현장에서의 나라 인재 발전소로 가동되고 있는 코아미션 사역은 홀로 거대한 느티나무를 꿈꾸기보다는 함께 참나무 숲을 만들어가는 도토리들을 키우려고 한다. 모두를 하나로 단합시키는 중심 집중의 리더십이 아니라 이리저리 흩어져 있는 구슬들을 꿰는 포용 융합의 리더십으로 그렇게 하려고 한다. 그래서 개인 성공담에 머물려는 엘리트주의를 극복하고 착하고 강하고 풍성한 사회를 만드는 사회 성공담을 퍼뜨릴 것이다.

어떻게 상상력의 근육과 믿음의 근육을 키울 수 있을까. 손쉬운 방법은 양서를 읽고 거기서 몇 줄의 핵심을 뽑아서 그것을 품고 키워서 실체로 만들어가는 것이다. 성경을 통해 그렇게 하면 가장 좋다. 성경말씀에 탁월한 상상력의 씨앗들이 즐비하며 강력한 믿음의 추진력도 내재돼 있기 때문이다. 하나님의 말씀으로 천지가 창조됐다는 사실(히11:3)을 우리가 성경말씀을 듣고 믿기에(롬10:17) 알게 된다.

믿음의 리트머스 시험지

말씀은 상상력의 씨앗이면서 또한 '믿음의 말씀'이다(롬10:8, 딤전4:6). 말씀은 상록수처럼 꿋꿋한 믿음, 꽃나무처럼 화사한 믿음, 과일나무처럼 풍성한 믿음을 준다. 믿음의 말씀이 마음에 늘 간직될 때, 마귀도 이기는 강한 사람이 된다(요일2:14). 말씀이 믿음의 힘을 제공하기 때문이다. 주님을 믿고 주님의 말씀을 붙잡으면 어떤 기도도 응답된다. "너희가 내 안에 거하고 내 말이 너희 안에 거하면 무엇이든지 원하는 대로 구하라 그리하면 이루리라."(요15:7)

밥을 잘 먹는 사람은 힘이 세고 일을 잘한다. 마찬가지로 말씀을 잘 받고 말씀에 잘 순종하는 사람은 믿음의 힘이 세고 그래서 기적을 잡아당긴다. 마크 빅터 한센은 부동산 거래 자금을 충당하기 위해 6만 달러의 부채를 끌어다 쓰면서 그것도 일종의 수입이기에 십일조를 드려야 한다고 판단했다. 드리기도 싫고 아깝고 미친 짓이라는 내면의 목소리가 울렸지만 그는 십일조를 드리라는 성경말씀을 따르기로 했다.

6,000달러의 수표를 끊어 편지봉투에 넣을 때, 싫은 마음이 차올랐다. 편지봉투를 우체통에 넣을 때도 저항감이 생겼다. 그러나 결행했다. 몇 분 후 전화가 왔다. 은행에서 대출이자를 2퍼센트 인하해주겠다는 것이었다. 그러면 해마다 2,000달러씩, 30년 만기이니 모두 6만 달러를 벌게

되는 셈이었다.[15] 성경의 십일조 규정이 오늘에도 유효한가를 논쟁하기보다는 그것을 믿음의 리트머스 시험지로 삼아야 한다. 하나님의 말씀을 믿는 믿음은 배반하는 법이 없다. 믿는 대로 된다.

대의그룹의 채의숭 회장은 청년 시절 이렇게 기도했다. "주님, 제가 몸으로는 그 누구보다 더 봉사하는데 헌금으로는 그렇지 못합니다. 앞으로 제가 우리 교회의 장로님보다 더 많이 헌금하게 해주세요." 그는 스물여덟 살에 삼성그룹에 입사했는데, 첫 월급을 받아 십일조로 10분의 3을 드려야만 교회 장로님보다 더 많이 드리겠다는 생각이 들었다. 그래서 10분의 3을 십일조로 드렸고, 그때부터 지금까지 계속 믿음으로 10분의 3을 드린다고 한다.

1999년, 119억 원의 대금 결제를 받아야 했던 대우가 부도나는 바람에 그의 회사도 100억 원대의 부도를 맞았다. 그 해의 추수감사 예배를 앞두고 그는 눈앞이 캄캄했다. 드릴 게 없었다. 아내의 패물도 다 판 처지였다. 퍼뜩 생각나는 게 있었다. 10년이 된 500만 원짜리 주택청약통장이었다. '나중에 사업이 좀 풀리면 많이 헌금하겠다는 것은 인간적인 생각일 뿐이다. 1999년의 추수감사 예배는 절대로 다시 돌아오지 않는다. 바로 지금 감사하면 되는 것이다.' 이렇게 결심한 그는 기꺼이 주택청약통장을 추수감사 예물로 드렸다.

믿음이 이기지 못할 것은 없다

그 후 어쩐 일인지 부도난 거래처들로부터 조금씩 자금이 회수됐고 그럭저럭 89억 원의 발행어음도 해결됐다. 부도난 회사가 그렇게 빨리 회복되리라는 것은 아무도 몰랐다. 그의 회사는 90퍼센트 이상을 해외에 수출하는데 뜻밖에도 외국 자동차 회사들로부터 주문이 폭주했다. 외국 회사들은 한 번 계약하면 대개 5년을 거래하기에 5년은 보장받은 셈이었다. 직원을 늘리고 생산 라인을 확충해야 했다. 수출이 급증했고 그의 회사는 추수감사 예물의 1,000배가 넘는 축복을 받았다.[16]

그는 대우 아메리카 사장을 사임하고 1985년 47세 때 대의테크를 창업했는데, 1년도 안 돼 부천에서 큰 물난리가 나 공장 설비가 다 떠내려가는 어려움을 당했다. 1991년에는 천안에 공장을 마련하던 중 수억 원대의 금형이 엿가락처럼 녹아내리는 불난리도 겪었다. 그러나 그는 "강하고 담대하라"(수1:6)는 말씀을 붙잡고 믿음으로 이 모든 일들을 극복해나갔다. 그의 회사는 2007년 현재 모두 8개인데 앞으로 12개까지 늘릴 계획이다. 그가 개척한 교회는 2007년 현재 국내에 9개, 해외에 43개다. 평생의 목표는 100개 교회 개척이라고 한다.

믿음이 이기지 못할 것은 없다. 믿음이 불러들이지 못할 축복도 없다. 믿음은 천하무적이고 만능이다. 하나님의 말씀을 붙잡고 상상력과 믿음을 강화시키자. 그래서 무엇이든지 구하며 반드시 그렇게 된다고, 이미 그렇게 됐다고 믿자. 무한하신 하나님께 이왕에 구할 거라면 믿음으로 불가능을 구하자. "내게 구하라 열방을 유업으로 주리니 네 소유가 땅끝까지 이르리로다."(시2:8)

02

1퍼센트의 믿음이 산을 옮긴다

　그의 어머니는 아버지와 이혼하고 다섯 자녀를 키우느라 세 가지의 일을 동시에 했다. 그래서 자주 아팠다. 그가 여섯 살 때 어머니가 두 번이나 심장 발작을 일으켰다. 그는 어머니가 그렇게 많이 일하지 않도록 돕고 싶었다. 그래서 집 밖에서 큰 돌들을 주워 색칠을 하고는 이웃집을 돌아다니며 사달라고 졸랐다. "이 돌들을 사시지 않겠어요. 종이를 눌러놓을 수도 있고 책을 받칠 수도 있고 문을 고정시킬 수도 있어요." 이웃집 사람들이 "우리 집 앞에 있던 것"이라고 말하면 그는 "색칠을 해서지금은 다르다"고 대꾸했다. 이렇게 집집마다 방문한 끝에 50달러를 손에 쥘 수 있었다. 그리고 어머니를 모시고 레스토랑에서 식사를 했다. 그게 그의 첫 사업이었다. 이듬해에는 집에서 로션을 만들어 집집마다다니며 팔았다. 사업을 하다 보니 명함이 필요해 '21세기 CEO'라고 써넣은 명함을 사용했다. 그의 나이 여덟 살 때의 일이다.

그러다가 어느 사업가의 조언을 따라 또래 친구 15명을 모아놓고 비즈니스 클럽을 결성했다. 비즈니스 전문가를 초빙해 강의도 들었다. 훌륭한 사람들이 멋진 아이디어를 기꺼이 제공해댔다. 그러나 문제는 돈이었다. 강의해준 강사를 통해 소규모 투자자들을 물색했다. 그들에게 일정 수준의 투자수익률을 드리겠다고 약속했다. 웃고 마는 사람들이 많았지만 정말 믿어주는 사람들도 있었다. 그렇게 해서 1만 5,000달러가 만들어졌다. 클럽 회원들은 레모네이드 가판대, 쿠키 회사, 만화책 회사, 이동 편의점 등을 운영했고 그는 새 사업을 위해 이리저리 자금 조달에 나섰다. 그렇게 2년쯤 흐른 어느 날, 그는 자체 이벤트를 벌이다가 매주 1,200만 명이 시청한다는 TV 라이브 쇼의 여성 PD를 만나게 됐다. 다소 과장해서 자신의 클럽을 그녀에게 소개했더니 그녀는 유명 인사하고만 인터뷰하는데 그도 게스트로 한 번 초대하겠다고 했다.

인터뷰가 나간 후 시청자들의 반응이 좋아 그는 그 쇼의 공동 진행자로 발탁됐다. 어린 나이 탓에 그는 라스베이거스 매체들의 주목을 받았고 NBC에도 출연할 수 있었다. 나중에 그는 자신만이 남다르게 잘 할 수 있는 게 뭘까 하고 고민한 끝에 어린이용 시럽을 만드는 식품회사를 차렸다. 대단히 성공적이었다. 150만 달러의 매출을 올리고는 100만 달러에 그 회사를 팔았다. 열네 살에 백만장자가 된 것이다.

열네 살 백만장자, 만화 같은 성공담

다른 아이들이 어머니의 치맛자락을 붙잡고 징징거렸을 여섯 살 때 그는 첫 사업을 시작했고, 일곱 살에는 로션을 직접 만들어 팔았으며,

비즈니스 클럽에 벤처 자금을 대던 때는 그의 나이 여덟 살이었다. 열한 살 때 그는 토크쇼의 공동 진행자가 됐고, 열네 살 때에는 월스트리트에 사무실을 연 백만장자가 됐다. 스물한 살 때 그는 억만장자로 성장해 빈민층을 위한 기업가 교육, 장학금, 생활보조금 등을 제공하는 재단도 설립했다.[17] 시카고 남부의 빈민가 가정에서 가난에 찌들어 살았던 파라 그레이Farrah Gray의 만화 같은 성공담이다. 아주 작은 믿음일지라도 그 믿음으로 일단 움직여보면 의외의 결과를 얻을 수 있다. 1퍼센트의 믿음으로 들이대고 덤비는 사람들이 이 세상을 바꾼다. 반신반의하는 마음에 1퍼센트의 믿음이 더 보태진다면 앞을 가로막던 산이 뒤로 옮겨질 것이다.

"이 때에 제자들이 조용히 예수께 나아와 가로되 우리는 어찌하여 쫓아내지 못하였나이까 가라사대 너희 믿음이 적은 연고니라 진실로 너희에게 이르노니 너희가 만일 믿음이 한 겨자씨만큼만 있으면 이 산을 명하여 여기서 저기로 옮기라 하여도 옮길 것이요 또 너희가 못할 것이 없으리라."(마17:19-20) 제자들이 귀먹고 벙어리인 귀신 때문에 심한 간질병에 시달리는 아이를 고치지 못하자 예수님께서 고쳐주시면서 믿음이 적은, 아니 믿음이 없는 제자들을 책망하셨다. "…믿음이 없는 세대여 내가 얼마나 너희와 함께 있으며 얼마나 너희를 참으리요…."(막9:19) 제자들에게 겨자씨 한 알의 믿음도 없었다는 것이다. 믿음이 없으면 안 되겠지만 믿음이 대단할 필요도 없다. 예수님이 요구하시는 믿음의 커트라인은 겨자씨 한 알의 크기다.

겨자씨 한 알의 믿음만 있어도 산을 옮기며 못할 것이 없다. 반신반의하다가도 1퍼센트만 더 믿음 쪽으로 기운다면 기적이 일어난다는 것이다. 확신이 안 서지만 반신반의하면서 약속의 말씀을 따라서 그냥 한 번해보는 것, 이것이 겨자씨 한 알의 믿음, 곧 1퍼센트의 믿음이다. 이 적은 믿음으로 물이 포도주로 변하는 기적, 오병이어가 5,000배로 늘어나는 기적, 죽은 나사로가 살아나는 기적, 나아만의 문둥병이 낫는 기적이 일어났다.

믿음의 커트라인, 겨자씨 한 알

예수님의 모친 마리아와 예수님과 제자들이 갈릴리 가나의 혼인잔치에 갔는데 그곳에 잔치를 잔치답게 하는 포도주가 떨어졌다. 신랑의 체면이 구겨지게 생겼다. 그때 마리아가 예수님께 포도주가 없다고 말했다. 자신의 아들 예수님을 하나님의 아들이자 그리스도로 확신했기 때문이었으리라. 그러나 확신이 당장의 응답을 보장해주는 것은 아니다. 예수님의 반응은 냉담했다. "…여자여 나와 무슨 상관이 있나이까 내 때가 아직 이르지 못하였나이다."(요2:4)

그러나 마리아는 물러서지 않았다. 냉담과 장애물 앞에서 물러서지 않는 것이 믿음이다. "오직 나의 의인은 믿음으로 말미암아 살리라 또한 뒤로 물러가면 내 마음이 저를 기뻐하지 아니하리라 하셨느니라."(히10:38) 마리아는 자신과 주변 사람들을 위해 믿음의 리더십을 발휘했다. "그 어머니가 하인들에게 이르되 너희에게 무슨 말씀을 하시든지 그대로 하라 하니라."(요2:5) 믿음은 하나님을 기쁘시게 하며 하나님을 움직여 기적이 일어나게 한다.

"믿음이 없이는 기쁘시게 못하나니 하나님께 나아가는 자는 반드시 그가 계신 것과 또한 그가 자기를 찾는 자들에게 상 주시는 이심을 믿어야 할지니라."(히11:6) 마리아의 믿음이 예수님을 감동시켰고 움직이게 했다. "예수께서 저희에게 이르시되 항아리에 물을 채우라 하신즉 아구까지 채우니 이제는 떠서 연회장에게 갖다 주라 하시매 갖다 주었더니."(요2:7-8) 마리아의 믿음은 예수님을 움직였고 하인들에게도 전염됐다. 이것이 믿음의 리더십이다.

믿음은 하나님을 움직이고 사람들을 움직여 불가능한 일을 현실로 만든다. 하나님께서는 천천만만의 사람들을 제치고 믿음의 한 사람에게로 달려오셔서 그 믿음에 응답하신다. 그렇기 때문에 믿는 자에게는 능치 못함이 없는 것이다(막9:23). 예수님의 말씀에 하인들은 반신반의하면서도 겨자씨 한 알의 믿음으로 움직였을 것이다. 그래서 그들은 말씀대로 두세 통 드는 돌항아리 여섯에 물을 채우되 아구까지 찰랑찰랑 채웠다.

하인들의 믿음의 행함으로 보시고 이번에는 그 항아리 물을 떠서 연회장에게 갖다주라고 예수님이 말씀하신다. 역시 하인들은 반신반의하면서도 겨자씨 한 알의 믿음으로 반응했을 것이다. 예수님의 말씀이 머리로 이해되고, 그래서 마음의 쾌락이 있어서 그 말씀을 따라 즐겁게 반응하는 것이 아니다. 즐겁기는커녕 도무지 이해되지 않아 반신반의하면서도 반응해야 하는 것이다.

믿음의 커트라인은 겨자씨 한 알이다. 크고 거창하지 않아도 된다. 그만큼만 돼도 기적이 일어난다. 그래서 사람들은 기쁨으로 충만하고 예수님은 영광을 받으신다. "연회장은 물로 된 포도주를 맛보고 어디서 났는지 알지 못하되 물 떠온 하인들은 알더라 연회장이 신랑을 불러 말하되 사람마다 먼저 좋은 포도주를 내고 취한 후에 낮은 것을 내거늘 그대는 지금까지 좋은 포도주를 두었도다 하니라 예수께서 이 처음 표적을 갈릴리 가나에서 행하여 그 영광을 나타내시매 제자들이 그를 믿으니라."(요2:9-11)

1퍼센트의 믿음

주님과 주님의 말씀에 대해 반신반의하더라도 믿음 쪽에 1퍼센트를 더한다면 기적이 일어난다. 50 대 50의 반신반의는 기적을 일으키지 못하지만 51 대 49는 기적을 일으킨다. 예수님께서 디베랴 바다 건너편의 산에 올라 큰 무리를 가르치셨는데 날이 저물자 제자들은 사람들을 마을로 보내서 끼니를 사먹게 해야 한다고 걱정했다. 그러나 예수님은 "너희가 먹을 것을 주라"고 잘라 말씀하셨다(막6:37).

제자들이 설왕설래했을 것이다. 특히 빌립은 사실 중심의 계산적인 사람이었다. 그래서 그를 시험하시려고 예수님이 그에게 "우리가 어디서 떡을 사서 이 사람들로 하여금 먹게 하겠느냐"고 물으셨다. 그는 "각 사람으로 조금씩 받게 할지라도 이백 데나리온의 떡이 부족하리이다"고 대답했다(요6:5-7). 7개월분의 월급을 다 털어 떡을 산다 해도 턱없이 모자란다는 계산이다. 그런데 반신반의하면서도 예수님의 말씀을 따라 행동한 제자가 있었으니 바로 안드레다.

"여기 한 아이가 있어 보리떡 다섯 개와 물고기 두 마리를 가졌나이다 그러나 그것이 이 많은 사람에게 얼마나 되겠삽나이까."(요6:9) 그도 반신반의하기는 마찬가지였을 것이다. 그러나 믿음 쪽에 1퍼센트를 더 실어 군중 속을 헤치며 뭔가 먹을 것을 찾았을 테고, 그 결과 아이의 오병이어를 예수님께 보고했을 것이다. 이런 것이 겨자씨 한 알의 믿음이다. 예수님은 하늘에서 비처럼 만나를 내려 군중을 먹이실 수도 있었겠지만 겨자씨 한 알의 믿음을 만나고자 하셨던 것이다.

천만 명을 뚫고, 믿음이 있는 그 한 사람 때문에 예수님은 움직이신다. "예수께서 가라사대 이 사람들로 앉게 하라 하신대 그곳에 잔디가 많은지라 사람들이 앉으니 수효가 오천쯤 되더라 예수께서 떡을 가져 축사하신 후에 앉은 자들에게 나눠주시고 고기도 그렇게 저희 원대로 주시다."(요6:10-11) 사실 중심의 과학적인 계산이 아니라 1퍼센트의 겨자씨 믿음이 5,000배의 기적을 창출한 것이다.

말씀대로 움직이는 믿음

죽은 나사로가 살아난 것도 누군가의 겨자씨 믿음 때문이었다. 나사로가 죽은 지 이미 나흘이나 됐지만 예수님은 그의 누이 마르다에게 "네 오라비가 다시 살리라"고 분명히 약속하셨다. 그러나 마르다는 "마지막 날 부활에는 다시 살 줄을 내가 아나이다"며 오락가락했다. 그러자 예수님께서는 "가라사대 나는 부활이요 생명이니 나를 믿는 자는 죽어도 살겠고 무릇 살아서 나를 믿는 자는 영원히 죽지 아니하리니 이것을 네가 믿느냐"며 반문하셨다.

믿는다고 그녀가 대답했지만 그녀의 믿음은 예수님의 약속에 대한 것이라기보다는 단지 예수님의 정체에 대한 것처럼 보인다. "가로되 주여 그러하외다 주는 그리스도시요 세상에 오시는 하나님의 아들이신 줄 내가 믿나이다."(요11:23-27) 그녀에게는 겨자씨 한 알의 믿음이 없었던 것 같다. 반신반의하면서도 예수님의 말씀에 따라 움직이는 것이 겨자씨 한 알의 믿음인데 그녀는 딴전을 피운다.

"예수께서 가라사대 돌을 옮겨놓으라 하시니 그 죽은 자의 누이 마르다가 가로되 주여 죽은 지가 나흘이 되었으매 벌써 냄새가 나나이다." (요11:40) 좀 전까지만 해도 대단한 믿음이 있는 것처럼 말하더니 이제는 딴소리를 하고 있는 것이다. "마르다가 예수께 여짜오되 주께서 여기 계셨더면 내 오라비가 죽지 아니하였겠나이다 그러나 나는 이제라도 주께서 무엇이든지 하나님께 구하시는 것을 하나님이 주실 줄 아나이다."(요11:21-22)

믿음의 말과 믿음의 행함이 일치해야 하는데 그렇지 못한 것이다. 마르다는 오락가락을 반복했다. 그러자 예수님께서 또 한 번 잘라 말씀하셨다. "…내 말이 네가 믿으면 하나님의 영광을 보리라 하지 아니하였느냐…."(요11:40) 이제서야 사람들이 겨자씨 한 알의 믿음으로 예수님의 말씀에 반응했다. 죽은 나사로가 안치돼 있는 무덤 입구의 돌을 옮긴 것이다(요11:41).

예수님은 명령으로 무덤의 돌을 옮기시고 명령으로 죽은 나사로를 무덤에서 나오게 하실 수 있었지만 1퍼센트의 믿음을 찾으셨던 것이다. 대단한 믿음이 아니어도 좋다. 예수님의 말씀에 반신반의하면서도 믿음 쪽에 1퍼센트를 더하여 행함을 내보인다면 반드시 기적이 일어난다. 그러면 우리에게는 기쁨이 충만하고 예수님은 영광을 받으시는 것이다. 기적은 천만 명을 뚫고 믿음의 커트라인, 곧 겨자씨 한 알의 믿음이 있는 그 한 사람에게로 달려온다.

아람 왕의 군대장관 나아만은 크고 존귀한 신분을 가진 사람이었지만, 당시 사람들에게 저주로 받아들여지던 한센병을 가지고 있었다. 그런데 그는 자신의 집에 사로잡혀 와 있던 어린 이스라엘 여종을 통해 이스라엘의 엘리사 선지자에게 가면 한센병을 고칠 수 있다는 소문을 듣고 믿음을 내보였다. 금은과 옷을 잔뜩 챙겨 이스라엘 땅의 엘리사에게로 향한 것이다. "나아만이 이에 말들과 병거들을 거느리고 이르러 엘리사의 집 문에 서니."(왕하5:9)

그는 엘리사가 그에게로 와 여호와 하나님의 이름을 부르며 그의 환
부 위에 손을 흔들어 고쳐줄 것이라 기대했지만 그의 예상은 보기 좋게
빗나갔다. "엘리사가 사자를 저에게 보내어 가로되 너는 가서 요단 강에
몸을 일곱 번 씻으라 네 살이 여전하여 깨끗하리라."(왕하5:9-10) 모멸감
을 느꼈는지, 나아만이 분기탱천하며 몸을 돌이키자 그의 종들이 간곡
하게 그를 말렸다.

다시 그가 마음을 다잡고 엘리사의 말씀대로 한 번 움직여봤을 때 기
적이 일어났다. "나아만이 이에 내려가서 하나님의 사람의 말씀대로 요
단 강에 일곱 번 몸을 잠그니 그 살이 여전하여 어린 아이의 살 같아서
깨끗하게 되었더라."(왕하5:14) 기연가미연가 반신반의하면서도 말씀대
로 한 번 움직여보는 것, 이것이 겨자씨 한 알의 믿음이다. 하나님이 요
구하시는 믿음의 커트라인은 아주 낮다. 겨자씨 한 알의 크기다.

의심 속에서 자라는 믿음

부활하신 예수님을 뵈었으면서도 의심하는 제자가 있었다. "열한 제
자가 갈릴리에 가서 예수의 명하시던 산에 이르러 예수를 뵈옵고 경배
하나 오히려 의심하는 자도 있더라."(마28:16-17) 100퍼센트의 믿음이
어디 있을까. 반신반의하는 중에 겨자씨 한 알의 믿음을 선택하는 것,
이것이 대다수 사람들의 믿음일 게다. 의심하던 그 제자도 결국에는 예
수님을 위해 전 생애를 바쳤다. 독일의 철혈 재상 비스마르크도 사실은
극도로 예민한 신경쇠약증 환자였다지 않은가.

믿음은 의심 속에서도 꾸준히 자라나는 겨자씨 한 알과도 같다. 주님

께서 우리에게 직접 돌항아리에 물을 채우라고 말씀하시면, 큰 무리에게 먹을 것을 주라고 말씀하시면, 무덤의 돌을 옮기라고 말씀하시면 넘치게 물을 채우고, 반드시 오병이어를 찾아내고, 과감하게 돌을 치우겠는가. 우리에게 직접 말씀하시지 않기에 믿음으로 응답하지 않을 뿐인가. 아니다. 주님께서 우리 모두에게 일반적으로 주신 약속의 말씀들이 많이 있다. 예를 들어 마태복음 7장 7절과 8절 말씀은 누구에게나 해당되는 약속이다. "구하라 그러면 너희에게 주실 것이요 찾으라 그러면 찾을 것이요 문을 두드리라 그러면 너희에게 열릴 것이니 구하는 이마다 얻을 것이요 찾는 이가 찾을 것이요 두드리는 이에게 열릴 것이라" 이 약속을 따라 우리는 무엇이든지 구할 수 있다.

사실 하나님의 모든 약속은 예수 그리스도 안에서 이미 다 성취됐다. 그러한 까닭에 우리는 믿음의 아멘으로 하나님께 영광을 돌리게 되는 것이다(고후1:20). 반신반의하면서도 믿음 쪽에 1퍼센트를 더 얹어 약속의 말씀을 따라 그대로 움직여보는 것, 이것이 산도 옮기는 겨자씨 믿음이다. 1퍼센트의 믿음이면 산도 옮긴다.

03

단단히 두 몫을
챙기는 인생

땅은 경제의 근본이다. 구약성경에서는 땅을 산업, 기업, 소득, 분깃이라는 용어들로 자주 언급한다. 먹고살게 하는 경제가 그만큼 중요하기 때문이다. 그런데 그 용어들은 경제와 함께 하나님 그 자신을 가리키기도 한다. "내 육체와 마음은 쇠잔하나 하나님은 내 마음의 반석이시요 영원한 분깃이시라."(시73:26)

경제와 하나님, 이 엄청난 두 분깃을 우리는 주 예수님을 믿음으로 말미암아 다 챙기게 됐다. 주님을 믿기에 율법의 저주에서 풀려나 경제를 포괄하는 아브라함의 복을 받게 됐을 뿐만 아니라 하나님의 성령까지 소유하게 된 것이다(갈3:13-14). 주님께서 십자가 고난을 통해 다 이루신(요19:30) 결과에는 구원과 자유를 넘어서는 풍요와 번영까지 포함된다. 믿음은 이것들이 우리의 개인 소유가 되게 하는 효력을 발생시킨다.

우리는 늘 두 가지를 병행하는 지혜를 가져야 한다. 하나님께서 일방적으로 예비해놓으신 모든 것을 믿음으로 잡아당겨 사유화하는 한편, 경건 훈련을 통해 성령님의 성품 함양에도 힘써야 한다. 또한 남들이 가꾸어놓은 열매를 대가 없이 그냥 따먹는 한편, 스스로 땅을 개간하고 씨를 뿌리고 가꾸기도 해야 한다. 은혜와 수고가 함께 가야 하는 것이다. 은혜가 없는 수고는 율법주의에 빠질 수 있고 수고가 없는 은혜는 불한당으로 전락할 수 있다. 이 두 가지를 병행할 때 우리는 역량과 내실을 다 갖추게 될 것이다.

먼저 우리는 주님의 십자가 사건과 그 결과를 이해하고 믿고 수용함으로써 그것이 우리의 고난, 우리의 결과로 작동하게 해야 한다. 믿음으로 주님께 접속되면 온갖 죄를 다 용서받는 무한사랑, 죽은 나사로도 살아나는 무한해결, 오병이어의 기적이 일어나는 무한공급을 경험할 수 있다. 주님을 믿으면 죄와 사망과 저주와 가난과 질병과 마귀의 속박에서 벗어나는 자유, 그리고 생명을 얻고 더 풍성히 얻는 번영이 있는 것이다.

누구나 죄를 짓는데, 그래서 사망을 필두로 하는(롬5:12) 죄의 쌍둥이 형제들, 저주와 가난과 질병과 마귀가 인간을 속박하게 됐다. 그러나 구약시대에 제물로 드려진 짐승의 피와는 비교할 수 없을 만큼 온전한 주님의 피가 우리를 죄로부터 깨끗하게 했다(히9:12–14). 죄의 삯인 사망도 철폐됐고(딤후1:10) 율법을 범했기에 발생하는 저주도 그렇게 됐다(갈3:13).

무한은혜, 무한공급, 무한성장

주님께서 가난하게 되심으로 우리는 부요할 수 있게 됐고(고후8:9) 주님께서 채찍에 맞으심으로 우리는 나을 수 있게 됐다(벧전2:24). 마귀의 정체가 폭로됨으로써(골2:15) 사망의 세력을 잡은 마귀도(히2:14), 마귀의 일도(요일3:8) 무력화됐다. 욥이 하나님의 은혜로 죄와 사망과 저주와 가난과 질병과 마귀의 사로잡힘에서 완전히 풀려나 이전보다 갑절의 축복을 받았듯이(욥42:10), 우리도 주님의 십자가 고난과 그 결과를 믿고 수용하기에 모든 사로잡힘에서 해방돼(눅4:18) 자유하게 됐다(갈5:1).

주님의 뜻은 온갖 속박에서 벗어나는 자유를 넘어 풍성한 인생을 사는 것이다(요10:10). 주님의 십자가 희생에 나타나 있는 무한한 은혜를 무한한 믿음으로 무한하게 공급받으면 우리의 인생은 무한한 성장을 거듭하게 될 것이다. 생명은 지속적인 성장을 전제로 한다. 생명이 더욱 생명다우려면 자유를 넘어 무한한 공급을 받아 무한한 성장을 이루어가야 한다. 이것은 주님의 십자가 희생의 당연한 결과이며 우리가 누려야 할 특권이다.

우리의 죄를 없게 하려고 나타나신(요일3:5) 하나님의 아들 주 예수님을 믿기에 우리는 온갖 얽매임을 벗고, 기가 막히게 좋은 두 분깃을 챙기게 됐다. 첫째는 이 땅에서의 경제를 포괄하는 아브라함의 복이고, 둘째는 하나님 그 자신의 성령이다. 주님의 십자가 고난과 그 결과를 우리의 것으로 만드는 믿음의 효력 덕분에 우리는 넓은 땅을 차지하는 경제 복(창13:14-15), 수많은 자손을 차지하는 사람 복(창13:16), 다른 사람들을 복되게 하는 복덩이 복(창22:18)이라는 아브라함의 복을 챙기게 됐다.

뿐만 아니라 구약시대에 왕, 제사장, 선지자에게 산발적으로 외재하셨던 성령님을 이제 우리 안에 내재하시게 하는 성령님의 복도 또한 챙기게 됐다. 이 세상을 찬탈해(눅4:6) 불법적으로 지배하는 세상의 임금(요12:31)이자 세상의 신(고후4:4)인 사단보다 더 크신 성령님이 우리 안에 내재하시기에(요일4:4) 우리는 세상보다 더 크다. 그러므로 우리는 우리 밖의 그 어떤 것도 두려워하거나 부러워하지 말아야 한다.

하나님 아버지는 죄에 빠진 인간을 구원하시려고 하나님의 아들 주 예수님을 이 세상에 내어주셨고(요3:16) 주님은 십자가 고난에 자신을 내어주셨다(롬4:25). 우리는 믿음으로 말미암아 주님과 아울러 다른 모든 것들도 선물로 받을 수 있게 됐다(롬8:32). 십자가에서 다 이루신 주님을 믿기에 우리는 자유를 넘어 풍요도, 구원을 넘어 창조도 구가할 수 있게 된 것이다.

얻어야 성장한다

하나님께서 하실 게 있고 내가 해야 할 게 있다. 밥상을 차리는 것이 하나님의 일이라면 밥상머리로 가서 수저를 드는 것은 나의 일이다. 내가 아파서 드러누워 있거나 어찌할 수 없는 형편이라면 하나님이 밥도 떠먹이시겠지만 건강하다면 내가 밥을 떠먹어야 한다. 하나님께서 밥상을 차리시는 것이 은혜라면 내가 밥상머리로 가서 수저를 드는 것은 믿음이다. 믿음으로 하나님이 다 해놓으신 것들, 곧 공짜선물들을 내것으로 얻으면 된다.

은혜와 믿음이 만날 때, 하나님의 현실이 비로소 나의 현실이 된다. 땅에서도 천국이 이루어지는 것이다. 믿음으로 하나님의 은혜를 얻으면 나의 인생이 성장하게 된다. 얻어야 성장할 수 있다. 얻지 못하면 성장하지 못한다. 밥을 얻어야 육체가 자라고 가르침을 얻어야 지성이 자라고 사랑을 얻어야 감성이 자라고 말씀을 얻어야 영성이 자란다. 영·혼·육의 복과 환경의 복, 하늘의 신령한 복과 땅의 복을 두루 얻어 나의 인생을 성장시켜야 한다.

여호와 이레의 하나님께서 미리 준비해놓으신 모든 것들, 그리고 주님께서 십자가 희생을 통해 다 이루신 모든 것들을 사유화하도록 발효시키는 힘이 곧 믿음이다. 믿음이 있으면 하나님의 것이 우리의 것으로 작동되며 이런저런 일들이 실현되기 시작한다(히11:1). 믿음은 일이 되게 하는 힘이다. '믿음의 성사'인 것이다(살전1:3).

이렇듯 우리를 위해 자기 자신은 물론 다른 모든 것들도 다 주시는 주님께 우리도 우리 자신은 물론 다른 모든 것들도 기꺼이 다 드려야 하겠다. 먼 길을 마다하지 않고 주님을 찾아 주님께 자신들을 직접 보여드리며 그렇게 귀한 황금과 유향과 몰약을 바친 동방박사들처럼(마2:11), 또 그렇게 비싼 향유를 주님의 발에 쏟아 드린 마리아처럼(요12:3) 우리도 마음과 힘을 다해 주님을 사랑하고(신6:5) 흠이 없는 예물을 주님께 드리자(레22:20).

황혜경은 서울에서 서초고등학교를 마치고 미국에 건너가 남가주대학교USC 경영학과를 다녔다. 졸업 직후 서부 할리우드 지역에서 간단한 미국식 저녁식사를 제공하는 '하이 티High Tea'를 여는 등 2개의 음식점을 운영해봤지만 실패의 연속이었다. 그러다가 7년을 넘게 준비한 끝에 2005년 1월, 로스앤젤레스의 한인 타운에다 요거트 아이스크림 전문점 '핑크베리Pink Berry'를 조그맣게 차렸다.

살짝 얼린 맛에 부드러움과 톡 쏘는 느낌을 주는 요거트 아이스크림을 만들려고 그녀는 요거트의 본고장인 이탈리아를 수십 번이나 오갔다. 그녀의 핑크베리는 건강에 민감한 미국인들의 입맛에 맞추려고 요거트와 우유만 사용한다. 요거트도 무지방이고 저당분이다. 깨끗하고 시원한 맛을 제공하려고 컨테이너 20개 분량의 우유를 폐기하기도 했다는 그녀는 전문화를 앞세운다. "전문화하지 않으면 안 된다. 핑크베리에서는 오직 요거트만 판다. 물도 팔지 않는다. 대신에 가장 신선하고 좋은 재료만 사용한다."

최고의 주님을 최고로 대접하라

짧은 시간에 핑크베리의 요거트 맛이 알려지면서 손님들이 줄을 이었다. 다소 외진 곳인데도 손님들이 저녁 11시 이후에도 끊이지 않았다. 하루에 3,000명이 몰릴 때도 있었다. 하루에 최소한 1,600명의 손님들이 찾는다. 하도 손님들이 몰리니 인근의 주민들이 불법주차를 막아달라며 진정서를 낼 정도다. 4.95달러짜리 요거트 아이스크림을 먹으려고 몰려든 손님들은 68달러짜리 주차 티켓을 발부받기도 한다. 여름에는 하루에 70장이 넘는 주차 티켓이 발부되기도 했다.

이렇게 핑크베리가 잘나가자 디즈니가 투자 의사를 밝히기도 했고 2006년 12월 스타벅스의 하워드 슐츠 회장이 핑크베리 매장을 직접 방문해 제휴를 타진하기도 했다. 그 후 10개월 동안 물밑작업이 진행되어 2007년 10월 하워드 슐츠 회장의 벤처캐피털 회사인 매버린이 2,750만 달러에 핑크베리를 인수했다.[18] 앞으로 핑크베리는 전 세계의 1만 5,000개 스타벅스 매장을 등에 업고 승승장구를 거듭할 전망이다.

이미 2006년만 해도 3,000명의 사람들이 핑크베리 체인점을 열어달라며 신청서를 보냈다. 로스앤젤레스를 중심으로 하는 남부 캘리포니아에 첫 매장을 연 지 2년 만에 핑크베리는 그곳에만도 28개, 뉴욕에 5개를 연달아 열었다. 베벌리힐스Beverly Hills의 핑크베리 매장 하나가 올리는 연간 매출액은 50억 원이나 된다.

핑크베리는 앞으로 스타벅스의 투자를 등에 업고 미국에서 30개의 체인점을 더 열고 영국의 런던에도 3개를 열 계획이다. 핑크베리의 성공은 고객의 입맛과 건강을 최우선으로 한다는 원칙을 철저히 지킨 덕분이다. 고객을 귀하고 행복하게 대접하면 고객이 성공으로 되돌려주는 것이다.

주님을 믿는 우리에게 주님은 경제를 포괄하는 아브라함의 복을 주셨고 또 성령님도 주셨다. 주님은 우리에게 두 몫을 단단히 챙기게 하신 것이다. 이 주님을 사랑하고 또 사람들을 사랑하자. 주님이 십자가 희생으로 우리를 사랑하셨고 또 다른 사람들도 사랑하셨기 때문이다.

이미 우리는 두 몫을 단단히 챙긴 인생이다. 마음과 힘을 다해 주님을 사랑하고 사람들을 사랑하며 흠이 없는 것으로 주님을 대접하고 사람들을 대접하자. 목숨을 다해 주님을 사랑하는 것이 첫째 계명이고, 내 몸처럼 다른 사람들을 사랑하는 것이 둘째 계명이다(마22:37-40).

04
미래의 응답을 앞당겨라

탯줄이 목을 감는 바람에 뇌로 들어가야 할 산소 공급이 중단되면서 아들 릭 호잇Rick Hoyt에게 뇌성마비와 경련성 전신마비가 일어났다. 의사의 진단대로 아들은 생후 8개월 만에 식물인간이 됐다. 그러나 아버지는 포기하지 않았다. 말은커녕 소리조차 내지 못하는 열두 살의 아들을 위해 아버지 딕 호잇Dick Hoyt은 500만 원 상당의 특별 선물을 장만했다. 터프스대학교 연구팀이 만든 특수 대화 컴퓨터 장치를 만들어준 것이다.

눈빛이 총명한 아들이 손 대신에 머리를 움직여 특수 컴퓨터 화면에 드러낸 첫 글자는 엄마나 아빠가 아니었다. "Go Bruins!" 아들이 살던 보스턴 지역의 하키팀 이름을 들먹였던 것이다. 열다섯 살 되던 해, 눈을 반짝이며 아들은 컴퓨터를 통해 아버지와 한 팀으로 8킬로미터 자선 달리기대회에 나갈 수 있느냐고 물었다. 사고 당한 운동선수들을 위해 달리기를 하고 모금된 돈으로 병원비를 대신 지불해주자는 것이다. 아들은 달리고 싶은 자신의 소원이 아버지를 통해 이루어질 줄로 믿었다. 바랄 수 없는 중에 바라고 믿었던 것이다.

어느 정상적인 소년보다 더 도전적인 정신력을 갖고 있는 아들을 향해 아버지는 불가능하다고 말할 수 없었다. 아버지와 아들은 그 대회에 참가해 끝에서 두 번째로 완주 테이프를 끊었다. 달릴 때면 장애를 잊는다는 아들을 위해 아버지는 아들과 한 팀으로 여러 지역대회에 출전하면서 점점 더 큰 꿈을 키웠다. 1982년 마흔둘의 아버지와 스무 살의 아들은 보스턴 마라톤 대회에서 처음으로 완주할 수 있었다. 그 후 30년 이상 이들의 완주는 계속됐다.

돌처럼 몸이 물에 가라앉아 수영을 못하고 여섯 살 이후 자전거를 타 본 적이 없는 아버지는 자신의 영광이 아니라 오직 아들을 위해 단축3종 경기를 시작으로 수영, 사이클, 마라톤의 철인3종 경기에도 도전했다. 아버지는 아들을 실은 소형 고무보트를 허리에 묶고 3.9킬로미터의 바다를 헤엄쳤고, 아들을 앞에 태운 특수 사이클로 180.2킬로미터의 용암지대를 달렸으며, 아들이 탄 휠체어를 밀며 42.195킬로미터의 마라톤을 완주했다. 이들은 수영 16위, 사이클 14위, 마라톤 19위를 기록하며 장장 225킬로미터의 철인3종 경기를 무사히 끝냈다.

경기 후 아들이 말했다. "아버지가 없었다면 할 수 없었어요." 아버지는 "네가 없었다면 하지도 않았다"고 대답했다. 이들의 도전은 계속됐다. 1982년 이후 마라톤 64회, 철인3종 6회, 단축3종 206회를 완주했고 미국 대륙 6,000킬로미터를 횡단했다. 지금도 이들은 마라톤과 철인3종 경기를 비롯해 크고 작은 경기에 꾸준히 도전하며 온몸으로 세상을 향해 희망과 믿음의 메시지를 던진다.

"아버지는 나의 전부다. 아버지는 내 꿈을 실현시켜 주었다. 아버지는 내 날개 아래를 떠받치는 바람이다." 2006년 2월 20일 미국 ABC 방송의 「오프라 윈프리 쇼」에서 아들이 컴퓨터를 통해 마무리한 멘트다. 소리조차 낼 수 없는 아들이 컴퓨터를 통해 육신이 멀쩡한 우리에게 웅변한다. "내게 능력 주시는 자 안에서 내가 모든 것을 할 수 있느니라"(빌 4:13). 대학 공부를 마친 40대의 아들은 이제 도우미의 도움을 받으며 장애인을 위한 프로그램을 만들며 살고 있다.

믿을 수 없는 것을 믿는 믿음

아들은 마치 아브라함처럼 도무지 바랄 수 없는 중에 바라고 믿고 이루었다. "그가 백 세나 되어 자기 몸의 죽은 것 같음과 사라의 태의 죽은 것 같음을 알고도 믿음이 약하여지지 아니하고."(롬4:19) 아브라함은 백 살이나 된 자기 몸과 아흔 살이나 된 사라의 태에도 불구하고 자식을 가질 것으로 바라고 믿었다. 그는 자신의 처지를 생각하면 바랄 수 없었겠지만 하나님과 하나님의 약속을 믿었기에 바랄 수 있었다.

"…그의 믿은 바 하나님은 죽은 자를 살리시며 없는 것을 있는 것 같이 부르시는 이시니라 아브라함이 바랄 수 없는 중에 바라고 믿었으니 이는 네 후손이 이 같으리라 하신 말씀대로 많은 민족의 조상이 되게 하려 하심을 인함이라."(롬4:17-18) 아브라함은 죽은 자를 살리시고 없는 것을 있는 것처럼 부르시는 하나님을 믿었고 장차 많은 민족의 조상이 되게 하겠다는, 수백 년 후에나 성취될 법한 하나님의 약속도 믿었다.

"믿음이 없어 하나님의 약속을 의심치 않고 믿음에 견고하여져서 하나님께 영광을 돌리며 약속하신 그것을 또한 능히 이루실 줄을 확신하였으니.”(롬4:19-21) 그는 자신의 처지를 넘어 전능하신 하나님을 믿었고 하나님의 불변의 약속을 확신했다. 바랄 수 없는 중에 바라고 믿었기에 세대를 넘어 마침내 많은 민족의 조상이 될 수 있었던 것이다.

하나님을 믿고 하나님의 약속의 말씀을 믿으면 바랄 수 없는 중에도 바라고 이룰 수 있다. “믿음은 바라는 것들의 실상이요….”(히11:1) 바라는 소원을 실상으로 이루어주는 것이 믿음이다. “…무엇이든지 기도하고 구하는 것은 받은 줄로 믿으라 그리하면 너희에게 그대로 되리라.”(막11:24) 기도하고 구하는 것을 받은 줄로 믿으면, 그러니까 바라는 소원이 이루어진 것으로 믿으면 그대로 실상이 된다는 것이다.

“누구든지 이 산더러 들리어 바다에 던지우라 하며 그 말하는 것이 이룰 줄 믿고 마음에 의심치 아니하면 그대로 되리라.”(막11:23) 산이 바다에 던져지는 소원이 이룰 줄 믿고 마음에 의심치 않으면 실상으로 성취된다는 약속의 말씀이다. 전능하신 하나님을 믿고 하나님의 약속의 말씀을 믿으면 능치 못할 일이 없다. 그래서 예수님은 단순하게 “하나님을 믿으라”(막11:22)고 말씀하시는 것이다.

믿음이 뒷받침되지 않는 소원은 희망사항에 불과하다. “…그러나 무엇을 하실 수 있거든 우리를 불쌍히 여기사 도와주옵소서.”(막9:22) 귀신 때문에 간질병에 걸린 아들을 둔 아버지의 소원은 희망의 가정법이지 믿음이 아니다. “…무엇을 하실 수 있거든…” 예수님은 그에게 믿음을 촉구하신다. “…할 수 있거든이 무슨 말이냐 믿는 자에게는 능치 못할 일이 없느니라….”(막9:23)

그러자 아버지는 단순히 믿음을 외친다. “…내가 믿나이다….”(막9:24) 우리가 주님의 이름으로 하나님 아버지께 구할 때 희망의 가정법은 소용없다. 믿음이 요구될 뿐이다. “믿습니다. 고쳐주실 줄로 믿습니다. 고쳐주신 줄로 믿습니다. 고쳐주셔서 감사합니다." 믿음의 기도는 희망의 가정법이 아니다. "그렇게 해주실 수 있다면 좋겠습니다"가 아니라 "반드시 그렇게 해주세요"이거나 "이미 그렇게 해주셔서 감사합니다"여야 한다.

희망의 가정법은 믿음이 아니다

믿으면 소원이 성취된다. 수로보니게 지역의 한 여인의 소원은 귀신이 들린 딸이 낫는 것이었다. 그래서 예수님에 관한 소식을 듣자마자 곧장 예수님께로 와 엎드려 간구했다. 당시 이스라엘의 사회적인 통념에 따르면 이방인은 부정하게 취급됐기 때문에 이스라엘의 대중과 접촉하는 일은 금지되었다. 그러나 이방인이었던 그녀의 믿음은 그런 장애물 따위는 아무것도 아니었다.

그녀는 고함치며 예수님께 간구했지만 예수님은 묵묵부답이셨다. "예수는 한 말씀도 대답지 아니하시니…."(마15:23) 예수님의 문전박대는 이어졌다. "…자녀의 떡을 취하여 개들에게 던짐이 마땅치 아니하니라."(막7:27) 그렇지만 그녀는 꺾이지 않는 믿음의 언어를 구사했다. "…주여 옳소이다마는 상 아래 개들도 아이들의 먹던 부스러기를 먹나이다."(막7:28) '그랬으면 좋겠다'는 희망의 가정법이 아니다. '반드시 그래야만 한다'는 믿음의 언어다.

예수님이 직접 치신 언어의 장애물이었지만 불굴의 믿음의 언어는 그것을 뛰어넘었다. "…이 말을 하였으니 돌아가라 귀신이 네 딸에게서 나갔느니라…."(막7:29) 그녀가 바라는 소원대로 그녀의 딸이 나은 실상은 그녀의 믿음 때문이었다. "이에 예수께서 대답하여 가라사대 여자야 네 믿음이 크도다 네 소원대로 되리라 하시니 그 시로부터 그의 딸이 나으니라."(마15:28) 주님을 믿는 우리의 믿음이 뒷받침되면 주님을 향한 우리의 소원이 실상으로 바뀐다.

백부장의 소원은 하인의 중풍이 낫는 것이었다. 그런 분명한 소원만 있었던 게 아니라 그에게는 확고한 믿음도 있었다. "백부장이 대답하여 가로되 주여 내 집에 들어오심을 나는 감당치 못하겠사오니 다만 말씀으로만 하옵소서 그러면 내 하인이 낫겠삽나이다 나도 남의 수하에 있는 사람이요 내 아래도 군사가 있으니 이더러 가라 하면 가고 저더러 오라 하면 오고 내 종더러 이것을 하라 하면 하나이다."(마8:7-9)

그도 대단한 믿음의 언어를 표출했고 그래서 하인이 낫는 소원성취를 할 수 있었다. "예수께서 기이히 여겨 좇는 자들에게 이르시되 내가 진실로 너희에게 이르노니 이스라엘 중 아무에게서도 이만한 믿음을 만나보지 못하였노라."(마8:10) "예수께서 백부장에게 이르시되 가라 네 믿은 대로 될지어다 하시니 그 시로 하인이 나으니라."(마8:13) 그의 믿음이 하인을 고쳤다는 것이다.

바라는 소원은 믿음을 통해 실상이 된다(히11:1). 그렇기 때문에 우리는 대단하고 분명한 소원을 가져야 한다. 그리고 소원대로 된다는 믿음이 확고해야 한다. 분명한 소원을 가진 사람도 드물지만 확고한 믿음을 가진 사람은 더 드물다. 간혹 소원도 분명하고 믿음도 확고한 사람이 있는데 그런 사람은 반드시 성취하게 된다.

믿음은 정말 대단한 것이다. "…할 수 있거든이 무슨 말이냐 믿는 자에게는 능치 못할 일이 없느니라…"(막9:23) 믿음이 산을 옮긴다. "…너희가 만일 믿음이 한 겨자씨만큼만 있으면 이 산을 명하여 여기서 저기로 옮기라 하여도 옮길 것이요 또 너희가 못할 것이 없으리라."(마17:20) 믿음은 죽은 사람도 살리시는 하나님의 영광을 드러낸다. "…내 말이 네가 믿으면 하나님의 영광을 보리라 하지 아니하였느냐."(요11:40)

믿음이 병을 고친다. "무리를 인하여 예수께 데려갈 수 없으므로 그 계신 곳의 지붕을 뜯어 구멍을 내고 중풍병자의 누운 상을 달아내리니 예수께서 저희의 믿음을 보시고 중풍병자에게 이르시되 소자야 네 죄 사함을 받았느니라 하시니."(막2:4-5) 장애물을 극복해내는 믿음의 행동이 죄 사함과 병 치유를 이루어준 것이다.

믿음의 언어를 표출하라

12년 동안, 하혈하는 혈루증에 시달리던 여인은 많은 의원에게 숱한 괴로움을 받고 재산도 허비하였지만 아무 효험도 얻지 못했다. 그렇게 병만 더 키우던 중에 예수님에 관한 말씀을 듣고 믿음의 언어를 내뱉는다. 예수님에 관한 말씀을 마음에 새겨들으면 믿음이 생기고 그 믿음은 언어와 행동으로 표출된다. "…내가 그의 옷에만 손을 대어도 구원을 얻으리라…."(막5:28)

그랬으면 좋겠다는 희망의 언어가 아니라 반드시 그렇게 된다는 강력한 믿음의 언어를 사용한 것이다. 마음의 믿음이 언어의 믿음으로 분출되면 놀라운 결과가 발생한다. "주의 종이 사자와 곰도 쳤은즉 사시는 하나님을 모욕한 이 할례 없는 블레셋 사람이리이까 그가 그 짐승의 하나와 같이 되리이다."(삼상17:36) 정말 다윗이 발설한 대로 골리앗은 한 방에 짐승처럼 쓰러졌다.

믿음에는 계급장이 없다. 교회 안팎의 직함 계급장이 믿음의 보증수 표일 수 없다. 8형제의 맏이고 용모와 신장이 출중하며 아버지 집에 있었다는 것이 엘리압의 믿음을 보장하지 못했다. 그러나 다윗은 막내이고, 아버지의 양을 치는 들판에 있었지만 믿음이 확고했다. 이제 갓교회에 나온 신참 신앙인이 믿음의 큰 행동을 시도하려면 오래 교회에 다닌 고참 신앙인이 깜짝 놀라면서 충고를 아끼지 않는다. "믿음은 충동이 아니다. 제정신을 차리고 이것저것 잘 따져 깊이 생각한 후에 결정해야 한다."

충고 그 자체야 옳은 듯하지만 사실은 믿음이 큰 그를 믿음이 작은 자신의 수준보다 더 깎아내리려는 열등 심리의 발로가 아닌가. 이것은 믿음의 결단과 행동을 어설프고 유치한 충동으로 치부해버리려는 것이다. "장형 엘리압이 다윗의 사람들에게 하는 말을 들은지라 그가 다윗에게 노를 발하여 가로되 네가 어찌하여 이리로 내려왔느냐 들에 있는 몇 양을 뉘게 맡겼느냐 나는 네 교만과 네 마음의 완악함을 아노니 네가 전쟁을 구경하러 왔도다."(삼상17:28)

고참 엘리압의 충고에도 불구하고 신참 다윗은 믿음의 발설을 멈추지 않았다. "다윗이 가로되 내가 무엇을 하였나이까 어찌 이유가 없으리이까 하고 돌이켜 다른 사람을 향하여 전과 같이 말하매 백성이 전과 같이 대답하니라."(삼상17:30) 직함도, 연륜도 믿음을 보장하지 못한다. 계급장을 떼고 냉정하게 믿음의 유무를 평가해야 한다. 죽은 자를 살리고 병든 자를 일으키며 산을 옮기고 광야에 길을 내고 물을 포도주로 만드는 것은 계급장이 아니라 믿음이다.

믿음은 일이 되게 하는 힘work produced by faith이다(살전1:3). 믿음이 없으면 성사되지 않는다. 믿음이 있으면 소원이 성사되고(히11:1) 선포가 성사되고(막11:23) 간구가 성사된다(막11:24). 그냥 기도가 아니라 믿음의 기도가 병자를 일으킨다(약5:15). 믿음이 없는 기도를 할 때마다 우리가 주님의 이름을 망령되게 일컬어 셋째 계명을 어기는지도 모른다.

믿음의 모양새, 인생의 모양새

믿음이 있어야 여호와 이레(창22:14)의 하나님께서 미리 준비해놓으신 것, 주 예수님께서 다 이루신 것(요19:30), 우리 안에 계신 성령님의 능력(롬8:11), 그리고 우리에게 주어진 주님 이름의 권세(막16:17)가 우리의 구체적인 개인 소유가 되는 효력이 발생한다. 믿음의 꼴, 믿음의 모양새가 인생의 꼴, 인생의 모양새를 결정한다. 믿음의 유무, 대소, 강약에 따라 믿은 대로(마8:13), 믿음대로(마9:29) 되기 때문이다.

우리가 선행해야 할 싸움은 우리 밖에 있는 문제나 대상이 아니라 우리 안에 있는 믿음의 유무, 대소, 강약이어야 한다. 믿음이 없어지려고 할 때 '있는 믿음'을 선택하고, 믿음이 약해지려고 할 때 '강한 믿음'을 선택하고, 믿음이 작아지려고 할 때 '큰 믿음'을 선택해야 한다. 다른 싸움이 아니라 믿음의 선한 싸움을 싸워야 하는 것이다(딤전6:12).

얼마나 고참이냐는 중요하지 않다. 믿음이 얼마나 크고 강하냐가 중요하다. 아무리 많은 하나님의 약속이라도 우리는 주 예수님 안에서 믿음의 아멘을 외쳐 하나님께 영광을 돌려야 한다. "하나님의 약속은 얼마든지 그리스도 안에서 예가 되니 그런즉 그로 말미암아 우리가 아멘 하여 하나님께 영광을 돌리게 되느니라."(고후1:20)

없던 일을 생기게 하고 안 되는 일을 되게 하고 작은 일을 크게 하는 믿음, 곧 '성사시키는 믿음'은 가장 먼저 언어로 발설돼야 한다. 그리할 때 뭔가 새로운 변화가 나타난다. 마음의 굳센 소원이나 확고한 목표를 입 밖에 내기만 해도 일이 시작된다. 마음에만 간직한 채 끙끙 앓던 문제를 누군가에게 발설했더니 즉시 해결의 실마리가 열린 적이 있을 것이다.

내게도 그런 경험이 있다. 내게 주어진 주님의 사역은 두 가지다. 하나는 주로 교회 안에서 어리고 연약한 성도들을 챙기고 섬기고 키우는 목양사역이고, 다른 하나는 주로 교회 밖에서 사회 각 분야의 리더, 특히 경제 리더와 정치 리더를 키우는 인재사역이다. 이런 인재사역을 통해 '창조한국'의 사명을 이루어야 한다는 부담감이 늘 있었다.

아직 이 사명을 발설할 때가 아니며 발설해도 남들이 받아들이지 못할 것이라며 마음의 믿음으로만 간직하다가 언젠가부터 설교, 강의, 대화에서 언어의 믿음으로 내뱉기 시작했다. 그러자 더디긴 했지만 하나둘 지지자들이 생겨났다. 큰 액수를 후원하겠다는 기업인도 있었고 매월 매출액의 1퍼센트를 후원하겠다는 기업인도 있었다. 자잘한 후원자들도 이어졌고 이런저런 추종자들도 나타났다.

바다목회, 코아미션, 창조한국

특정 지역 주민들을 대상으로 하는 교회 안의 지역목회 사역은 물론 지역을 초월하는 교회 밖의 '국민목회' 사역도 당연히 병행돼야 한다. 수십만 명의 지역교회를 목회한다 해도 성도들을 교회 내부용으로 묶어둔 채 교회 밖의 밑바닥 현장에서 생존하고 승리하고 성취하도록 훈련시키지 않는다면, 그것은 양어장목회에 불과할지도 모른다. 교회 밖 사회의 거친 파도를 타게 하는 주중 6일 중심의 '바다목회'를 펼쳐야 한다.

교회 밖의 세상 중심에서 특히 창조적인 크리스천 경제 리더들을 양성해 경제적인 파이를 무한하게 늘리고 더 나아가 그 파이를 바르게 잘 배분할 크리스천 정치 리더들도 양성할 수 있어야 한다. 개인적인 전진과 경제적인 성장, 그리고 사회적인 통합은 늘 함께 가야 하기 때문이다.

먼저 경제적인 파이를 확대하고 이어 분배를 통해 사회 불평등도 해소해야 한다는 '창조적 자본주의'든지, 아니면 분배하되 창조적인 경제성장이 뒷받침되도록 분배해야 한다는 '창조적 사회주의'든지 성장과 분배는 두 발의 걸음처럼 늘 함께 가야 하는 쌍둥이임에 틀림없다.

이제 우리는 개별 교회 중심의 지역목회 사역에 더하여, 크고 작은 기업은 물론 국회와 청와대까지 멘토링하는 현장 중심의 '사회목회' 사역이 시대과제로 대두되는 때를 살고 있다. 주일 1일 중심의 지역목회에서 벗어나 주중 6일 중심의 현장목회로 신속하게 전환해야 하는 것이다.

이미 국민목회, 사회목회, 그러니까 바다목회를 위해 현장 중심의 인재를 양성하는 코아미션CoreMission: www.coreacademy.kr 사역을 펼치는 중이다. 아동 청소년을 주님나라와 우리나라의 인재로 양성하는 드림코아Dream Core, 청년 대학생을 위한 영코아Young Core, 어머니를 위한 맘코아Mom Core, 직장인을 위한 제이코아Jesus Core, 기업인을 위한 브이코아Victory Core: www.v-core.kr가 코아미션의 단위별 모임으로 가동되고 있다.

코아미션은 주님나라에서 요구되는 인재뿐만 아니라 우리나라에서 요구되는 인재도 양성하는 나라인재발전소 역할을 감당하려고 한다. 교회 안에서 효과적이면서 교회 밖에서도 유능한 인재를 양성해내겠다는 것이다. 주중 6일 동안 코아미션은 단위별 코아 모임뿐만 아니라 각종 현장 모임도 진행하며 크리스천 CEO 코스와 같은 교육 프로그램도 진행한다.

교회 밖의 일터 현장에서 주님의 씨앗을 심고 가꾸다 보면 마침내 그것이 주님의 핵심인재, 곧 코아Core가 될 것이다. 코아에는 핵심이라는 뜻도 있지만 씨앗이라는 뜻도 있다. 일터 현장의 텃밭에서 씨앗을 심고 가꾸면 핵심이 될 뿐만 아니라 그 현장을 뒤엎는 강력한 누룩으로 변한다(마13:31-33). 사회의 거친 바다에서 파도에 맞서며 생존하고 승리하고 성취하는 인재들이 다양하게 배출될 때, 창조한국의 사명은 완수될 것이다.

믿음 외에는 그 어느 것도

그런데 이런 대단한 사명의 완수도 믿음의 언어를 발설하는 데에서 시작된다. 마음의 믿음이 언어의 믿음, 행동의 믿음으로 드러나면 사명이나 소원이 성취된다. 혈루증 여인이 좋은 본보기다. 그녀는 믿음의 언어를 내뱉을 뿐만 아니라 즉시 믿음의 행동도 내보였다. 당시 하혈하는 병자는 부정하다는 판정을 받아서 격리돼야 했기 때문에 대중 앞에 모습을 드러낼 수 없었다. 그러나 그녀는 믿음의 행동으로 그런 사회 통념의 장애물을 극복했다.

더구나 그녀는 12년간 하혈을 했으니 얼마나 쇠약해졌는가. 그러나 힘이 생기길 기다리지 않고 힘이 없는 그대로 일어나 대중 앞에 나섰고 대중의 벽마저 뚫고 예수님의 뒤로 가서 예수님의 옷에 대었다. 예수님에 관한 말씀을 듣고 믿음의 언어를 내뱉고 믿음의 행동으로 장애물들을 차례로 극복함으로써 그녀는 구원을 받은 것이다. "예수께서 가라사대 딸아 네 믿음이 너를 구원하였으니 평안히 가라 네 병에서 놓여 건강할지어다."(막5:34)

우리가 고수해야 할 것은 믿음이다. 믿음이 바라는 소원들을 실상으로 성취시키는 힘이기 때문이다. 맹인이자 거지였던 바디매오도 길가에 앉았다가 지금 예수님이 지나가신다는 말을 듣고 고함쳐 예수님을 불렀다. 사람들이 조용히 하라고 하자 더욱 고함을 질렀다. 예수님이 그를 부르신다고 하자 그는 겉옷을 내던지고 뛰어 달려왔다. 그 모든 믿음의 행동이 그가 보고자 하는 소원을 성취하게 했다. "…네 믿음이 너를 구원하였느니라…."(막10:46-52)

사람들은 객관적인 사실을 말하길 즐긴다. 그러나 객관적인 사실이 진리인 것은 아니다. 믿음이 진리다. 예수님의 제자 빌립은 산술적인 사실에 충실했지만 믿음에는 불충실했다. "예수께서 눈을 들어 큰 무리가 자기에게로 오는 것을 보시고 빌립에게 이르시되 우리가 어디서 떡을 사서 이 사람들로 먹게 하겠느냐 하시니 이렇게 말씀하심은 친히 어떻게 하실 것을 아시고 빌립을 시험코자 하심이라 빌립이 대답하되 각 사람으로 조금씩 받게 할지라도 이백 데나리온의 떡이 부족하리이다."(요6:5-7)

빌립이 사실 중심의 사람이었다면 안드레에게는 겨자씨 한 알의 믿음이 있었던 것 같다. "제자 중 하나 곧 시몬 베드로의 형제 안드레가 예수께 여짜오되 여기 한 아이가 있어 보리떡 다섯 개와 물고기 두 마리를 가졌나이다 그러나 그것이 이 많은 사람에게 얼마나 되겠삽나이까."(요6:8-9) 안드레는 반신반의하면서도 일말의 믿음을 행동으로 내보였다.

그럴지라도 5,000배의 기적이 일어났다. 겨자씨 한 알의 믿음이라도 능히 산을 옮기기 때문이리라(마17:20).

믿음이 이기고 믿음이 창조한다. 우리의 삶에 변화를 가져오는 것은 사실이 아니라 믿음이다. "…회당장의 집에서 사람들이 와서 가로되 당신의 딸이 죽었나이다 어찌하여 선생을 더 괴롭게 하나이까 예수께서 그 하는 말을 곁에서 들으시고 회당장에게 이르시되 두려워말고 믿기만 하라 하시고 베드로와 야고보와 야고보의 형제 요한 외에 아무도 따라옴을 허치 아니하시고."(막5:35-37)

회당장의 딸이 죽은 것은 사실이다. 그래서 사람들이 그 사실을 말하며 그나마 거의 없는 회당장의 믿음을 뒤흔든다. 그러나 예수님은 회당장에게 믿기만 하라고 격려하신다. 그리고 믿음에 구멍을 낼 사람들은 다 물리치시고 믿음을 북돋울 베드로와 야고보와 요한만 대동하신다. 믿음 외에는 그 어느 것도 회당장의 죽은 딸을 살릴 수 없기 때문이다.

선불감사를 터뜨려라

예수님이시라도 믿음이 없는 곳에서는 권능을 행치 않으셨다. "거기서는 아무 권능도 행하실 수 없어 다만 소수의 병인에게 안수하여 고치실 뿐이었고 저희의 믿지 않음을 이상히 여기셨더라…."(막6:5-6) 믿음만큼 중요한 게 어디 있을까. "믿음이 없이는 기쁘시게 못하나니 하나님께 나아가는 자는 반드시 그가 계신 것과 또한 그가 자기를 찾는 자들에게 상 주시는 이심을 믿어야 할지니라."(히11:6)

믿음은 '선불감사'가 터지게 한다. 예수님은 하나님 아버지의 공급하심과 해결하심에 대해 늘 믿음으로 충만하셨기에 급박한 상황에서도 믿음의 선불감사를 드릴 수 있었다. 예수님은 보리떡 다섯 개와 물고기 두 마리를 하나님 아버지께서 무한하게 늘려주신 것을 믿고 이 오병이어를 들고 하늘을 우러러 감사를 드렸다(마14:19). 이미 응답받은 줄로 믿고 드리는 믿음의 선불감사였던 것이다.

또한 예수님은 죽은 나사로의 무덤 앞에서도 하늘을 우러러 믿음의 선불감사를 드렸다. 예수님이 하나님 아버지께 무엇을 구하든지 항상 응답받기 때문이었다. "…예수께서 눈을 들어 우러러 보시고 가라사대 아버지여 내 말을 들으신 것을 감사하나이다 항상 내 말을 들으시는 줄을 내가 알았나이다…."(요11:41-42) 예수님이 구하시는 대로 하나님 아버지께서 늘 응답하셨듯이 지금도 들으시는 것을, 아니 이미 '들으신 것'을 확신하기에 믿음의 선불감사가 그냥 터진 것이었다.

믿음이 있다면 '그랬으면 좋겠다'는 희망언어 대신에 '그렇다'는 믿음언어를 사용하게 된다. 그렇다는 고백은 강한 믿음의 아멘이다. 믿음이 있다면 '절대로 아버지처럼 구질구질하게는 안 살 것'이라는 부정언어 대신에 '반드시 아브라함처럼 복의 근원으로 살겠다'는 긍정언어를 사용하게 된다. 긍정적인 사람을 모델로 삼는 것에 믿음의 무게가 더 실려 있다. 믿음이 있다면 '그렇게 될 줄로 믿는다'는 미래언어 대신에 '그렇게 된 줄로 믿는다'는 현재언어를 사용하게 된다. 미래는 늘 미래로 남아 있을 수 있다. 그러나 미래의 응답을 현재 시점으로 앞당겨 고백하는 믿음은 막강하다. 또한 믿음이 있다면 '제발 그렇게 해주시라'고 보채는 구걸언어 대신에 '그렇게 해주셔서 감사하다'는 감사언어를 사용하게 된다. 아직 안 받은 게 사실이지만 이미 받은 줄로 믿기에 지금 감사가 터지는 것이다.

이미 응답받은 것에 대해서 드리는 감사에는 믿음이 요구되지 않는다. 이미 응답받아서 손에 쥐고 있는데 무슨 믿음이 필요하겠는가. 그러나 아직 안 받았는데도 이미 받게 해주신 줄로 믿고 드리는 감사에는 강력한 믿음이 들어 있다. 그래서 응답도 강력하다. 분명하고 세밀한 기도명세서가 있고 그것대로 구했다면 이미 받은 듯이 생각하고 말하고 글로 쓰고 행동하고 감사하라. 이미 받은 듯이 믿고 살면 미래의 응답이 현재로 앞당겨진다.

믿음은 미래의 응답을 앞당긴다

예수님께는 기도와 응답의 시간 간격이 거의 없다. 물이 포도주로 즉시 변하고 오병이어가 즉시 증식되며 죽은 나사로가 즉시 살아난다. 믿음의 강도가 100퍼센트였기에 미래의 응답이 순식간에 현재화되는 것이다. 이미 받은 줄로 믿고 감사하는 기도는 강한 믿음이 실려 있는 기도다. 기도하고 염려하면 믿음이 없기에 응답도 없고, 기도하고 감사하면 믿음이 있기에 응답도 빠르다. 염려가 불신의 표출이라면 감사는 믿음의 표출이다.

기도하면 하나님이 들으시고 응답하신다는 믿음이 있기에 염려 없이 감사하게 되는 것이다. "아무것도 염려하지 말고 오직 모든 일에 기도와 간구로 너희 구할 것을 감사함으로 하나님께 아뢰라."(빌4:6) 기도와 믿음의 감사는 늘 함께 가야 한다. "기도를 항상 힘쓰고 기도에 감사함으로 깨어 있으라."(골4:2) 감사 그 자체가 응답을 불러오는 게 아니다. 그

안에 들어 있는 믿음이 응답을 불러오는 것이다. 믿음은 선불감사를 터뜨리게 한다.

믿음은 사실 선불이다. "…무엇이든지 기도하고 구하는 것은 받은 줄로 믿으라 그리하면 너희에게 그대로 되리라."(막11:24) 지금 기도하고 구하는 것이지만 이미 '받은 줄'로 믿는 것이 믿음이다. "믿음은 바라는 것들의 실상이요 보지 못하는 것들의 증거니."(히11:1) 바라는 것들을 기도하고 구하는 현재와 앞으로 응답받을 미래 사이의 시간 간격을 없애는 것이 바로 믿음이다. 믿음이 크고 강할수록 그 간격이 빨리 좁혀질 것이다.

기도하고 구할 때 우리가 '아멘' 하는데 그것은 '그렇게 된다, 반드시 그렇게 된다'는 뜻이다. 아니, '그렇게 됐다, 이미 그렇게 됐다'는 뜻이다. 믿음은 미래완료적으로 응답받을 것을 현재완료적으로 응답받은 것처럼 미리 앞당겨 쓰는 선불이다. 하나님은 미리 준비해놓으시는 여호와 이레이시고(창22:14) 우리의 믿음은 하나님께서 미리 준비해놓으신 것들을 앞당겨 쓰는 선불이다.

하나님께서 예수 그리스도 안에서 무한하게 예비해놓으신 선물들을 선불로 끌어당겨 현재화시키고 개인 소유화시키는 믿음이 있으면 그것이 믿음의 생각이든지, 믿음의 말이든지, 믿음의 글이든지, 믿음의 기도든지 그대로 다 된다. 우리가 구하는 것이 생각의 형식이든지, 말의 형식이든지, 글의 형식이든지, 기도의 형식이든지 그것에 믿음이 실리기만 하면 그대로 다 응답된다. 구하는 것 자체가 응답을 끌어오는 게 아니라 믿음이 응답을 끌어온다.

선불 십일조나 선불감사헌금을 드려 강력하게 응답받았다는 사례들이 종종 회자된다. 이미 받았다고 믿고 드리는 선불 십일조나 선불감사헌금에 강력한 믿음이 들어 있기 때문일 것이다. 선불 헌금을 드린다고 해도 믿음이 실리지 않으면 아무 소용이 없다. 우리의 언어 표출이나 행동 표출에 믿음이 동반될 때, 응답의 결과가 반드시 나타나는 것이다. 하나님을 기쁘시게 하고(히11:6) 영광스럽게 하는(고후1:20) 것은 믿음이다.

아담도, 아브라함도, 욥도 아니다

창조도, 구원도, 선교도 하나님이 하셨고 하시고 하실 것이다. 인간을 대표하는 아담의 불순종에 따른 죄 문제를 해결하는 것은 무화과나무 잎을 엮어 치마를 만들어 입는 아담의 노력이 아니었다(창3:7). 직접 하나님께서 짐승을 잡아 가죽옷을 지어 입히셨다(창3:21). 신앙인을 대표하는 아브라함이 독자 이삭을 하나님께 바친 게 아니었다. 그는 바치는 시늉만 했을 뿐이다(창22:12). 오히려 하나님이 미리 준비해두신 숫양을 바치게 하셨다(창22:13).

1년에 한 차례씩 속죄일에 이스라엘의 대제사장이 피를 흘려 지성소의 하나님께 잡아 바친 것은 죄를 지은 이스라엘 사람들이 아니라 순전한 숫염소 한 마리였다. 대제사장이 두 손으로 머리에 안수함으로써 이스라엘 사람들의 모든 죄를 짊어지고 황막한 광야로 내몰린 것도 순전한 숫염소 한 마리였다(레16:5-22). 죄인들이 죄를 짊어진 것이 아니라 두 숫염소가 죄인들의 죄를 짊어진 것이다.

이러한 구약시대의 희생 짐승은 하나님께서 죄인들을 위해 내어주신 하나님의 독생자를 상징한다. "…보라 세상 죄를 지고 가는 하나님의 어린 양이로다."(요1:29) 우리의 죄 문제를 해결하기 위해 우리가 하나님께 보태어드린 것은 하나도 없다. 인간을 대표하는 아담도, 신앙인을 대표하는 아브라함도, 더군다나 자기 의를 주장하는 욥도 하나님의 구원사역에 아무것도 보태지 못했다.

하나님과 하나님의 아들이 다 하셨다. "…다 이루었다…."(요19:30) 하나님은 우리를 위해 아들을 아끼지 않으시고 내어주셨고(롬4:25) 아들은 몸과 함께 승리와 영생을 주셨다. 하나님의 아들을 믿는 우리에게는 이미 턴키turnkey 베이스로 모든 게 다 주어져 있다. 하나님의 아들과 함께 모든 것이 선물로 주어져 있는 것이다. 그렇기에 우리는 믿음으로 그 모든 것을 끌어당겨 써야 한다.

하나님이 다 예비해놓으신 것을 우리는 믿음으로 소유하고 쓰고 나누면 되는 것이다. 믿음은 시제를 무시하고 파괴하고 초월한다. 앞으로 받을 줄로 믿는 것이 아니라 이미 받은 줄로 믿는 것이 믿음이다. 믿음은 이미 다 준비돼 있는 선물을 지금 끌어당겨 쓰는 선불이다. 믿음이 있다면 우리는 미래 시제의 부정언어가 아니라 현재 시제의 긍정언어를 사용할 것이다.

"나는 아버지처럼 절대로 가난하게 살지 않을 거야. 나는 어머니처럼 절대로 불행하게 살지 않을 거야." 이런 미래 시제의 부정언어를 사용하기보다 현재 시제의 긍정언어를 사용하자. "나는 지금 이미 부자야. 나는 지금 이미 행복해." 하나님은 지금 여기에 계시는 여호와 삼마이시고(겔48:35), 임마누엘이시다(사7:14). 우리도 지금 여기를 살고 있다.

그렇기에 우리는 앞으로 부자가 될 것이 아니라 지금 부자이며, 앞으로 행복해질 것이 아니라 지금 행복하다고 말하고 행동하고 살 수 있어야 한다. 앞으로 10년 후 되고 싶은 자신의 모습이 있다면 그것을 미리 앞당겨서 지금 그런 모습처럼 살아간다면 두뇌와 마음이 그렇게 프로

그래밍될 것이다. 믿음은 미래와 현재의 시간 간격을 없애는 현재완료 긍정언어다.

말씀이 믿음의 밥이다

그렇다면 이토록 좋은 믿음을 어떻게 가질 수 있는가. 믿음은 예수님에 관한 말씀, 그리고 예수님의 말씀을 듣는 데서 생긴다(롬10:17). 믿음을 갖겠다며 다짐하고 애쓴다고 믿음이 생기지는 않는다. 말씀을 들어야만 믿음이 생긴다. 말씀을 설교자가 선포할 때, 그 말씀을 청중이 하나님의 말씀으로 받으면 그것이 믿는 자에게 효력을 발생시킨다(살전2:13). 말씀이 믿음을 강화시키는 밥이다.

그렇기에 무슨 말씀을(막4:24) 어떻게(눅8:18) 듣는지 우리 자신을 잘 살펴봐야 한다. 다양한 말씀을 다양하게 잘 받으면 다양한 믿음의 효력이 나타나게 된다. 예를 들어 문제의 산을 옮기는 말씀(마17:20, 막11:23)을 자꾸 들으면 실제로 그렇게 되는 믿음의 효력이 발생하고, 질병을 치유하는 말씀(마8:17, 벧전2:24)을 자꾸 들으면 그것도 실제로 그렇게 되는 믿음의 효력이 발생한다. 그러나 말씀을 받지 못하면 있는 것마저도 빼앗기게 된다(막4:25).

진실로 우리는 말씀을 듣고 깨닫고 믿고 행하고 말씀으로 살아야 한다(마4:4). 성경의 말씀을 읽을 때에는 두루 넓게 읽고, 좁고 깊게 읽고, 곰곰이 생각하며 읽고, 한 줄로 압축해서 읽고, 단단히 실행하려고 읽어야 한다. 말씀을 읽든지, 듣든지 우리는 깨닫고 믿고 행하고 말씀으로 살아야 하는 것이다.

그리고 듣고 믿는 것이 보고 믿는 것보다 복되다. "…너는 나를 본 고로 믿느냐 보지 못하고 믿는 자들은 복되도다…."(요20:29) 말씀을 듣고 믿으면 성령님의 도우심이 있어 보고 믿는 것보다 더 강력하게 된다. 말씀이 생명이고, 건강이다. 말씀을 경청하고 지켜야 한다(잠4:20-22). 말씀을 듣고 지키고 인내해 반드시 결실하는 착하고 좋은 마음이어야 한다(눅8:15).

베드로는 밤새워 그물질을 했지만 허탕이었다. 그래서 철수하려고 그물을 씻는데 예수님이 찾아오셔서 무리를 가르치신 후 그에게 말씀하셨다. "…깊은 데로 가서 그물을 내려 고기를 잡으라." 이미 수고를 끝냈어도 예수님께서 한 번 더 수고하라고 하시면 수고해야 한다. 그럴 때 기적이 일어난다. 그는 어디가 깊은 곳인지 정확히 알지는 못했을 것이다. 그렇다. 정확히 다 알고 행동하는 것은 아니다.

그가 정확히 알지는 못한 채 믿음으로 배를 저어 어느 지점에 그물을 내렸을 때, 아마 예수님께서 거기에 물고기 떼를 몰아다주시지 않았을까. 믿음의 행동이 중요하다. 아브라함도 가야 할 곳을 정확히 알지는 못했지만 그냥 믿음으로 하나님의 명령을 따랐을 때(히11:8) 하나님의 인도하심과 축복하심을 경험할 수 있었다. 말씀을 듣고 지키고 행동하고 인내할 때, 믿음의 효력이 풍성하게 발휘되는 것이다.

1997년 미래에셋을 창업한 박현주 회장은 회사를 창업한 지 10년 만에 자산규모 1,000배, 조직규모 1,200배로 성장시켰다. 그는 자신의 이런 성공비결을 "교과서대로 하니까 되더라"는 한 구절로 압축했다. 고려대학교 경영학과에 다닐 때 그는 다독광이었는데 앨빈 토플러의 『제3의 물결』은 무려 열아홉 번이나 곱씹어 읽으면서 미래의 트렌드를 손에 잡고자 했다.

하니까 되더라

이처럼 미래학에 관련된 책들을 섭렵하고 주변을 잘 관찰하면 시장의 장기적인 흐름을 파악할 수 있다는 게 그의 지론이다. "교과서대로 경영하면 된다"는 것이다. 사람의 교과서대로 해도 되는데 하물며 하나님의 교과서, 곧 성경대로 하면 왜 안 되겠는가. 우리는 하나님과 하나님의 성경에 대한 확신을 우리의 가장 큰 자산으로 삼아야 한다. 하나님을 붙잡고 하나님의 성경, 곧 하나님의 교과서를 붙잡고 믿음으로 승리해야 하겠다.

우리를 둘러싼, 객관적인 사실이 우리 인생을 변화시키지 않는다. 그것은 우리의 전진과 성장을 방해하고 우리를 얽맬 뿐이다. 우리 인생을 변화시키는 것은 전능하신 하나님과 하나님의 말씀을 믿는 믿음이다. 객관적인 사실이 아니라 하나님의 말씀에 기초한 믿음은 산도 옮긴다. 믿음이 큰 사람을 당할 자가 없고 믿음이 없는 사람에게 당할 자도 없다.

우리가 우리의 자손과 우리의 시대에 던져야 할 가장 위대한 유산은 책상머리의 이론이 아니라 현실의 삶을 통해 검증된 믿음이어야 한다. "하고 하니까 되더라. 말씀대로 하니까 되더라. 선포하니까 되더라. 적으니까 되더라. 기도하니까 되더라." 우리가 우리의 자손에게 물려줄 유산은 삶을 통과해 확증된 믿음의 메시지여야 한다.

"해도 해도 안 되더라. 우리 집은 사업만 하면 망하더라. 우리 집은 50세를 넘는 사람이 없더라." 이런 메시지를 절대로 유산으로 남겨서는 안 되겠다. 고구려의 광개토왕은 39세를 넘기지 못했다. 그러나 그의 아들 장수왕은 98세를 살았다. 하마터면 집안 내력이 될 뻔했던 단명을 장수로 바꾼 것이다.

그게 어디 사람의 힘으로 되는 것인가 하고 반문하겠지만 사람의 믿음과 의지는 운명마저 돌려놓는다. 자손에게 단명과 가난을 물려주면 안 되겠다. 우리도 야베스처럼(대상4:9-10) 믿음의 기도로 집안의 불운을 축복으로 돌려놓자. 믿음은 주 예수님 안에서 하나님께서 미리 준비해놓으신, 모든 좋은 것들을 앞당겨 쓰는 선불이다.

05

이룰 수 있다는
믿음이 열쇠다

하늘에는 별들이 무한히 많다. 몇 천억 개의 별들로 이루어진 은하계들이 몇 천억 개라고 한다. 지구가 속해 있는 은하계에서 태양이 차지하는 비중이래야 중간 크기의 노란 별에 불과하다. 별과 별 사이의 거리도 초당 몇 백 킬로미터씩 멀어진다니 하늘은 그야말로 광대무변하다. 이 하늘을 하나님이 만들어 이끄신다. "너희는 눈을 높이 들어 누가 이 모든 것을 창조하였나 보라 주께서는 수효대로 만상을 이끌어 내시고 각각 그 이름을 부르시나니 그의 권세가 크고 그의 능력이 강하므로 하나도 빠짐이 없느니라."(사40:26) 크고 강하신 하나님은 뼘으로 하늘을 재시고 손바닥으로 바닷물을 헤아리시고 저울로 산을 달아 보신다(사40:12). 지구의 모든 나라들이 하나님께는 아무것도 아니다. 하나님은 그것들을 통의 한 방울 물처럼, 아니 비어서 없는 것처럼 여기신다(사40:17).

이렇게 무한하신 하나님은 또한 지극히 세밀하고 구체적이시다. 흙을 빚어 사람을 손수 만드시는 수고를 다하셨고 사람이 잘살 수 있도록 에덴에 동산을 창설하시는 수고도 마다하지 않으셨다(창2:7-8). 결국에는 자신의 아들을 여인의 몸에서 태어나게 하셔서 십자가에 내어주시는 고통도 감내하셨다. 사람의 죄를 없애고 사람에게 자신의 의를 주시는, 은혜와 믿음의 구체적인 길을 여시려고 그러신 것이다.

하나님의 위대하심은 하나님의 세밀하심과 맞닿아 있다. 뼘으로 하늘을 재실 정도로 위대하신 하나님이시지만 자신과 함께 태초에 천지를 창조하신 말씀(요1:1-3), 곧 성자 하나님을 마리아의 몸에 씨앗으로 심으실 정도로 또한 세밀하시다. 크디큰 하나님의 나라가 겨자씨 한 알처럼 마리아의 몸에 심겨진, 작디작은 태아 예수님으로부터 시작된 것이다. "…천국은 마치 사람이 자기 밭에 갖다 심은 겨자씨 한 알 같으니 이는 모든 씨보다 작은 것이로되 자란 후에는 나물보다 커서 나무가 되매 공중의 새들이 와서 그 가지에 깃들이느니라."(마13:31-32)

하나님의 크고 영원하신 나라마저도 겨자씨 한 알을 소중히 여기고 그것을 심고 가꾸는 세밀함을 반복하는 중에 성장을 거듭한다. 이렇듯 하나님이 세밀하시기에 우리의 기도도 세밀해야 한다. 행복과 평화라든지, 추상적인 것들을 구할 수도 있겠지만 하나님이 좋아하시는 것은 구체적인 간구 명세서다. 구체적일수록 시간과 에너지와 정성과 간절함이 더 투입되기 때문이다.

두루뭉수리로 구하지 말고 크고 넓고 높고 아름답고 진실하고 구체적이고 분명한 간구 명세서를 작성하자. 충분히 시간을 들여 마치 회장님이나 대통령에게 프레젠테이션을 하듯이, 아니 그것보다 더 엄중하게 간구 명세서를 짜자.

구체적인 기도가 믿음이다

"너는 하나님 앞에서 함부로 입을 열지 말며 급한 마음으로 말을 내지 말라…."(전5:2) 명세서는 분명하고 세밀한 보고서다. 그렇기에 두루뭉수리보다 훨씬 더 믿음이 반영돼 있다. 떡이든, 생선이든 분명하고 세밀한 간구 명세서는 이미 강력한 믿음의 기도다. 그래서 응답된다. "너희 중에 누가 아들이 떡을 달라 하면 돌을 주며 생선을 달라 하면 뱀을 줄 사람이 있겠느냐."(마7:9-10)

기도뿐만이 아니다. 세밀한 실행을 반복하면 크고 작은 일들이 성취된다. 히라 히데노부는 20년간 건설회사 현장감독으로 일하다가 2000년 엘 하우스라는 주택회사를 창업했다. 3년 만에 총매출 10억 엔의 회사로 키웠다. 아스카만하탄을 세우면서 그는 뉴욕의 맨해튼에서도 부동산과 통신판매의 지경을 넓히고 있다. 그는 고졸이었다. 그런 그에게 중졸의 히로타 야스유키가 합류했다. 바텐더, 스턴트맨, 프로 킥복싱선수 등 12가지 직업을 전전했던 히로타가 그를 만나 최강의 팀워크를 이루자 7년 만에 국제적인 기업을 일구고 억만장자의 대열에 오르게 된 것이다. 히라에게 보답이라도 하듯이 히로타는 자신처럼 중졸로 문맹에다 말주변도 없고 술주정까지 부리는 후지타라는 직원을 일본 최고의 주택 세일즈맨으로 만들어냈다.

히라와 히로타가 말하는 성장비결은 간단하다. "작은 목표를 정하고 세밀한 실행을 반복함으로써 하나씩 성취해나간다. 이렇게 작은 성취를 계속 축적하다 보면 어느새 큰일도 감당할 만큼 부쩍 성장해 있는 자신을 발견하게 된다." 작은 일의 반복을 통해 더 큰 일을 성취하는 성장이 있게 되는 것이다.

능률협회컨설팅의 김형환 주임교수는 1인 기업 전문강사이자 중국 전문 컨설턴트다. 그의 컨설팅을 통해 많은 젊은이들이 1인 기업가로 안착하고 있다. 특히 한국어보다 더 유창한 그의 중국어 실전특강은 중국시장에 진출하는 1인 기업가들의 실패를 없애는 데 결정적인 역할을 하고 있다. 그가 능수능란하게 중국어 특강을 할 수 있는 비결도 반복이다.

테이프 5개가 망가지도록 매일 2시간씩 거르지 않고 중국어를 듣다 보니 어느 날 그는 꿈에서도 중국어로 말하게 되었다. 귀에 못이 박일 정도로 반복하면 입으로 나온다는 게 그의 지론이다. 이제 그의 꿈은 중국 지도자들을 멘토링하는 것이다. 작은 것의 반복이 더 큰 것을 성취하도록 안내해준다. 작은 것을 반복하다 보면 언젠가 더 큰 것을 할 수 있는 역량이 확대된다.

구체적인 반복도 믿음이다

국내 온라인 중고등 교육의 최강자로 불리는 메가스터디의 김성오 중등교육 담당 대표는 집요하게 반복하기로 유명하다. 경남 마산시의 외진 구석에 위치한 자신의 4.5평짜리 육일약국을 알리려고 그는 택시를 탈 때마다 "육일약국 갑시다"를 반복했다. 중단 없이 3년간 그렇게 하자 택시기사들 사이에서 "육일약국을 모르면 간첩"이라는 유행어까지 생겼다. 이런저런 세밀함의 반복을 통해 그의 육일약국은 거의 최대 규모로 성장할 수 있었다.

나중에 뛰어든, 서울의 온라인 교육사업을 위해 김성오 대표는 당시 EBS 스타 강사로 이름을 날리던, 인천의 어느 유능한 고교 현직교사를 초빙해야겠다고 마음먹었다. 5번 넘게 전화해 겨우 그를 만났지만, 그는 고3 학급 담임이자 학년 주임으로서 학생들에게 부정적인 영향을 주면 안 되겠기에 인터넷 강사로 전직할 수 없다며 거절을 분명히 했다.

그래도 그는 틈만 나면 그 교사에게 전화해 안부를 물었고 시간만 나면 인천으로 찾아갔다. 그러나 강의료와 인쇄를 합친 수입도 넉넉하고 노량진의 한 입시학원에서 세 번이나 찾아와도 거절했다며 그 교사는 퇴짜를 거듭했다. 그 순간 그는 '예닐곱 번 찾아가면 되겠다'는 생각을 했다. 그동안 서른 번쯤 전화를 하고 여섯 번째 찾아갔을 때 그 교사가 말했다. "정말 삼고초려하시네요." "요즘은 교통이 발달됐으니 삼십고초려는 해야지요. 앞으로 그렇게 할 겁니다"라고 그가 대답하자 그 교사의 낯빛이 확 달라졌다. 결국 일곱 번째 방문에서 승낙을 받아낼 수 있었다. 그가 인천을 오간 지 8개월 만이었다. 여섯 번까지 찾아갔다가 그만두었다면 아무 일도 안 일어났을 것이다. 이런 세밀함이 각 분야에서 반복됐기에 메가스터디의 주가가 길지 않은 시간에 삼성전자의 2배 수준으로 오르지 않았을까.[19]

국내 최강의 미곡 종합회사인 가나안네츄럴의 김영미 사장은 스무 살에 일본으로 건너가 보석회사에서 일했다. 2년간 일하다가 독립을 꿈꾸었다. 거래처를 찾아다니며 돈을 꾸어달라고 졸랐지만 거절의 연속이었다. 거래처의 아는 사장님을 지치도록 찾아가 설득한 끝에 그 사장님의 보증으로 돈을 빌려 스물일곱에 보석공장을 시작했다. 그러나 그녀에게 일감을 맡기는 곳이 없었다. 다시 그 사장님을 찾아가 일감을 달라며 한 달 내내 괴롭혔다. 마침내 일감을 받아서 공장을 가동할 수 있었고, 그렇게 시작된 그녀의 보석회사는 크게 성장했으며 일본에서 가장 일을 맡기고 싶은 1위 회사로 조사되기도 했다. 그녀의 성공도 분명하고 구체적인 반복에 있었다.

그 후 그녀는 전혀 문외한이었던 국내 미곡 분야에 뛰어들게 됐다. RPC미곡종합처리장을 세우려고 일본의 아는 회장을 찾아가 투자를 종용했다. 그 회장은 일본의 농기계를 수입하겠다며 이미 그녀가 빌려간 10억 원부터 먼저 갚으라며 면박했다. 그래도 포기하지 않고 그녀는 회장을 따라다니며 괴롭혔다. "추가로 투자해주지 않으면 10억 원도 안 갚겠습니다."

그녀는 그 회장이 주차하는 바로 옆에 미리 주차해놓고 기다리기도 했다. 어느 날 그렇게 기다리고 있는데 회장의 VIP 고객이 자신의 차 뒤에 주차해둔 게 아닌가. 이때다 싶어 그녀는 자신의 차를 뒤로 몰아 그 VIP 고객의 차를 받아버렸다. 결국 회장은 두 손을 들었고, 그녀는 다시 30억 원을 투자받아 2006년 충남 당진에 4,000평 규모의 RPC를 세울 수 있었다.

그녀의 당진 RPC는 380개의 국내 RPC 중에서 가장 크다. 이제 그녀의 당찬 꿈은 가장 안전한 고품질 미곡을 국내에 두루 공급하기 위해 당진 RPC의 10배 규모로 중국 현지에 RPC를 세우는 것이다. 분명하고 구체적인 반복, 이것이 위대함을 성취하는 비결이다.

반복이 결국 이긴다

고등학교 졸업 후 나카무라 후미아키 사장은 야채 행상에 나서고 음식점을 경영하며 사업가의 꿈을 키워갔다. 스물세 살의 젊은 그는 아직 웨딩 레스토랑이라는 용어조차 없던 때에 호텔이 아니라 레스토랑에서 결혼식을 올리는 웨딩 레스토랑 사업을 하고 싶어 했다. 2억 엔에 달하는 사업자금을 조달할 길이 막막하던 중 그는 우연히 신문에서 고액 납세자 순위표를 보게 됐다.

'이렇게 세금을 많이 내는 사람들도 있네. 그 많은 돈을 나한테 좀 빌려주면 안 되나.' 문득 그들 중에 자신한테 돈을 빌려줄 사람이 있을 것이라는 생각이 들었다. 미리 만날 약속을 잡으려고 했지만 번번이 거절당했다. 그래서 그냥 막무가내로 찾아가기로 했다. '첫째, 둘째, 셋째는 무리겠지. 넷째, 다섯째, 여섯째, 일곱째도 무리겠지. 어쩌면 76번째 부자가 들어줄까. 183번째 부자가 허락해줄지도 모르지.'

무모하기 짝이 없었지만 그는 절대로 포기하지 않겠다고 결심했다. '포기하지만 않으면 확률이 제로일 수는 없어. 이 세상에 부자는 수없이 많아.' 희망이 솟구쳐 시도를 반복했다. 뜻밖에 가까운 곳에서 은인을 만났다. 제재업으로 돈을 모은 74세의 고마하 사장이었다. 그는 자신의 존재를 알리려고 고마하 사장의 집에서 풀을 뽑고 유리를 닦고 세차를 하는 등 닥치는 대로 일했다.

한번은 정원의 연못에서 낙엽을 떠내고 있는데 고마하 사장이 드디어 알은체했다. "자네, 죽을 때까지 나를 따라다닐 작정이지." "네, 한번 정하면 어디까지나 갑니다. 다음의 가능성은 너무 희박합니다. 계속 거절당하면서 여기까지 오는 데 많이 힘들었습니다." "그랬군, 그랬군. 내가 제재업으로 이만큼 재산을 모은 것은 내가 자네 나이 때 나를 도와준 선배가 있었기 때문이었지. 나도 누군가에게 힘이 돼줄 수 있다면 만족할 만한 인생이겠지."

고마하 사장은 900평짜리 토지문서를 가지고 은행까지 그와 동행해주었다. 지점장이 깎듯이 맞이했다. "이 젊은이가 2억 엔의 돈이 필요하다네. 보증인은 나야. 무슨 일이 있으면 내가 다 책임지겠네. 사업계획

서는 필요 없겠지. 귀찮게 자꾸 묻지 마. 벌써 결정했으니까." 스물다섯
살에 그는 은인을 만나 이듬해 그렇게 열망하던 웨딩 레스토랑을 열었
고 당연히 큰 성공을 거둘 수 있었다.[20]

반복은 약자의 공격 무기다

반복은 약자가 할 수 있는 공격이다. 한 과부가 자신의 원통함을 해결
하려고 재판관을 찾아갔다. 무시당하고 거절당했지만 자주 찾아갔다.
그녀는 약자였지만 포기하지 않는 반복을 통해 마침내 강한 재판관의
마음을 얻을 수 있었다. 반복은 공격이다. 반복하면 장애물을 극복하고
응답을 얻는다.

"그 도시에 한 과부가 있어 자주 그에게 가서 내 원수에 대한 나의 원
한을 풀어주소서 하되 그가 얼마 동안 듣지 아니하다가 후에 속으로 생
각하되 내가 하나님을 두려워 아니하고 사람을 무시하나 이 과부가 나
를 번거롭게 하니 내가 그 원한을 풀어 주리라 그렇지 않으면 늘 와서
나를 괴롭게 하리라 하였느니라."(눅18:3-5)

그녀는 늘 가서 재판관을 괴롭게 할 것이라는 결론이 미리 나도록 반
복해서 재판관을 찾아감으로써 자신의 문제를 해결할 수 있었다. 약자
가 자신의 문제를 해결하려면 자신의 주변을 떠나 강자를 찾아가야 한
다. 약자의 인맥에는 주로 약자들만 있기 때문이다. 그러나 강자는 대개
뻣뻣하다. 그렇기에 약자의 공격 무기는 반복이어야 한다.

R. U. 더비의 삼촌은 흑인 소작인들을 많이 거느린 대농장주였다. 그
가 삼촌을 도와 낡은 맷돌로 밀을 빻던 어느 날, 한 흑인 소작인의 어린

166

딸이 조용히 방앗간 문을 열고 들어오는 것이었다. 삼촌이 소녀를 보더니 쌀쌀맞게 말했다. "무슨 일이냐." 귀여운 목소리로 소녀가 대답했다. "엄마가 50센트를 받아오라고 하셨어요." 삼촌은 빨리 돌아가라며 박대했지만 소녀는 꼼짝하지 않고 그 자리에 서 있었다.

얼마 후 일손을 멈추고 삼촌이 다시 소녀를 보자 버럭 소리를 질렀다. "빨리 돌아가라는데 뭘 하고 있느냐. 안 돌아가면 혼내줄 테다." 소녀는 "네"라고만 하고는 역시 꼼짝하지 않았다. 삼촌은 맷돌에 쏟으려던 밀가루 포대를 바닥에 놓더니 옆에 있던 저울대를 들고 아주 험악한 얼굴로 소녀에게 다가갔다. 그러자 소녀도 한 발 앞으로 나서더니 삼촌을 올려다보며 또렷이 말하는 것이었다. "어쨌든 엄마는 50센트가 필요한걸요."

삼촌은 걸음을 멈추고 찬찬히 소녀의 얼굴을 들여다보더니 저울대를 바닥에 놓고 주머니에서 50센트를 꺼내 소녀에게 내밀었다. 소녀는 삼촌의 눈을 바라보며 천천히 뒷걸음쳐서 나갔고 삼촌은 상자 위에 걸터앉아 한동안 공포를 느끼는 듯이 창밖의 허공을 응시하는 것이었다. 흑인 소작인의 어린 딸이 백인 농장주를 압도한 이 사건을 다 지켜본 더비는 지레 포기하지만 않으면 'No' 뒤에 반드시 'Yes'가 있다는 것을 깨닫게 됐다.

다들 금광을 캐러 미국의 서부로 몰리던 때, 그도 삼촌과 함께 콜로라도 주로 건너가 양질의 금광을 발견할 수 있었다. 희망에 부풀어 많은 돈을 투자해 채굴 장비를 갖추고 차근차근 파내려갔지만 갑자기 금맥이 사라졌다. 그는 실망을 이기지 못하고 고물상에게 채굴 장비를 다 팔아치웠다. 그런데 그 고물상이 혹시나 해서 광산기사를 데리고 다시 지반 조사를 했더니 채굴을 중단했던 자리에서 1미터 밑에 새 금맥이 드러나는 게 아닌가.

더비는 뼈저리게 후회하면서 더 이상 그런 실수를 되풀이하지 않겠다
고 다짐했다. 후일 그는 생명보험 세일을 하면서 'No'에 직면할 때마다
그 흑인소녀 사건과 금광채굴 사건을 떠올렸다. '이제 틀렸다'는 생각
이 들어도 한 번 더 달려들었다. 점점 그는 '한번 달려들면 놓치지 않는
사나이'로 변모했다. 마침내 그는 위대한 프로 세일즈맨이 될 수 있었
다. 위대한 성공은 패배의 투구를 벗은 직후에 찾아온다. 반복하면 성취
하게 된다.[21]

한번 달려들면 놓치지 않는다

고려대학교 경영학과 2학년 때 주식 이야기가 강의시간에 자꾸 나오
자 미래에셋의 박현주 회장은 주식을 제대로 알아야 되겠다며 명동 증
권가를 기웃거리기 시작했다. 생활비를 동원하면서 투자 감각을 좀 익
히더니 스물여섯 살의 대학원생 때는 사설 투자자문회사인 내외증권연
구소도 차렸다. 그는 높은 수익률을 올렸는가 하면 정확한 시장 예측을
내놓기도 했다.

소문이나 주먹구구가 아니라 시장분석에 기초하면 증권회사도 성과
를 내면서 잘 운영할 수 있겠다는 자신감이 들었지만 아직 때가 아니라
고 판단한 그는 준비과정으로 증권회사 입사를 결심했다. 명동에서 이
름이 좀 났던지 그를 대리나 과장으로 특채하겠다는 몇몇 증권회사도
있었지만, 그는 탁월한 상사 밑에서 배워야 하겠다며 동양증권의 이승
배 영업상무를 찾아갔다.

당시 이 상무는 증권업계의 최고 스타였다. 서른둘에 수습사원으로

입사해 8년 만에 이사가 됐다. 게다가 '이승배 사단'을 거느릴 만큼 조직관리 능력도 대단했다. 태산처럼 커 보였던 이 상무 밑에서 배우겠다는 일념으로 그는 무작정 이 상무의 사무실을 두드렸다. 그러나 비서가 상대도 해주지 않았다. 두 번째로 가서는 겨우 만나 이 상무 밑에서 배울 테니 자신을 써달라고 대뜸 주문했다. 당연히 쫓겨났다. 다음 날 그 시간에 세 번째로 갔지만 결과는 마찬가지였다.

네 번째로 갔을 때 이 상무가 그를 나무라며 돌려보냈다. "자네가 나에 대해 뭘 안다고 그러는가. 나는 특채 제안을 다 물리치고 수습부터 시작한 사람이야. 대리, 과장 자리나 욕심내다니 기본이 안 돼 있구면." 그 다음 날 그는 다섯 번째로 찾아가 말단사원으로 입사해도 좋으니 이 상무의 정면에 자리를 만들어달라고 요구했다. 이 상무도 이쯤 되면 두 손을 들어야 했다. 그렇게 해서 동양증권에 입사한 그는 45일 만에 대리로 승진하는 등 승승장구하며 후일 금융업계의 판도를 바꾸어놓는 거목으로 성장했다.

반복보다 더 강한 무기가 어디 있을까. 김선태 목사는 열 살에 시력을 잃었다. 6·25전쟁 중이었는데 미처 피난을 못 가고 동네 친구들과 함께 서울 뚝섬에서 놀다가 폭탄이 터져 7명이 즉사하고 혼자 겨우 살았지만 눈에 파편을 맞았던 것이다. 얼마 후 부모님마저 폭격으로 사망했다. 친척 집을 떠돌며 구박을 받다가 구걸하는 거지로 연명했다.

엄동설한에 밖에서 잠자다 한쪽 다리가 동상에 걸려 썩기도 했다. 상한 음식인 줄도 모르고 얻어먹었다가 식중독에 걸려 사경을 헤매기도 했다. 옻나무를 잔뜩 쌓아둔 남의 집 창고에서 잠자다 온몸에 옻이 올라 숨이 끊어지기 직전까지 가기도 했다. 그때 할머니 한 분이 그를 데려다가 따뜻이 보살폈다. 다 낫자 할머니가 당부했다.

서른두 번의 실패 끝에 찾아온 성공

"나는 돈이 없지만 평생 너를 위해 기도하겠다. 너는 커서 하나님의 말씀을 전하는 사람이 되어라." 고아원에서 그는 열심히 점자로 공부했다. 하루에 5시간만 잤다. 식사시간도 아까워 빵과 물로 배를 채우며 공부에 매달렸다. 고등학교 졸업 때 그는 시각장애 등 3가지 장애를 갖고도 3개의 박사학위를 가졌던 헬렌 켈러처럼 가난한 시각장애인들에게 힘이 되려면 박사학위가 있어야 하겠다는 생각을 하게 됐다.

그러나 대학에 가려면 국가고시를 봐야 했는데 시각장애인에게는 아예 자격이 없었다. 그는 당시의 문교부를 찾아가 매달렸다. 번번이 거절당했다. 그래도 그는 훗날 공부하고픈 시각장애인들을 위해 이번에 자신이 꼭 이겨내야 한다며 사생결단했다. 서른두 번째 방문 때에는 문교부 장학과로 쳐들어가 막대기를 휘둘렀다. 마침 거기 있던 신문기자들의 눈길을 끌어 장관실로 안내됐다.

끈질긴 반복은 약자라도 이기게 해준다. 마침내 그는 문교부 장관의 특전으로 국가고시를 거쳐 숭실대학교에 들어갈 수 있었다. 또 장로회신학대학교에서 목회학을 전공했고 미국의 매코믹신학대학교에서 목회학 박사학위를 땄다. 나중에 철학 명예박사 학위와 신학 명예박사 학위도 받았다. 헬렌 켈러 이후 처음으로 3개의 박사학위를 보유한 시각장애인이 된 것이다.

1970년 그는 시각장애인 교회를 세웠고 점자 성경과 점자 찬송가를 보급했다. 980명의 시각장애 청년들에게 장학금을 지급해 그들을 지도자로 길러냈다. 1986년에는 고 한경직 목사를 비롯한 각계각층의 지원을 받아 서울 등촌동에다 실로암안과병원을 설립했다. 이 병원에서 지금까지 2만 7,000명이 개안 수술을 받았고, 실명 위기에 처한 35만 명이 무료 안과진료를 받았다.[22]

2007년 '남자 헬렌 켈러'로 불리는 그에게 '아시아의 노벨상'으로 불리는 공공봉사 부문 막사이사이상이 주어졌다. 21년간 시각장애인들의 징검다리가 되어준 그의 헌신에 대한 작은 보답이리라. 반복은 시각장애인과 같은 약자라도 문교부 장관과 같은 강자를 끝내 이기게 해준다. 아니, 반복할 수 있다면 이미 강자나 다름없다.

소크라테스가 팔을 들었다가 뒤로 힘껏 뿌리는 동작을 하루에 300번 이상 반복하자고 제자들에게 제안했다. 한 달 후 점검했을 때, 제자들이 거의 다 그 동작을 반복하고 있었다. 한 달이 더 지나 다시 확인해보니 7할이 그대로 반복하고 있었다. 그러나 1년 후에는 훗날 명성을 떨친 플라톤뿐이었다. 반복을 거듭하는 투지가 있다면 결코 약자가 아니다. 이미 강자다.

반복하는 자는 이미 강자다

기도도, 믿음도, 인생도 공격이다. 얻을 때까지 반복하는 공격이다. "세례 요한의 때부터 지금까지 천국은 침노를 당하나니 침노하는 자는 빼앗느니라."(마11:12) 삭개오는 예수님이 지나가시는 길목을 앞질러 뽕나무 위로 올라가 뜨거운 시선으로 예수님의 면전을 공격했다. 그래서 천국의 주인이신 예수님의 환심을 얻을 수 있었다.

"예수께서 그 곳에 이르사 우러러 보시고 이르시되 삭개오야 속히 내려오라 내가 오늘 네 집에 유하여야 하겠다 하시니."(눅19:5) 믿음은 공격이다. 바디매오도 믿음으로 천국을 공격했다. 그는 볼 수 없었기에 소리쳐 예수님을 불렀다. 많은 사람들이 잠잠하라며 꾸짖었지만 더욱 공격적으로 예수님을 불렀다. 그래서 예수님의 관심을 빼앗을 수 있었다. "예수께서 머물러 서서 저를 부르라 하시니…."(막10:49)

12년 동안 하혈하던 여인은 숫제 새치기로 천국의 주인이신 예수님을 공격했다. 회당장인 야이로의 죽은 딸을 살리려고 지금 예수님이 행차하시는 중인데 그 여인이 예수님의 뒤로 침입해 예수님의 겉옷을 만진 것이다. 그래서 예수님의 시간을 가로챌 수 있었다. "예수께서 돌이켜 그를 보시며 가라사대 딸아 안심하라 네 믿음이 너를 구원하였다 하시니 여자가 그 시로 구원을 받으니라."(마9:22)

지붕을 뚫고 중풍병자의 침상을 집 안에 계시던 예수님 앞으로 달아내린 사건은 믿음으로 공격한 사례의 극치다. 갑자기 공격을 당했지만 예수님은 노하지 않으시고 천국을 선사하셨다. "예수께서 저희의 믿음을 보시고 중풍병자에게 이르시되 소자야 네 죄 사함을 받았느니라 하시니."(마2:5)

하나님은 사랑과 은혜와 능력이 무한하시다. 그래서 무례하지만 믿음으로 공격하면 노하지 않으시고 기꺼이 응답하신다. 불신, 원망, 모독, 대적에 대해서는 심판하시겠지만 믿음의 공격은 다 받아주시는 것이다. 신약성경뿐만 아니라 구약성경에서도 믿음으로 공격한 사람들은 하나님의 은총을 입었다.

야곱은 쌍둥이 형의 장자권을 그대로 인정할 수 없어서 줄기차게 공격했다. 당시 형이 장자의 모든 권리를 갖는 것은 사회적인 불문율과도 같았다. 그런데도 야곱은 형의 장자권을 반복적으로 공격했던 것이다. 이 야곱을 하나님은 더 사랑하셨고(롬9:13) 그를 12지파의 아비로 삼으셨다.

믿음으로 공격하라

요셉은 더했다. 이복형들이 10명이나 있었지만 그들로부터 절을 받는 꿈을 꾸었다. 장자의 자리를 넘본 것이었다(창37:7). 물론 하나님이 주신 꿈이지만 그 꿈을 꾼 사람은 바로 요셉이었다. 그는 자신의 꿈과 믿음대로 형들의 절을 받는 자리에 설 수 있었다(창50:18).

야베스도 참으로 공격적이었다. "야베스가 이스라엘 하나님께 아뢰어 가로되 원컨대 주께서 내게 복에 복을 더하사 나의 지경을 넓히시고 주의 손으로 나를 도우사 나로 환난을 벗어나 근심이 없게 하옵소서 하였더니 하나님이 그 구하는 것을 허락하셨더라."(대상4:10) 지경을 넓히려면 아무래도 남의 지계표를 침범해야 할 것이다. 그런데 그렇게 하는 것은 저주받을 짓이 아닌가.

"그 이웃의 지계표를 옮기는 자는 저주를 받을 것이라 할 것이요 모든 백성은 아멘할지니라."(신27:17) 조상으로부터 물려받은 땅을 팔거나 지계표를 옮기는 것은 당시 금기사항이었다. 더 아름다운 포도원으로 갚아주든지, 돈으로 사든지 할 테니 나봇의 포도원을 팔라고 아합 왕이 종용했지만 나봇은 조상으로부터 물려받은 땅인데 어찌 그럴 수 있느냐며 맞서다가 돌에 맞아 죽었다(왕상21:1-14).

그처럼 구약시대에 있어 땅은 함부로 처분할 수 없는 것이었다. 그럼에도 야베스는 대담무쌍하게 자신의 지경을 넓혀주시라고 하나님께 요구했다. 하나님은 불신, 원망, 모독, 대적에 대해서는 심판하시겠지만 믿음의 무례한 공격에 대해서는 한없이 너그러우시다. 믿음은 공격이다. 기도로, 선포로, 행동으로 공격하자. 세밀한 반복을 통해 하늘을 공격하고 땅을 공격하자. 그래서 작은 성취를 축적하며 마침내 큰일도 성취하자.

06
구체적으로 바라고 믿어라

하나님을 믿는 믿음도 없이, 단지 확고한 신념만으로 소원을 실상으로 만들어가는 사람들도 있다. 저들은 내면의 소원을 분명한 언어로 표출함으로써 그것에 확고한 신념의 힘을 불어넣는다. 1999년 영화 「쉬리」로 데뷔한 김윤진이 쪽지에 써놓은 소원은 "3년, 정상, 돈"이었다. 그 후 3년 만인 2002년 그녀는 「밀애」로 청룡영화상 여우주연상을 수상했다. 써놓은 대로 이뤘다고 생각되자 그녀의 눈에 불이 확 켜졌다. '그래, 할리우드로 가자.' 2003년 초 국내의 인기 절정을 뒤로한 채 그녀는 할리우드에서 무명의 아시아 배우로 다시 시작했다. 아주 어렵사리 조연을 따내고 안면마비를 겪는 등 고군분투했지만, 그녀가 출연한 「로스트Lost」가 210개 국가에서 상영되면서 그녀는 월드 스타로 떠올랐다.

'적자생존'이 유행어가 됐다. 적는 자가 생존한다는 말이다. 적는 대로 성취된다. 짐 캐리James Carrey는 영화배우의 꿈을 안고 미국으로 날아

갔지만 너무 가난했다. 햄버거 하나로 하루를 때우고 중고차에서 잠을 자고 호텔 화장실에서 세수를 해야 할 정도였다. 그러던 1990년 어느 날, '이대로 살 수 없다' 며 그는 할리우드에서 가장 높은 언덕으로 올라가 수표 용지를 꺼냈다. 거기에다 5년 후 출연료 1,000만 달러를 자신에게 지불하겠다고 서명했다. 그는 그 빈 수표를 계속 지갑에 넣고 다녔다. 정확히 5년 만인 1995년 그는 「덤 앤 더머」의 출연료 700만 달러, 그리고 「배트맨」의 출연료 1,000만 달러를 받을 수 있었다. 그의 명성은 날로 치솟았고 이제 그가 영화 한 편당 받는 출연료는 2,000만 달러를 넘는다. 과연 소원을 적는 자는 생존을 넘어 성공한다.

아널드 슈워제네거Arnold Schwarzenegger는 오스트리아에서 미국으로 건너 갔지만 어린 시절이 가난했다. 그렇지만 그는 소원 세 가지를 항상 책상 머리에 적어놓았다. "영화배우가 되겠다. 케네디 가문의 여성과 결혼하겠다. 2005년 캘리포니아 주지사가 되겠다." 그는 자신이 적은 대로 할리우드 액션 배우가 됐고, 케네디 대통령의 조카인 마리아 슈라이버Maria Shriver와 결혼도 했다. 2003년 보궐선거에서 당선됨으로써 그는 자신의 목표보다 2년 앞당겨 캘리포니아 주지사가 될 수 있었다.

글로 적으면 이루어진다

내면의 소원이 분명한 글로 표출되면 더 잘 성취된다. 그대로 성취될 것이라는 신념이 더욱 강화되기 때문이다. 루 홀츠는 어느 대학교의 풋볼 팀에서 보조 코치로 일하던 중 한 달 만에 해고당했다. 통장은 텅텅 비었고 아내는 셋째아이를 임신 중이었다. 인생을 포기한 사람처럼 우울한 나날을 보내는 남편을 보다 못한 아내가 "크게 생각하면 크게 이룬다"는 내용의 책을 선물했다.

그는 아내의 성의가 고마워 밤새워 그 책을 읽던 중, 그 책의 제안에 따라 평생 이루고 싶은 소원 107가지를 단숨에 적어내려 갔다. 식탁에 앉아 그냥 무턱대고 되고 싶은 것, 하고 싶은 것, 가지고 싶은 것을 거침없이 썼다. "백악관에서 대통령과 만찬을 즐기기, CBS의 「투나잇 쇼」에 출연하기, 교황을 직접 만나기, 소속 풋볼 팀의 헤드코치로 발탁되기, 소속 풋볼 팀의 챔피언 등극, 올해의 코치로 선정되기, 홀인원 기록, 급류타기…." 스물여덟 살의 무일푼 실직자가 희망하기에는 너무 터무니없어 보였지만 그는 자신이 적은 종이쪽지를 소중하게 간직하며 소원 한 가지가 성취될 때마다 한 줄씩 지워나갔다. 현재 그의 홈페이지에는 백악관에서 레이건Reagan 대통령과 함께 있는 장면, 교황을 만나는 장면, 「투나잇 쇼」에서 조니 칼슨Jonny Carson과 대담하는 장면이 올라 있다. 홀인원을 두 번이나 기록했으며 급류타기가 가장 즐거웠다는 내용도 있다. 40년이 지난 지금 그가 이미 달성한 소원은 104개나 된다고 한다.[23]

비슷한 경우를 얼마든지 열거할 수 있다. "나는 신문에 만화를 연재하는 유명 만화가가 되겠다." 스콧 애덤스는 어느 공장의 말단 직원이었지만 자신의 이런 소원을 매일 열다섯 번씩 종이에 썼다. 여러 신문들로부터 수없이 거절당했지만 그는 포기하지 않았다. 드디어 그의 만화 「딜버트Dilbert」가 신디게이트Syndicate 계약으로 각종 신문과 잡지에 연재되기 시작하자 그의 소원은 '세계 최고의 만화가'로 바뀌었고 여전히 그는 그것을 하루에 열다섯 번씩 종이에 썼다.

그의 딜버트는 세계를 제패했다. 2,000여 신문에 연재되고 있으며 커피 잔, 마우스 패드, 다이어리, 달력 등 그 캐릭터가 장식되지 않은 곳이 없을 정도다. 과연 적는 자는 생존을 넘어 성공한다. "나는 아름다운 여자와 결혼할 것이며 미국에서 가장 큰 부자가 될 것이다. 나는 군대를 이끌고 미국을 독립시킬 것이며 대통령이 될 것이다." 열두 살 때 적은 그대로 조지 워싱턴George Washington은 다 성취할 수 있었다. 내면의 소원이 분명한 언어로 대담하게 표출될수록 그대로 성취될 가능성이 커진다. 소원에 신념의 힘이 계속 투입되기 때문이다. 여럿이서 그런다면 더욱 강화될 것이다.

바랄 수 없는 중에 바라고 믿어라

『억만금의 재산보다 한 줄의 예언을 물려줘라』를 저술하는 등 지금은 유명강사로 활동하는 로리 베스 존스가 평범한 직장인이었을 때, 아주 특이한 재정관리 강좌에 참석한 적이 있었다. 강사가 참석자들에게 큼지막한 명찰을 하나씩 나눠주더니 거기에다 장차 벌고 싶은 돈의 액수를 기입하라는 것이었다. 얼마를 적어야 할지 몰라서 그녀가 머뭇거리자 강사가 재촉했다. "거기에 적는 액수는 틀린 것이라고는 없어요. 그냥 생각나는 대로 쓰면 됩니다." 그녀는 위기를 모면하려고 좀 경박스럽게 덜렁대면서 큰 소리로 대꾸했다. "올해 8만 6,000달러를 벌고 싶어요."

그 뒤로 5주간 참석할 때마다 그녀는 자신이 벌고 싶은 돈의 액수가 적힌 명찰을 가슴에 달고 돌아다녀야 했다. 그러면 다른 참석자들이 이구동성으로 격려했다. "우아, 당신은 올해 8만 6,000달러를 버셨군요. 열심히 일하셨나 봐요. 수고하셨습니다." 그럴 때마다 그녀는 좀 우쭐거리며 대답해야 했다. "그래요. 그런데 생각했던 것보다는 훨씬 쉬웠답니다."

물론 다른 사람들의 명찰을 보면서도 그런 덕담을 서로 건네야 했다.

강좌 수료 후 그녀는 한 달도 못 돼 실업자의 아픔을 겪기도 했다. 당장에는 돈벌이가 안 됐다. 그러나 그녀는 마침내 그 명찰에 적힌 돈의 액수보다 더 벌 수 있었다. 이전보다 3배나 많은 수입이었다. 하나님을 믿지 않는 세상 사람들도 분명한 소원과 확고한 신념으로 크게 성취하는 인생을 산다면 전능하신 하나님을 믿는 우리는 더욱 그래야 하지 않을까. 이 세상에서 우리가 착한 섬김뿐만 아니라 유능한 성취를 통해서도 하나님께 영광을 돌릴 수 있어야 하겠다.

시작이 초라해도 전능하신 하나님을 붙잡고 전진을 계속하면 점점 우리의 소원도, 믿음도, 덩치도, 영향력도 자라게 된다. 발전적인 진화가 거듭되는 것이다. 아브라함은 백 살이나 돼 몸이 죽은 것 같았지만 자기 자신의 처지에 초점을 맞추지 않았다. 죽은 자를 살리시며 없는 것을 있는 것처럼 부르시는 창조주 하나님께 시선을 고정시켰다. 그래서 바랄 수 없는 중에 바라고 믿을 수 있었다.

네 몸에서 아들이 나올 것이며 네 자손이 하늘의 뭇별처럼 창성하리라는(창15:4-5), 하나님의 약속의 말씀을 마음에 의심치 않고 믿음에 견고해져서 확신하게 됐다(롬4:17-21). 그 결과, 그는 이삭의 아버지가 됐고 이스라엘 민족의 조상이 됐을 뿐만 아니라 영원한 낙원의 조상까지 됐다고도 볼 수 있다(눅16:23).

자기 자신의 사실적인 형편을 따지자면 소원도, 믿음도 가질 수 없다. 원래 소원은 자신의 힘으로 이룰 수 없는, 불가능한 것이어야 한다. 그리고 그럼에도 불구하고 그것이 성취된다고 믿는 것이 믿음이다. 우리는 꿈, 비전, 소원을 내면에 건축하는 '꿈 빌딩Dream Building'에다 그것을 밖으로 펼치는 '믿음 빌딩Faith Building'을 뒤섞어야 한다. 꿈은 꿈대로 성장하고 진화하며 믿음은 믿음대로 성장하고 진화하면서 서로 뒤섞이는 화학작용이 반드시 일어나야 한다.

여기에 세부적인 실행 계획, 그러니까 '디테일 빌딩Detail Building'까지 곱해지면 성취하지 못할 게 없을 것이다. 다윗에게는 소원도, 믿음도, 디테일도 다 있었다. "다윗이 이르되…어찌 이유가 없으리이까…"(삼상 17:29) 훈련받은 적도 없고 계급장도 없는 미성년자, 다윗이 전쟁터에서 큰 소리를 친 이유는 골리앗을 때려눕히겠다는 소원(삼상17:26), 골리앗을 짐승처럼 쳐 죽일 수 있다는 믿음(삼상17:36), 물매로 돌멩이를 던지는 디테일(삼상17:49)이 있었기 때문이다.

소원과 믿음과 디테일

소원과 믿음과 디테일이 만나면 불가능이 없다. 포도당을 많이 섭취하는 것이 꿈 빌딩에 비유된다면 포도당을 열량으로 전환시키는 것은 믿음 빌딩에 비유될 수 있겠다. 그리고 열량을 여기저기에 구체적으로 사용하는 것은 디테일 빌딩에 비유될 테다. 포도당을 섭취하는 것, 포도당을 열량으로 전환하는 것, 열량을 사용하는 것이 다 중요하다.

많은 포도당을 섭취해도 그것을 열량으로 전환시키는 기능이 부실하면 당뇨병에 걸리듯이 꿈 빌딩이 아무리 막강해도 믿음 빌딩이 뒷받침되지 않으면 꿈 과잉일 뿐이다. 그리고 열량이 넘쳐도 그것을 구체적으로 사용하지 못하면 무용지물이듯 디테일 빌딩이 분명해야 믿음 빌딩의 힘이 낭비되지 않는다. 소원과 믿음과 실행 계획이 각각 성장하고 진화하면서 서로 상승작용을 거듭하는 것이 최상의 조합이다.

소원에 믿음만 뒤섞여도 무엇이든지 실상으로 나타나게 된다. "내가 진실로 너희에게 이르노니 누구든지 이 산더러 들리어 바다에 던지우라 하며 그 말하는 것이 이룰 줄 믿고 마음에 의심치 아니하면 그대로 되리라 그러므로 내가 너희에게 말하노니 무엇이든지 기도하고 구하는 것은 받은 줄로 믿으라 그리하면 너희에게 그대로 되리라."(막11:23-24)

누구든지 믿음만 있으면 산을 내던지는 소원이 이루어지고 무엇이든지 기도하고 구하는 소원도 이루어진다. 믿음에는 '누구든지' 자격 조건도 없고 '무엇이든지' 제한 조건도 없다. 전능하신 하나님을 믿는 믿음은 산을 옮기게 하며 또 못할 게 없도록 한다. "가라사대 너희 믿음이 적은 연고니라 진실로 너희에게 이르노니 너희가 만일 믿음이 한 겨자 씨만큼만 있으면 이 산을 명하여 여기서 저기로 옮기라 하여도 옮길 것이요 또 너희가 못할 것이 없으리라."(마17:20)

주님의 약속의 말씀은 든든하다 못해 무섭다. 믿기만 하면 '진실로' 보장이 되며 믿기만 하면 '누구든지' 자격 조건도 없고 믿기만 하면 '무엇이든지' 제한 조건도 없다. 진실로 누구든지 믿음이 있으면 무엇이든지 주님의 이름으로 구하여 응답받을 수 있다. "…내가 진실로 진실로 너희에게 이르노니 너희가 무엇이든지 아버지께 구하는 것을 내 이름으로 주시리라."(요16:23)

못할 게 없다

주님은 십자가 고난, 부활, 승천 후 우리에게 둘을 주셨다. 복음을 듣고 주님을 믿는 사람마다 먼저 성령 하나님의 내재하심을 주셨고 또한 주님의 이름도 주셨다. 특히 주님께서 모든 신앙인들에게 주신 주님의 이름은 네 가지로 활용된다. 첫째는 주님의 이름으로 하나님 아버지께 이것저것을 '주세요' 하는 것이고, 둘째는 '주실 줄로 믿습니다' 또는 '주실 것이기에 감사합니다' 하는 것이고, 셋째는 '주신 줄로 믿습니다' 또는 '주셔서 감사합니다' 하는 것이다.

마지막은 주님의 이름으로 귀신과 질병을 추방시키는 것이다. "믿는 자들에게는 이런 표적이 따르리니 곧 저희가 내 이름으로 귀신을 쫓아내며 새 방언을 말하며 뱀을 집으며 무슨 독을 마실지라도 해를 받지 아니하며 병든 사람에게 손을 얹은즉 나으리라 하시더라."(막16:17-18) 복음을 듣고 주님을 믿으면 성령님의 내재하심과 함께 주님의 이름의 권세를 이렇게 활용할 수 있게 되는 것이다.

믿음으로 간구하고 믿음으로 선포하면 분명히 응답받게 된다. 주님을 믿는 믿음 안에서, 주님과 함께, 주님을 위하여 이루지 못할 일은 없다. "내가 진실로 진실로 너희에게 이르노니 나를 믿는 자는 나의 하는 일을 저도 할 것이요 또한 이보다 큰 것도 하리니…"(요14:12). 믿으면 과연 '못할 것이 없다.' 믿으면 귀신도 쫓아내고 병도 고치며(막16:17-18) 능치 못할 일이 없는 것이다(막9:23).

주님을 위하여, 주님과 함께 불가능한 소원을 가지자. 믿음을 키우자. 그리고 성취하자. 소원과 믿음과 성취는 무한팽창하는 삼각방정식이다. 꿈 빌딩과 믿음 빌딩이 각각 진화하고 서로 교차하면 무한하게 성취할 수 있다. 무한성취를 통해 강한 개인을 넘어 주님나라에 근접한, 바르고 강한 사회를 만듦으로써 주님께 무한영광을 돌리자.

07
믿음, 그 유연한 개방성

2007년 1월 1일 KBS 2TV의 「경제 비타민」이 세계적으로 유명한 부자 5명의 성공 습관을 방영했다. 마이크로소프트의 빌 게이츠는 새로운 생각, 새로운 도전의식을 가진 사람들의 습관을 자신의 것으로 받아들임으로써 세계 1위 부자가 되었다고 한다.

버크셔 해서웨이의 워렌 버핏이 빌 게이츠를 뒤이은 세계 2위의 부자가 될 수 있었던 것은 남들보다 평균 5배나 더 되는 책을 읽는 습관 때문이었다. 전 세계에 1만 2,000여 개의 스타벅스 커피 매장을 거느린 하워드 슐츠를 성공시킨 습관은 매일 다른 사람과 식사하면서 다양한 사람들을 접하는 것이었다.

정주영 현대그룹 창업주는 누가 안 된다고 하면 "해보기나 했어?"라는 말을 입에 달고 살았다. 그것이 그를 성공시킨 요인이었다. 토크쇼의 여왕 오프라 윈프리는 지위의 높낮이와 상관없이 누구든지 쉽게 포용할 수 있다. 그녀는 교황과도 포용할 수 있다고 했다. 누구에게나 쉽게 다가가 편하게 해주는 것, 그것이 그녀를 성공시켰다.

저들을 성공시킨 요인이 제각각인 것 같지만 사실은 하나다. 유연한 수용성이다. 남들의 새로운 것을 자신의 것으로 만드는 것도, 남들보다 더 많은 책을 읽는 것도, 다양한 사람들을 접하는 것도, 불가능해 보이는 것에 도전하는 것도, 누구든지 포용할 수 있는 것도 다 유연한 개방성이다.

멍청하면서 고집스럽고 교만한 사람이 있다. 멍청하기에 콩가게와 팥가게를 구별하지 못한다. 콩가게에 가서 팥의 우수성을 주장하며 팥을 내놓아야 한다거나 팥가게에 가서는 콩의 우수성을 주장하며 콩을 내놓으라고 한다. 그러고는 남들과 달리 아주 차별적으로 돋보이는 발언을 했다며 자부할 테지만 남들이 보기에는 멍청하거나 교만할 뿐이다.

고집스럽기 때문에 새롭고 좋은 것을 유연하게 받아들이지 못하고 이전의 낡은 것을 고수하고 주장하고 강요하게 된다. 그냥 고수하는 데에서 그치지 않고 주장하고 강요하기에 교만해진다. 이런 사람들은 남들과 좋은 관계를 맺어보려고 애쓰며 여기저기를 떠돌지만 어느새 외톨이로 전락한다. 주변의 사람들에게 답답함과 괴로움을 주기 때문이다. 멍청하지만 유연하면 겸손해 보이고 그래서 점진적인 성장도 있고 주변에 사람도 붙는다.

한편 똑똑하면서 고집스럽고 교만한 사람도 있다. 이들에게는 카리스마가 있어 보이지만, 결국에는 성장이 멈추고 독단적이라는 이미지 때문에 사람들이 떠난다. 가장 이상적인 유형은 똑똑하고 유연하고 겸손한 사람이다. 현실 감각이 있고 사리분별이 분명한데 유연하기에 자꾸 성장한다. 똑똑한데도 유연하고 겸손하기에 호인이라는 소리를 들으며 사람들이 모여든다.

열린 잡종과 닫힌 토종

이렇듯 유연한 개방성은 개인적인 성장과 역량 확대를 거듭하게 한다. '나는 멍청하면서 고집스러운가, 그래서 교만해 보이는가. 아니면 똑똑하면서 유연한가, 그래서 겸손해 보이는가.' "주님, 현실 감각과 사리분별력을 주시고 유연하고 개방적인 마음을 주옵소서. 그래서 점점 성장하고 유능하게 하옵소서. 아멘."

더 좋은 것, 더 나은 것, 더 새로운 것을 적극적으로 수용하는 잡종일수록 점점 강하게 된다. 잡종 강세다. 열린 잡종이 닫힌 토종을 잡아먹는다. 개인이든, 단체든, 국가든 긍정적인 변화에 대해 닫으면 죽고 열면 산다. 나쁜 것까지 수용할 필요는 없다. 예를 들어 게으른 사람, 미련한 사람, 거짓된 사람, 야비한 사람, 교만한 사람, 울분을 토하는 사람이라면 잘 분별해서 피하는 게 잠언서의 지혜다.

부정적인 변화까지 다 수용할 필요는 없겠지만 긍정적인 변화라면 적극적으로 수용할 수 있어야 한다. 요즘처럼 적극적인 개방과 자발적인 참여가 필수인 블로그와 UCC의 인터넷 시대에는 더욱 그렇다. 닫으면 약해지고 열면 강해진다. 고대로부터 동아시아의 변방을 면치 못했지만 개방정책으로 점점 강해진 근대 일본이 폐쇄정책으로 점점 약해진 말기 조선을 집어삼켰다.

로마가 그토록 오랫동안 융성할 수 있었던 것도 개방성 때문이었다. 로마는 오랑캐들로부터도 배우려고 사통팔달의 길을 뚫었다. 반면 중국은 자신이 중심이고 변방은 다 오랑캐라며 만리장성을 쌓고 스스로를 폐쇄시켰다. 길을 뚫고 개방하는 자는 흥하고 담을 쌓고 폐쇄시키는 자는 망한다. 개방하면 학습하게 되고 학습하면 성장하게 된다. 예수님도 하늘과 땅 사이에, 그리고 사람과 사람 사이에 막힌 담을 허무시려고 이 세상에 오시지 않았는가(엡2:14).

1980년대 초만 해도 유럽 변방의 가난한 농업국이었지만 아일랜드는 1980년대 후반에 들어 과감한 개방정책을 펼쳐나갔다. 조세 장벽을 없애는 등 적극적인 외자 유치에 나섰다. 그 결과, 1990년대 후반에 들어 3만 달러의 1인당 국민소득을 넘보게 되었으며, 나라를 떠났던 국민들도 돌아왔다. 2006년 아일랜드의 1인당 국민소득은 무려 4만 5,000달러에 달했다. 지금 아일랜드는 유럽에서 가장 잘사는 나라 중의 하나가 됐다.

닫는다는 것은 믿지 못하기에 닫는 것이고 연다는 것은 믿기에 여는 것이다. 폐쇄적인 거부는 믿지 못함의 결과이고, 개방적인 수용은 믿음의 결과다. 하나님의 나라도 개방적으로 수용하는 사람의 몫이다. "내가 분명히 말해 둔다 누구든지 하나님의 나라를 어린 아이와 같이 받아들이지 않는 사람은 그 나라에 절대로 들어가지 못할 것이다."(막10:15, 현대인의 성경)

열린 믿음과 기적

하나님의 전능하심과 함께하심과 도우심을 개방적으로 수용하는 사람, 그러니까 믿는 사람은 기적을 체험하게 된다. "예수께서 대답하여 저희에게 이르시되 하나님을 믿으라 내가 진실로 너희에게 이르노니 누구든지 이 산더러 들리어 바다에 던지우라 하며 그 말하는 것이 이룰 줄 믿고 마음에 의심치 아니하면 그대로 되리라 그러므로 내가 너희에게 말하노니 무엇이든지 기도하고 구하는 것은 받은 줄로 믿으라 그리하면 너희에게 그대로 되리라."(막11:22-24)

하나님의 개입하심에 대한 유연한 수용성, 즉 믿음이 있으면 안 될 게 없이 다 된다는 약속이다. "예수께서 이르시되 할 수 있거든이 무슨 말이냐 믿는 자에게는 능치 못함이 없느니라 하시니."(막9:23) 하나님의 가능성에 대해 열려 있는 믿음 앞에 불가능은 없어진다. "예수께서 가라사대 네가 믿으면 내 말이 네가 믿으면 하나님의 영광을 보리라 하지 아니하였느냐 하신대."(요11:40)

예수님은 하나님 아버지에 대해 늘 열린 믿음을 가지셨다. "…아버지여 내 말을 들으신 것을 감사하나이다 항상 내 말을 들으시는 줄을 내가 알았나이다…."(요11:41-42) 예수님은 하나님 아버지께서 항상 자신의 말을 들어주신다고 믿으실 정도로 하나님 아버지에 대해 개방적이셨다. 그 정도였기에 예수님은 죽은 지 나흘이나 돼 벌써 썩는 냄새가 나는 나사로의 시신을 향해 외칠 수 있으셨던 것이다. "…나사로야 나오라…."(요11:43)

하나님에 대해 열린 믿음을 가진 사람이라면 문제의 산을 만나면 떠나라고 명령하게 될 것이다. 우리가 하나님의 가능성을 적극적으로 수용하면서 예수님의 이름으로 기도하면 하나님의 응답을 체험하게 된다. 그 결과, 하나님께 영광이 돌려지고 예수님은 증거되시며 우리의 믿음은 더욱 커지는 선순환이 일어난다. 나사로의 죽는 병은 그를 살리시는 예수님을 통해 하나님께 영광이 돌려지게 하고 제자들에게는 믿음이 생

기도록 하는 기회였다(요11:4, 15). 날 때부터 소경인 사람이 치유된 사건
도 그랬다(요9:3).

우리가 하나님에 대해 열린 믿음을 가지고 예수님의 이름으로 기도하
면 응답을 받게 되는데 그렇게 해서 하나님은 예수님을 통해 영광을 받
으시고 예수님은 증거되시며 우리는 더욱 믿게 되는 것이다. "너희가 내
이름으로 무엇을 구하든지 내가 시행하리니 이는 아버지로 하여금 아들
을 인하여 영광을 얻으시게 하려 함이라."(요14:13) 우리를 위해 십자가
희생으로 다 이루신(요19:30) 예수님의 존귀하신 명함을 하나님 아버지
께 언제든지 마음껏 내밀 수 있는 특권이 우리에게 있는 것이다.

정착민이 종이에 역사를 기록했다면 유목민은 바람에 역사를 기록했
다. 종이에 역사를 기록하는 책상 중심의 이론가도 있어야 하고, 바람
에 역사를 기록하는 현장 중심의 활동가도 있어야 한다. 특별히 모든
경계가 무너지는 지금의 세계화 시대에 직면해 우리는 더욱 바람과 함
께 움직일 수 있는 유목민의 개방적인 속도전도 벌여야 하겠다. 바람은
유연하고 개방적이며 활동적이고 현장 중심적이다. 바람에 역사를 쓴
칭기즈칸의 유연한 개방성이 한때나마 종이에 역사를 쓴 세계를 정복
했다.

하나님은 무한하시다

예나 지금이나 개방하는 용기가 승리를 보장한다. 인터넷 사용자들이
질문하고 답변해서 스스로 만든 인터넷 백과사전 '위키피디아Wikipedia'
는 대기업이 만든 것보다 훨씬 방대한 600만여 건의 정보량을 자랑한

다. 하루에 900만 건이 넘게 조회될 정도다. 전 세계의 인터넷 사용자들에게 개방돼 진화를 거듭하는 위키피디아를 어찌 재래식의 닫힌 브리태니커 백과사전이 당해낼 수 있겠는가. 경계의 벽을 허물고 외부에서 끊임없이 아이디어와 인재를 수혈하는 용기의 개방성이 진화하는 강자로 만든다.

하나님의 무한한 가능성에 대한 유연한 개방성을 통해 무엇이든지 구하고 응답받는 것 자체가 하나님께 영광이고, 예수님을 증거하는 것이고, 우리의 믿음을 증진시키는 것이다. 하나님은 무한하시다. "누가…뼘으로 하늘을 재었으며…간칭으로 작은 산들을 달아보았으랴…보라 그에게는 열방은 통의 한 방울 물 같고…그 앞에는 모든 열방이 아무 것도 아니라…."(사40:12-17)

지구에서 2,800광년의 거리에 있는 솜브레로 은하계에는 우리의 태양과 같은 별이 무려 8,000억 개나 있다고 한다. 이런 은하계를 하나님은 셀 수 없이 무한히 창조하셨다. 과연 하나님께 지구는 물 한 방울에 불과하다. 하나님은 무한하시다. 무한한 능력으로 무한히 사랑하시고 해결하시고 공급하신다. 주 예수님을 십자가에 내어주신 무한사랑, 죽은 나사로를 살리신 무한해결, 오병이어의 기적을 행하신 무한공급을 기억하라.

특히 하나님의 공급하심은 무제한이다. 30배, 60배, 100배(마13:23)를 넘어 5,000배(마14:20-21)도 능가한다. 하나님을 향해 우리의 가슴과 믿음을 무한하게 개방하자. "…내가 진실로 진실로 너희에게 이르노니 너희가 무엇이든지 아버지께 구하는 것을 내 이름으로 주시리라."(요16:23)

믿음이 무엇인가. 1,000번의 거절에도 포기하지 않고 거기서 더 나아가는 것이다. "오직 나의 의인은 믿음으로 말미암아 살리라 또한 뒤로 물러가면 내 마음이 저를 기뻐하지 아니하리라 하셨느니라."(히10:38) Yes는 수많은 No의 끝에 숨어 있다. 거절도, 실패도 이미 이룬 것이라는 긍정으로 더 전진하자. "어쨌든 우리가 이미 이룬 것을 바탕으로 해서 다 같이 앞으로 나아갑시다."(빌3:16, 공동번역)

"내가 여호와를 기다리고 기다렸더니 귀를 기울이사 나의 부르짖음을 들으셨도다

나를 기가 막힐 웅덩이와 수렁에서 끌어올리시고 내 발을 반석 위에 두사 내 걸음을

견고케 하셨도다"

(시40:1-2)

3장

어려움이 곧 긍정에너지다

01

교회 밖이
아멘하게 하라

1993년 삼성그룹의 이건희 전 회장은 독일 프랑크푸르트에다 200여 명의 그룹 경영진을 모아놓고 '질 위주의 신경영'을 선언하며 "처자식만 빼고 다 바꾸라"고 주문했다. 뼈를 깎는 환골탈태의 변화를 통해 세계 일류의 경쟁력을 확보하지 않으면 세계시장에서 삼성이 도태될 수밖에 없다는 대오각성의 결론이었다. 그 후 10년간 그의 프랑크푸르트 선언은 '국민 메시지'로 발전되는 듯했다. 심지어 교회도 그의 메시지를 수용하는 듯했다. 독실한 불교신도라는 그가 국민과 교회에 메시지를 던지는 시대의 예언자였단 말인가. 교회 안에서 선포된 메시지가 교회 밖으로 흘러가 교회 밖이 그것을 '아멘' 하고 수용하게 해야 할 텐데, 거꾸로 교회 밖의 선언을 교회 안이 아멘으로 수용하는 것은 아닌지 모르겠다.

'옛것에 안주하지 말고 새것을 받아들이는, 유연한 탄력성을 가지라'는 메시지는 원래 성경의 것, 교회의 것이다. 교회가 성경의 이런 자원을 제대로 발굴해 교회 밖으로 유통시키지 못하고 있을 때, 교회 밖은 그것을 끝내 발굴해 유효하게 활용하고 확산시킨다. 그 결과, 교회 밖의 유효한 것이 교회 안으로 차입되는 역전이 일어난 것이다. 그렇다면 이런 역전을 재역전시키는 것이 교회가 해결해야 할 시대의 과제인 것이다.

이미 예수님은 묵은 포도주가 좋다며 옛 시대의 율법에 안주하던 당대의 이스라엘 사람들에게 '묵은 포도주를 버리고 새 포도주를 받아들이는, 유연하고 탄력적인 새 마음을 가지라'고 선포하셨다. "새 포도주를 낡은 가죽 부대에 넣는 자가 없나니 만일 그렇게 하면 새 포도주가 부대를 터뜨려 포도주가 쏟아지고 부대도 버리게 되리라 새 포도주는 새 부대에 넣어야 할 것이니라 묵은 포도주를 마시고 새 것을 원하는 자가 없나니 이는 묵은 것이 좋다 함이니라."(눅5:37-39) 당대의 묵은 포도주가 옛 율법이었고 낡은 부대가 옛 율법을 문자 그대로 고수하는 옛 마음이었다면, 새 포도주는 예수님과 예수님의 복음이었고 새 부대는 예수님과 예수님의 복음을 수용하는 새 마음이었다. 묵은 땅을 갈아엎듯 옛 마음을 갈아엎어야 한다(렘4:3). 우리의 마음을 늘 새롭게 바꾸어 성령님의 인도하심을 받고 그래서 주님의 뜻을 잘 분별해야 한다. "너희는 이 세대를 본받지 말고 오직 마음을 새롭게 함으로 변화를 받아 하나님의 선하시고 기뻐하시고 온전하신 뜻이 무엇인지 분별하도록 하라."(롬12:2)

길거리 언어로 번역하라

마음과 생각을 새롭게 할 뿐만 아니라 언어와 문법 같은 의사소통 수단도 늘 새롭게 해야 한다. 그래야 새 포도주를 제대로 담아 전달할 수 있기 때문이다. 성부와 성자와 성령의 삼위일체 하나님, 성경, 복음, 영적인 체험이 새 포도주라면 새 마음, 새 생각, 새 언어, 새 문법, 새 표준, 새 프로그래밍은 새 부대다. 새 포도주를 새 부대로 멋지게 포장해서 사회에 공급할 수 있어야 한다. 교회가 무슨 말을 하느냐는 것만큼 사회가 어떻게 듣느냐도 중요하다.

2007년 상반기를 달구었던 영화 「밀양」은 교회의 얄팍한 복음 전달방식을 한껏 꼬집었다. 여주인공 신애는 남편을 잃은 데다 아들마저 유괴범한테 살해당했다. 기독교를 비웃고 거절하던 그녀였지만, 아들을 잃고는 교회가 두루뭉수리로 뭉뚱그려 제시하는 복음을 한순간 받아들이며 마음의 평정을 찾는 듯했다. 그러나 이 영화는 양면에서 교회의 피상성을 은근히 공격한다. 한 공격은 남편과 아들을 다 잃고 절규하는 젊은 여인의 고통을 교회가 심층적으로 접근해서 다루지 않는다는 점에 대한 것이고, 다른 공격은 아들의 유괴범이 감옥에서 복음을 받아들인 후 값싼 은혜에 도취된 나머지 정작 피해자에게는 용서를 구하지 않고 지나치게 행복한 웃음을 만면에 띤다는 점에 대한 것이다. 영화에서처럼 고통에 빠진 개개인을 향해 교회가 너무 쉽게 복음의 껍질만 전달하고 그 깊이는 상실하는 것은 아닌가.

새 포도주, 즉 교회의 영적 콘텐츠는 무한하지만 그것을 담아 전달하는 부대, 즉 전달방식이 낡아 있으면 교회와 사회의 소통은 이처럼 철저히 차단된다. 교회 밖의 사회는 이전의 언어, 문법, 표준, 프로그래밍을 고수하지 않는다. 늘 새롭게 변화시켜 사람들에게 다가가고자 한다. 교회가 영적 콘텐츠를 무한하게 가지고도 옛 전달방식에 머물러 있다면, 교회 밖의 사회는 영적 콘텐츠가 없으면서도 새 전달방식을 계속 만들어내고 있는 것이다.

푸르덴셜생명 새빛 지점의 한기만 영업이사는 가히 프로다. 1주에 보험계약을 3건 이상 올리는 '3W'를 거의 400주 동안 계속했다. 그런 그가 날마다 고심하는 게 있다. '이렇게 좋은 보험을 어떤 효과적인 언어로 전달할 수 있을까.' 아직도 상당수 사람들은 '죽으면 남이 타 먹는 게 보험'이라고 인식한다. 그러나 그는 예를 들어 '가족사랑을 따뜻하게 표현하는 것이 보험'이라며 새 문장으로 사람들에게 보험을 전달하려고 애쓴다.

보험 상품을 소통시키려고 이렇게 고심한다면 천국 복음을 소통시키기 위해서는 더욱 고심해야 하지 않을까. 옷이 낡으면 거리낌 없이 벗어버리면서도 언어는 낡아도 쉽게 못 버리는 것 같다. 새 언어, 새 표준을 만드는 자가 세상을 지배한다고 하지 않는가. '새롭게 프로그래밍하지 않으면 프로그래밍당한다'는 말도 있다. 마음과 생각을 새롭게 프로그래밍할 뿐만 아니라, 시대적인 언어와 문법으로 새롭게 단장해 교회의 무한한 새 포도주를 사회로 쏟아낼 수 있어야 하리라.

앞서 이건희 전 회장이 이야기하는 것의 핵심은 '창조경영'이었다. 그런데 창조경영은 지극히 성경적인 것이다. 교회가 믿는 하나님은 광야에 길을 내시며(사43:19) 돌덩이를 물덩이로 만드시는(시114:8) 창조주이시다. 하나님의 아들 예수님도 물을 포도주로 만드시는 창조행위를 하셨다(요2:9).

이미 성경에 있는 창조경영 메시지를 교회가 잘 개발해 교회 밖의 기업과 국민에게 제공했어야 했다. 불교신도이자 기업인인 이건희 전 회장의 창조경영 메시지가 교회로 역수입되는 현실을 우리는 재역전시켜야 한다. 성경의 언어가 교회의 벽에 갇혀서는 안 된다. 시장바닥의 길거리 언어로 번역돼 국민이 소유하고 사용할 수 있어야 한다.

친구하자

이제 삼성그룹 경영진은 모든 임직원이 다 친구라는 '친구경영'도 선언할 것이다. 그러면 기업을 넘어 사회와 교회가 일제히 '아멘' 하며 받아들이지 않을까. 어느 대형교회의 유명 목회자가 자신의 메시지를 선포한들 기업과 국민이 일제히 '아멘' 하겠는가. 사회의 바퀴를 움직였던 교회의 바퀴가 이제는 사회의 바퀴를 따라 맴도는 듯하다. 갑갑한 역전 현상이다.

지금은 권위가 허물어지고 경계의 벽이 무너지면서 고도의 개인주의가 새 질서로 자리하는 포스트모더니즘 시대다. 기업 회장과 말단 직원, 아버지와 자녀, 목회자와 성도 사이에 이제 권위와 경계가 사라지고 있다. 이런 시대의 추세를 먼저 읽고 삼성그룹 경영진이 회사를 넘어 사회와 교회에 "친구하자"를 외칠 것 같다.

당연히 이것도 성경의 자원이다. 이미 예수님이 제자들더러 '친구하자'고 말씀하시지 않았는가. "내 계명은 곧 내가 너희를 사랑한 것 같이 너희도 서로 사랑하라는 이것이니라 사람이 친구를 위하여 자기 목숨을 버리면 이에서 더 큰 사랑이 없나니 너희가 나의 명하는 대로 행하면 곧 나의 친구라 이제부터는 너희를 종이라 하지 아니하리니 종은 주인의 하는 것을 알지 못함이라 너희를 친구라 하였노니 내가 내 아버지께 들은 것을 다 너희에게 알게 하였음이니라."(요15:12-15)

예수님은 하늘의 아버지로부터 입수한 초특급 비밀정보를 제자들에게 다 소통시켰고 더 나아가 제자들을 위해 자기 목숨도 버리시겠다고 한다. 스승과 제자, 주님과 종의 상하 관계가 아니라 비밀정보도 공유하고 목숨도 내놓는 친구 관계로 발전하자는 것이다. 성부, 성자, 성령 하나님은 정보, 사랑, 일을 완벽하게 공유하신다. 그래서 하나이신 삼위일체 하나님이시다. 우리와도 그런 관계를 맺으시려는 게 아닌가.

그렇다. 친구의식, 동지의식보다 더 막강한 게 어디 있겠는가. 목회자와 성도 간에 진정한 민주화가 이루어지고 서로 친구가 되며 모든 성도가 다 왕 같은 제사장이 되는 것(벤전2:9), 이것이 하나님 나라의 최종 목표이리라.

오너와 매니저, 아버지와 자녀, 목회자와 성도가 서로 친구일 때, 단결력과 생산성이 최고조에 달한다. 이것을 삼성그룹 경영진이 먼저 간파했단 말인가. 이미 성경에 있는, 교회의 고유한 자산인데도 말이다.

지금은 포스트모더니즘의 탈근대화 속에서 한 개인을 그 모습 그대로의 주체로 파악하는 개인주의가 득세하고 있다. 나이, 학벌, 지위를 따져 상하 관계를 결정하려는 권위주의는 빛을 잃고 있다. 모두가 다 주인이다. 스스로 CEO, 보스boss이고자 하는 I-CEO, I-boss 시대로 치닫고 있다.

이제 한 개인을 파악할 때, 그가 속한 단체가 무엇이냐에 따라 그를 평가하는 집단주의, 그가 가진 물질이 얼마냐에 따라 그를 평가하는 물질주의, 그가 차지한 지위의 높낮이가 어떠냐에 따라 그를 평가하는 권위주의가 점점 극복되는 양상이다.

포스트모더니즘 시대가 요구하는 인간상은 산업화 시대에 맞는 규격화된 인간이 아니라, 정보화 시대에 맞는 창의적인 인간이다. 미래의 생산력은 산업화 시대의 대형 토목건축 프로젝트와 같은 외적인 하드웨어에 있지 않고, 자유롭고 민주적이고 창의적이며 상상력이 풍부한 새 세대가 만들어내는 내적인 콘텐츠에 있다. 외적인 건물 중심에서 내적인 콘텐츠 중심으로 힘의 축이 이동하고 있는 것이다.

머리의 회전속도를 높여라

더 많은 노동력의 투입이 필요했던 산업화 시대에는 몸의 회전속도를 높여야 했지만 창의력과 상상력이 미래의 생산력과 경제력을 창출하는 디지털 정보화 시대에는 머리의 회전속도를 높여야 한다. 그러려면 권위주의의 상하 관계가 아니라 개인주의의 친구 관계가 작동돼야 한다. 상하 관계가 친구 관계로 전환될 때 창의력과 상상력이 자유롭게 분출되고, 그 결과 미래의 생산력과 경제력이 높아지게 되는 것이다.

우리가 무한경쟁의 글로벌 시대에 강한 경쟁력을 가지려면 다양한 회전속도를 높여야 한다. 갖춘 것이 없을수록 몸의 회전속도를 높여야 한다. 더 열심히 일하고 더 열심히 사람들을 만나야 한다. 짬이 없어도 짬을 내서 그렇게 해야 한다. 그러면서 머리의 회전속도를 높여야 한다. 관찰하고 생각하며 지혜를 얻어야 한다. 양서를 많이 읽는 것도 한 방편이다. 그리고 영의 회전속도도 높여야 한다. 말, 생각, 마음, 글로 기도하며 성령 하나님의 인도하심을 받아야 하는 것이다.

회전속도의 차이, 그러니까 민첩성에 따라서 사람들의 능력이 100배가 아니라 100만 배까지 차이가 나는 것 같다. 우리가 주님 안에서 두루 성장하되 계속 성장하는 것이 주님의 뜻이다. 몸, 머리, 영의 회전속도를 높임으로써 우리의 몸집과 맷집을 키워나가야 한다. 우리의 믿음, 사랑, 지혜, 능력, 역량, 재물, 인맥이 점점 늘어나야 하는 것이다. 특히 요즘처럼 창의력과 상상력이 생산성과 경제력을 결정짓는 탈권위주의 시대에는 머리의 회전속도를 더욱 높여야 한다.

이미 탈권위주의 시대의 생산성 향상 전략이 몇몇 회사에서 적극적으로 전개돼고 있다. CJ와 아모레퍼시픽은 모든 임직원의 직함을 없애고 그냥 이름 뒤에 '님'을 붙여 부른다. 심지어 한국스타벅스는 종업원을 '파트너'로 지칭한다. 끈끈한 동지애로 묶겠다는 의도일 것이다. 이런 호칭 파괴, 호칭 혁명은 딱딱한 유교문화의 상하 관계를 말랑말랑한 포스트모더니즘의 수평 관계로 바꾸면서, 특히 창의적인 아이디어가 필수적인 업종에서 생산성 향상으로 귀결된다.

물론 권위 자체가 없어져야 한다는 것은 아니다. 하나님은 우리와 장막을 함께하시며 낮에는 시원한 구름 기둥으로 우리를 이끄시고, 밤에는 따뜻한 불기둥으로 우리를 보호하시고 이끄신다(출13:21-22). 늘 친구처럼 우리와 동행하시면서 우리를 보호하시고 인도하시지만 기둥처럼 중심과 방향을 잡아주시는 권위를 잃지는 않으신다. 권위를 잃어버리고 막가는 친구 관계가 아니라 권위가 기둥처럼 제대로 작동하는, 탈권위주의의 친구 관계여야 한다는 말이다.

진정한 친구가 되려면 비밀스런 정보공유를 넘어 희생적인 사랑까지 그 바탕에 깔려야 한다. "사람이 친구를 위하여 목숨을 버리면 이에서 더 큰 사랑이 없나니."(요15:13) 동지애, 형제애에는 희생적인 사랑이 필수적이다. "그가 우리를 위하여 목숨을 버리셨으니 우리가 이로써 사랑을 알고 우리도 형제들을 위하여 목숨을 버리는 것이 마땅하니라."(요일 3:16) 사랑경영은 친구경영의 당연한 결과다.

Only For You

회사의 내부고객인 임직원을 사랑하고 회사의 외부고객을 사랑하면 회사는 덩달아 잘될 것이다. 임직원 개개인이 회사 안팎에서 유능하게 성장하도록 지원할 뿐만 아니라 가정 행복을 위해서도 배려한다면 회사의 생산력은 제고되기 마련이다. 게다가 외부고객을 향해 '오직 당신만을 위하여Only For You'를 외치며 섬길 때, 회사의 매출고도 증대되지 않을 수 없다.

회사의 우선적인 목표는 지속적인 성장이다. 어떻게 그것을 달성하는가. 사랑을 퍼부어 사람들의 마음을 사고, 그래서 사람들이 몰려들게 하면 된다. 사랑은 떠난 마음도 돌이키는 힘이다. 회사 안팎에서 사랑이 지글지글 끓으면 마구 사람들이 몰리게 되고, 그러면 자연스레 매출과 이익이 증대될 수밖에 없다. 회사 안팎의 고객들을 사랑하자는 사랑경영은 억지로 해야 하는 고역이 아니라 지속적인 성장을 예약하는 전략이다.

교회 안에서는 갈등과 반목이 꼬여 있는데 교회 밖의 회사가 사랑경영을 외친다면 이것도 심각한 역전 현상이다. 교회에 요구되는, 위대한 두 계명은 하나님을 사랑하고 이웃을 사랑하라는 것이다(마22:37-40). 한 계명으로 압축한다면 '서로 사랑하라' 다(요15:12). 서로 사랑하라, 이것은 유일하고 새로운 계명이다. "새 계명을 너희에게 주노니 서로 사랑하라 내가 너희를 사랑한 것 같이 너희도 서로 사랑하라."(요13:34)

교회 안에서 서로 갈등하고 반목할 때, 교회 밖의 회사는 정말 성경적인 사랑을 실행하려고 애쓴다. "사랑은 오래 참고 사랑은 온유하며 투기하는 자가 되지 아니하며 사랑은 자랑하지 아니하며 교만하지 아니하며 무례히 행치 아니하며 자기의 유익을 구치 아니하며 성내지 아니하며 악한 것을 생각지 아니하며 불의를 기뻐하지 아니하며 진리와 함께 기뻐하고 모든 것을 참으며 모든 것을 믿으며 모든 것을 바라며 모든 것을 견디느니라."(고전13:4-7)

회사 안팎의 고객을 향해 오래 참고 친절하고 교만하지 않고 무례하지 않고 화내지 않고 앙심 품지 않고 덮어주고 믿어주고 견디려는 것이다. 교회가 성경적인 자산을 소홀히 할 때, 교회 밖의 회사는 여하튼 그것을 발굴하고 활용한다. 이런 역전 현상을 재역전시켜야 한다. 무분별하게 교회 밖의 것을 교회 안으로 유입하자는 게 아니다.

교회의 것을 시대의 옷으로 새롭게 단장시켜 사회로 유출시켜야 한다는 것이다. 교회의 것을 접하고 사회가 '아멘' 하도록 해야 한다. 예를 들어 성경의 핵심 계명이라고 할 수 있는 사랑경영을 반복하다 보면 당연히 기업 내외부 고객들의 환심을 사게 되고 그래서 자연히 회사 성장이 지속 가능해진다고 설득할 수 있어야 한다. 성경의 또 다른 핵심계명이라고 할 수 있는 '정직경영'을 해도 성장할 수 있다는 메시지도 회사에 던질 수 있다.

성경은 착하게, 바르게, 정직하게 하라고 요구한다. 우리를 괴롭히려는 게 아니다. 우리에게 행복이 되고 이익이 되기 때문이다. "내가 오늘날 네 행복을 위하여 네게 명하는 여호와의 명령과 규례를 지킬 것이 아니냐."(신10:13) 정직하게 하면 손해일 것 같지만 정반대다. 정직하게 하면 그것 때문에 자존감, 자신감이 커진다. 그리고 '아, 하나님께서 내게 복을 주시겠구나' 하는 생각이 깊은 마음에서 솟아난다.

많이 기도하면서 '믿습니다'를 연발하는 게 믿음이 아니고 깊은 마음에서 퐁퐁 솟구치는 자기평가가 곧 믿음이다. 많이 기도하고도 '정직하지 못하고 게으른 내가 어찌 복을 받을까' 하는 자기평가를 내리는 사람이 있는가 하면, 적게 기도하고도 '정직하고 부지런한 내게 하나님은 반드시 복을 주실 거야' 하는 자기평가를 내리는 사람이 있다. 자기평가는 곧 믿음이다. 그래서 그 평가대로 살게 된다. 정직경영을 하면 자존감, 자신감, 믿음이 커지기에 잘되지 않을 수 없다.

사회의 바퀴를 돌려라

이렇게 우리는 성경의 무한한 자산에서 사랑경영이니, 정직경영이니 하는 엄청난 금맥들을 캐내어 사회에 공급할 수 있다. 교회의 고유한 자산이 교회 안에만 머물러서는 안 된다. 사회는 성경적인 자산을 끌어다 쓰고 있는데 교회가 그것을 묵혀서 되겠는가. 교회의 영적인 자산은 시대에 걸맞은 언어로 번역돼 사회로 방류돼야 한다.

21세기에 들어 교회와 사회의 단절이 더욱 심화되는 듯하다. 여러 이유가 있겠지만 교회가 쓰는 언어 탓이 크다. 교회의 언어가 교회 안에서는 통용되지만 교회 밖과는 소통되지 않는다. 교회 밖의 사회로 힘차게 흘러가야 하는데 점점 교회 안에 고이는 양상이다. 선도적이거나 발전적이거나 모범적이기는커녕 건전한 시민의 상식마저 결여하고 있다.

그러다 보니 사회와 동떨어지고 기괴한 낙오집단의 내부용 언어라는 느낌을 주기도 한다. 교회가 쓰는 언어가 새로워서 생기는 단절이라기보다는 낡아서 생기는 단절이다. 교회 안의 언어가 교회 밖의 길거리 언어, 시장바닥 언어로 번역돼 교회 밖의 구석구석으로 흘러내려야 한다.

교회의 머리가 되시는 주 예수님은 하늘과 땅, 교회와 사회, 사람과 사람 사이의 막힌 담을 허무시고 서로 소통시키며 화목하게 하시려고 이 세상에 오시지 않았는가(엡2:14-16). 주님은 높은 곳을 낮추고 낮은 곳을 높여 서로 평평하게 하시려고 육체를 덧입은 말씀이셔야 했고 십자가의 화목제물이셔야 했다. 주님은 높으신 하나님의 의로움을 낮은 죄인들에게 주시려고 성육신 사건과 십자가 사건을 친히 감당하셔야 했던 것이다.

그 결과, 수많은 율법의 장벽은 무너졌고 믿음과 사랑의 요구만이 남게 됐다고 한다면 지나친 비약일까. "믿으라." 하나님과 하나님의 약속의 말씀을 믿고 자신을 믿고 남을 믿으라는 것이다. 그러면 해결될 때까지, 응답될 때까지, 성취될 때까지 반복을 거듭하게 된다. 나무끼리 1만 번 마찰하면 불꽃이 일듯이 믿음은 이루어질 때까지 반복하는 것이다. 그 결과, 없는 것이 있게 되며 작은 것이 크게 되며 안 되는 것이 되게 된다. 믿음이 창조로 귀결되는 것이다.

"사랑하라." 하나님을 사랑하고 자신을 사랑하고 남을 사랑하라는 것이다. 그래도 새로운 것이 가능해지는 창조가 일어난다. 믿음과 사랑은 창조다. 믿음이 이기고 사랑이 이긴다. 믿음과 사랑, 이 두 가지에 주님의 요구가 압축돼 있다. 주님은 하늘과 땅, 교회와 사회, 사람과 사람 사이를 평평하게 하시려고 이 세상에 오셔서 활동하셨다. 무엇이든지 장벽이 생긴다면 주님의 뜻이 아니다. 일체의 장벽을 허물고 평평하게 하는 것, 이것이 주님의 뜻이다.

개교회의 벽을 허물고 성경의 영적인 자산을 시대적인 길거리 언어로 번역해 기업과 국민에게 공급해야 한다. 선도적이고 발전적이고 모범적인 언어의 힘으로 사회의 바퀴를 돌렸던, 그 역동성을 교회가 다시 찾자. 그래서 교회 안이 아니라 교회 밖의 사회가 '아멘' 하도록 하자.

02

이제 에스더서 전략이다

천국의 복음, 하나님의 뜻, 성경의 진리가 이식돼야 할 곳은 교회 밖의 사회다. 그렇기에 사회의 시대적인 흐름을 읽어내는 통찰력이 요구된다. 시대의 추세를 바르게 파악하고 그것에 맞게 복음을 이식할 때, 사회가 복음을 받아들이게 되고, 그 결과 교회가 살게 된다. 시세를 관찰하고 통찰하는 것은 교회의 생존과 부흥을 위해서도 필수적이다.

"잇사갈 자손 중에서 시세를 알고 이스라엘이 마땅히 행할 것을 아는 두목이 이백 명이니 저희는 이 모든 형제를 관할하는 자며."(대상12:32) 잇사갈 지파에서 다윗을 왕으로 옹립하려고 몰려든 200명의 두목들은 시대의 흐름을 간파했고, 그래서 자기 지파를 넘어 이스라엘 12지파의 앞길을 지도할 수 있었다.

사울 왕실에 반대하여 다윗 왕실을 새롭게 세우려고 몰려든 각 지파의 용사들이 지파별로 수천 명에서 수만 명에 달했다(대상12:23-37). 마치 왕 씨의 고려왕조를 폐하고 이 씨의 조선왕조를 세우는 역성 혁명의 대업에 가담하려고 수많은 무사들이 이성계의 주변에 몰려들었듯이 각 지파의 무사들이 속속 다윗의 진영에 가담했던 것이다. 그러나 200명에 불과했던, 잇사갈 지파의 두목들에게는 시세를 꿰뚫어보는 통찰력이 있었다.

그랬기에 이스라엘 백성들이 어디로 어떻게 움직여야 할지를 바르게 제시할 수 있었다. 그들은 무사계급이라기보다는 문사계급에 더 가까웠다고 볼 수 있다. 시대의 정신을 통찰하는 통찰력은 시대의 과제를 실행하는 실행력과 함께 리더의 대표적인 자질이다. 통찰력이 없는 실행력은 무모하고, 실행력이 없는 통찰력은 허무하다. 통찰력과 실행력은 늘 함께 가야 한다.

"내가 천사의 손에서 작은 책을 갖다 먹어버리니 내 입에는 꿀 같이 다나 먹은 후에 내 배에서는 쓰게 되더라."(계10:10) 미래를 다루는 책이 입에는 달겠지만 배에는 당연히 쓰다. 미래를 전망하는 통찰력이 눈을 밝게 하고 마음을 기쁘게 하겠지만 그 미래로 가는 실행은 고되기 마련이다. 통찰력만으로도 안 되고 실행력만으로도 안 된다. 함께 갖춰야 한다. 그러나 다 갖춘 지도자라고 해도 늘 갈급한 게 있다면 전체를 조망하고 미래를 전망하는 통찰력이다.

왜 크리스천들에게 교회 밖의 시세를 읽어내는 통찰력이 요구되는가. 주님나라의 씨앗을 심고 가꾸고 키워야 하는 직무가 저 하늘이 아니라 이 땅의 현실에서 수행되기 때문이다. 우리는 하늘의 것을 추구하되 이 땅의 것도 잘 관찰해 한 줄의 통찰을 내놓을 수 있어야 한다. 이 땅의 시세를 제대로 파악해야 한다는 것이다. 그래야 헛고생 없이 이 땅에 주님나라를 건축할 수 있다. 시세를 관찰하고 미래를 통찰하자.

국민 분노의 시대

그렇다면 요즘 교회 밖의 시세는 어떠한가. 혹자는 우리나라에 크리스천과 넌non 크리스천이 있는 게 아니라 크리스천과 안티anti 크리스천이 있을 뿐이라고 한다. 크리스천, 교회, 기독교, 심지어 예수님, 하나님에 대해 국민 신경질, 국민 분노, 국민 조롱이 분출하고 있다. 교회 안에 믿음과 사랑과 기쁨이 뜨거운지는 몰라도 교회 밖의 시선은 얼음장이다.

크리스천들이 아침부터 밤까지 전철을 장악하고 길거리를 장악하고 토요일이나 휴일이면 집 대문을 두드리며 '예수천국'을 외쳐왔지만 지금 국민은 신경질을 내며 '김밥천국'이 더 좋다고 맞선다. 사실 전철에서 '예수천국'의 일방적인 외침을 듣노라면 갑자기 무슨 배설물을 토해 놓고 총총히 사라지는 것 같기도 하다.

그래서 국민은 크리스천들을 향해 "예수를 팔지 말고 예수를 살라"고 주문한다. 예수님을 팔며 무책임하지 말고 예수님처럼 살며 책임지라는 것이다. 국민 신경질이 심해질수록 외침보다 삶이 더 효과적이다. 입을 다물고 묵묵히 크리스천의 삶으로 예수님을 증명해야 할 때다.

이랜드는 크리스천 기업으로서 크리스천들에게 자긍심을 갖게 했다. 이랜드의 강점과 영향력은 그동안 대단했다. 기업문화는 물론 사회문화까지 바꾸어놓을 정도였다. 그런데 언젠가부터 국민은 이랜드에 대해 화가 잔뜩 났다. 회사 내부에서만 알려졌던, 박성수 회장의 이기적인 노조관이 국민에게 노출되면서부터인 듯하다. 그에 의하면 노조는 반성경적이다. 그러자 비정규직은 성경적이냐며 국민이 따졌다. 대답이 궁색할 수밖에 없다.

박성수 회장의 자아편향적인 노조관 때문에 국민이 이랜드를 넘어 크리스천, 교회, 기독교, 심지어 예수님과 하나님에 대해서도 분노한 게 아닌가. 크리스천들이 세상과 유연하게 소통하는 능력에 고장이 난 느낌이다. 크리스천들이 바르게 잘하면 주님의 이름에 영광이 돌려지겠지만 그렇지 못하면 주님의 이름이 먹칠을 당한다. 주님의 이름을 망령되게 일컫는 것뿐만 아니라 주님의 이름이 망령되게 일컬어지게 하는 것도 제3계명을 어기는 것이 아닐까.

국민 분노가 심해질수록 떠벌이는 과시는 역효과만 낸다. 밑바닥을 파고드는 잠복이 더 효과적이다. 꼭대기 깃발로 나부끼는 크리스천이기보다 밑바닥 누룩으로 잠복하는 크리스천이어야 한다. 미몽의 조선 땅에 복음을 심었던 초창기의 외국 선교사들은 조선인보다 더 조선을 사랑했다. 그래서 학교를 짓고 병원을 세우며 평생을 바쳤다. 그것도 모자라 대를 이어 이 땅을 섬겼다. 선교에 단기란 없다. 평생이 있을 뿐이다.

23명의 우리나라 크리스천들이 억류됐던 아프가니스탄 인질 사태에 이르러서는 차가운 국민 분노가 공격적인 국민 조롱으로 바뀌었다. 위험한 아프가니스탄으로의 여행을 삼가라는 정부의 공항 내부 경고판을 조롱이라도 하듯, 그 앞에서 만면의 웃음을 머금은 채 승리의 브이를 그리며 찍은 아프가니스탄행 교회봉사단의 사진을 보고 국민 야유는 극에 달했다.

묵묵한 뉴크리스천

"그렇게 예수천국이 좋다면 천국으로 직행할 수 있는 기회가 아니었는가. 입만 열만 하나님 타령을 하더니 왜 정부의 무능을 탓하며 유엔 사무총장이라는 세상의 힘과 이단시하던 교황의 힘을 빌리려 했는가. 목회자는 납세 의무를 이행하지 않으면서 왜 인질 석방 비용을 정부에 부담시키는가. 또 하나님 덕분에 풀려났다며 입에 발린 감사를 남발했는가. 정부가 지불한 돈 덕분이 아니었는가.”

그전에는 교회 세습을 자행하던 일부 목회자들이 욕을 먹었지만 요즘은 크리스천들이 깡그리 욕을 먹는 것 같다. 교회, 개신교는 물론 예수님, 하나님마저 국민 조롱의 대상인 듯하다. 이런 시대의 추세 속에서 크리스천들이 마땅히 행할 것이 무엇인가. 입에 발리고 혀에 돌돌 말리는 하나님은 이제 안 통하게 됐다. 말없이 실력으로 하나님을 입증해야 한다.

하나님의 ‘하’도, 여호와의 ‘여’도 한 번 안 나오지만 가장 강력하게 하나님의 전능하신 팔을 보여준 에스더서가 이 땅의 현재를 살아가는 크리스천들의 실행 전략이어야 하겠다. 장미는 장미로 불러주지 않아도 향기롭듯이 하나님은 하나님으로 불러드리지 않아도 전능하시다. 하나님의 이름을 언급하지 않고 하나님의 전능하심을 입증해야 할 때다.

국민 신경질, 국민 분노, 국민 조롱이 지금의 시세라면 성경 66권 중에서 에스더서의 은밀한 전략이 더욱 요구된다. 때가 무르익기까지는 유다인임을 에스더가 애써 숨겼듯이(에2:10) 이제 크리스천들도 예수님의 ‘고정간첩’이라도 되는 듯이 밑바닥에서 보이지 않게 암약해야 한다. 그러다가 기회가 오면 모르드개를 매달려고 세웠던 그 나무에 하만을 매다는 역전승을 거두어야 하는 것이다(에7:10).

시세를 알면 어떻게 행할지도 알게 된다. 크리스천과 안티 크리스천의 갈등구조가 지금의 시세인 듯하다. 그렇기에 크리스천들은 안티 크리스천으로까지 치닫는 국민을 향해 ‘드러내는 외침으로 실없는 하나님'을 강요할 게 아니라, '묵묵히 실력으로 전능하신 하나님'을 보여드릴 수 있어야 한다.

이제 주님과 주님의 복음을 드러내놓고 산발적으로 외치는 전도자보다는 평생 은밀하게 밑바닥에서 주님나라를 구축하는 공작원이어야 한다. 오래 잠복해서 힘을 기르고 그 힘으로 한순간에 상대방을 전복시키는 숨은 실력자여야 하는 것이다. 그래서 하나님을 조롱하는 시대에 하나님께 영광을 돌리며 믿음의 증거, 희망의 증거로 나타나야 한다.

03

상처를 사명감으로 전환하라

　7세기 초, 신라는 한반도 동남부의 한 귀퉁이를 차지하던 소국에 불과했다. 그에 반해 고구려는 만주 벌판을 주름잡던 북방의 패자였고 백제는 왜국을 휘하에 둔 해양강국이었다. 당시 신라가 백제를 꺾는다든지, 삼국을 통일한다든지 하는 것은 헛구호였을 것이다. 그런데 신라의 29대 태종무열왕 김춘추가 그 헛구호를 역사적인 사실로 만들었다.

　그는 조부 진지왕이 폐위되는 바람에 비주류의 진골로 전락했었다. 금관가야의 마지막 왕으로서 신라에 투항했던 구해왕의 증손 김유신은 그를 큰 인물로 보고 여동생 문희를 그에게 주선했지만, 그는 그녀를 임신시키고도 이미 자신에게는 부인과 딸이 있다며 그녀를 데려가지 않으려고도 했다. 그와의 결탁을 통해 가야계의 비주류라는 한계를 탈피하려던 김유신의 눈에 그는 토룡처럼 비쳤다.

　30대 후반의 평범한 나날을 보내던 그의 잠재력을 폭발시킨 사건이

터졌다. 백제의 공격으로 대야성 성주이자 그의 사위였던 김품석과 그의 딸 고타소가 죽임을 당했고 두 시신마저 백제로 압송됐다. 그는 비보를 듣고 종일 기둥에 기댄 채 눈도 깜박이지 않고 사람이 눈앞을 지나가도 알아차리지 못했다고 한다. 그때부터 그의 인생은 180도 달라졌다. 그의 목표는 오직 하나, '백제 정복'이었다.

그는 다시 김유신과 손을 잡고 몸집을 불렸다. 안으로는 신주류 세력을 키우고 밖으로는 외교를 통한 군사동맹에 직접 나섰다. 고구려에 가서 군사원조를 요청했다가는 한강 상류의 영토 반환 문제와 뒤엉키면서 감금되는 등 겨우 죽을 고비를 넘겼다. 그러나 그의 목표는 더 커졌다. 백제 정복을 넘어 '삼국통일'이었다. 다시 왜국의 힘을 얻고자 현해탄을 건넜지만 거기서도 억류당하는 비운만 맞보아야 했다.[24]

그만둘 만도 했지만 그는 먼 당나라로 향했다. 죽을 찰나를 간신히 모면하면서 어렵사리 당나라에 도착해서는, 고구려를 견제해야만 하는 난제에 직면했던 당 태종의 애간장을 서두르지 않고 천천히 녹였다. 마침내 중원의 강자 당나라의 손을 잡을 수 있었고, 그 결과 그가 태종무열왕에 등극한 지 6년째, 그리고 딸 부부가 죽은 지 18년째인 660년 한반도의 해양강국 백제를 정복하는 데 성공했다.

이듬해 고구려 정벌을 시도하다 병사했지만 668년 그의 아들 문무왕이 고구려를 멸망시키고, 지금 우리의 시각으로 보면 아쉽긴 해도 삼국을 통일할 수 있도록 대로를 열어준 셈이다. 폐위당한 진지왕의 손자였다는 점, 성골이 아닌 진골 출신이었다는 점, 즉위 때 나이가 이미 53세였다는 점, 구세력의 표본이었던 서라벌 진골계의 세력이 만만찮게 잔존하고 있었다는 점 등 약점투성이였지만, 그는 딸 부부의 비극을 신라의 비극과 동일시하며 백제 정복, 삼국통일의 대업으로 승화시킬 수 있었다.

딸 부부의 비극을 신라의 비극과 동일시한 그의 통찰력은 옳았다. 그가 안팎으로 신라의 힘을 키워 백제를 멸망시키고 고구려 정벌의 기틀을 마련하지 않았다면 신라의 운명은 분명히 딸 부부의 운명과 같았을 것이다. 그런 통찰력으로 그는 늦은 나이에도 서두르지 않았고 결코 포기하지 않았다. 안으로는 김유신과 손잡고 신진세력을 키웠고 밖으로는 당나라와 손잡고 신라의 맷집을 키웠던 것이다. 그의 통찰력과 대비책 덕분에 그의 나라는 패전국이 아니라 승전국이 될 수 있었다.

미래는 개척하는 것이다

두바이의 셰이크 라시드 왕도 나라의 비극적인 미래를 미리 대비하는 데 성공한 지도자다. 그는 1958년 왕위에 오르자마자 두바이를 중동의 허브로 만들겠다고 했다. 반대가 심했다. 그러나 그는 인구 3,000여 명의 진주 조개잡이 어촌, 제주도 크기의 2.1배, 그나마 국토의 90퍼센트에 육박하는 사막임에도 불구하고 두바이를 유럽, 아프리카, 아시아를 잇는 중동의 허브로 만들어냈다. 1990년 그의 사망으로 그를 뒤이은 그의 3남 셰이크 모하메드는 두바이를 중동의 허브가 아니라 세계의 허브, 아니 세계 그 자체로 만들겠다며 지금 전 세계를 유혹하고 있다.

두바이의 기막힌 성공은 나라의 비극적인 미래를 미리 내다보고 특단의 대책을 마련한 셰이크 라시드 왕의 통찰력에서 비롯됐다고 할 수 있다. 1964년 두바이 원유가 발견됐지만 그 매장량이 2026년이면 고갈되는 40억 배럴뿐이었다. 60년 후에도 두바이 원주민들을 살려줄 것은 진주 조개잡이도 아니었고 원유도 아니었다. 그는 불면의 나날을 보낸 끝에 두바이를 중동의 허브로 만들기로 결심했다. 그렇게 해서 그는 자기 왕실과 원주민들의 비극적인 미래를 번영의 현재로 돌려놓았던 것이다.

나라의 비극적인 미래를 미리 알고도 특별 대책을 세우지 않는 것은 후대에 대한 범죄다. 유다의 히스기야 왕은 하나님을 잘 믿은 편에 속했지만 그 끝이 실로 무책임했다. 이사야 선지자와 함께 믿음과 기도의 팀 워크를 이루며 앗수르의 침공도 막아내고 자신의 죽을병도 고쳤지만, 곧 어처구니없는 자만에 빠져 신흥강국 바벨론의 사신들에게 나라의 무기고와 보물창고를 다 보여주고 말았다. 그러자 바벨론에게 그의 왕실과 백성들이 멸망당할 것이라는 하나님의 준엄한 심판이 예고됐다.

그러나 그의 반응은 한심하기 짝이 없었다. "히스기야가 이사야에게 이르되 당신의 전한 바 여호와의 말씀이 선하니이다 하고 또 가로되 만일 나의 사는 날에 태평과 진실이 있을진대 어찌 선하지 아니하리요 하니라."(왕하20:19) '나의 사는 날' 만 좋으면 그뿐이라는 것이다. 나라의 비극적인 미래를 미리 알았지만 그저 무덤덤하게 넘어가는 그의 리더십은 불가사의다. 참된 리더십이라면 후대의 비극을 자신의 비극과 동일시하며 당연히 대비책을 서두르는 것으로 나타나야 한다. 미래는 그저 맞이하는 것이 아니라 적극적으로 개척하는 것이다

김춘추는 개인적인 상처, 치욕, 패배, 불운을 국가적인 사명감으로 승화시키는 데에 성공한 경우다. 한 개인의 충격이 더 큰 공동체의 사명을 구현시키는 에너지로 전환된 경우는 종종 있다. 야곱의 넷째아들 유다는 며느리 다말의 의도적이고 은밀한 접근으로 뜻밖의 아들 쌍둥이를 얻게 되는, 그 수치스런 충격을 자기수양의 출발점으로 삼았고, 결국은 아버지 가정의 곤경을 책임지려는 에너지로 승화시킨 듯하다.

길가에 앉아 정체를 숨긴 채 시부를 노리던 며느리를 그는 창기로 착

각하고 욕망이 이끄는 대로 끌려간 필부였다. 그러나 그 후 오랜 동안 치열한 자기수양을 거듭했는지, 그는 영영 불귀의 객이 될지도 모르는 절체절명의 순간에도 차분하게 아버지와 막내 이복동생의 안녕을 책임지려 했다. "청컨대 주의 종으로 아이를 대신하여 있어서 주의 종이 되게 하시고 아이는 형제와 함께 도로 올려 보내소서."(창44:33)

반전의 기회는 아직 있다

아직 이복동생 요셉이 이집트의 국무총리라는 사실이 공개되지 않은 상황에서 그는 자신이 요셉의 친동생 베냐민을 대신해 요셉의 종이 될 테니 베냐민을 아버지께 돌려보내시라고 주문했던 것이다. 욕망을 추구하던 범인이 집안의 위기를 떠맡는 위인으로 바뀐 것이다. 그랬기 때문이었을까. 그를 통해 다윗도 나오고 예수 그리스도도 나오셨다. 그의 지파에서 줄곧 통치자들이 배출됐던 것이다(창49:10). 개인적인 고통은 얼마든지 더 큰 공동체를 살리는 에너지로 분출될 수 있다.

야베스라는 이름에는 "하나님께서 고통을 주셨다"는 뜻이 담겨 있다. 그의 어머니가 얼마나 고통스럽게 또는 고통스런 환경 가운데서 그를 낳았으면 그런 이름이 붙었을까. 그는 자신의 이름이 드러내는, 어머니 가정의 불운을 하나님의 축복으로 바꾸고자 했고, 그래서 자신의 불우한 환경에서 한 줄의 분명한 기도 제목을 뽑아냈다. 복에 복을 더하셔서 넓은 땅을 주시고, 그래서 가난이 떠나게 하시고 집안의 고통도 제거해주시라고 확실하게 구하고 믿었을 것이다. 그 결과 그와 그의 집안은 가난과 고통에서 벗어나 번성할 수 있었다(대상4:9-10).

베드로도 비슷한 경우다. 그는 스승이자 주님이신 예수님을 세 번이나 부인했다. 그 사건은 그의 씻을 수 없는 치욕이었다. 그러나 그는 부활 후 그를 찾아주신 예수님의 따뜻한 사랑을 덧입고 치유되고 회복됐다. 그는 자신의 그 치욕을 예수님에 대한 사랑과 교회에 대한 사명감으로 승화시킴으로써 그야말로 반석 같은 사도로 변모할 수 있었을 것이다(요21:17-18). 개인적인 충격을 위대한 사명감을 성취시키는 에너지로 전환해야 하겠다.

조은시스템의 김승남 회장은 1962년 성균관대학교 경제학과를 졸업하고 입대를 서둘렀다. 하지만 1961년 5·16군사혁명 후 신고된 미필자가 많아 자신의 입대가 3년 지연되겠기에 빨리 3년간의 단기장교 복무를 끝내는 게 좋겠다며 육군 간부후보생으로 입대했다. 처음 생각과 달리, 그는 보이지 않는 손길에 이끌려 직업군인의 길을 21년간 걸으며 작전장교, 작전참모, 연대장을 지내는 등 승승장구하다가 1980년 5·18광주항쟁 발발로 코앞에 둔 진급에 차질이 생기자 명예로운 전역을 결심했다. 군대에 대한 애정이 식지 않고 뜨거울 때 그만두는 게 군인의 도리라고 생각했기 때문이다.

그러나 그는 전역을 얼마 앞두고 재정적인 어려움에 봉착하게 되었다. 건설회사를 경영하는 친지가 사과 30박스를 싣고 장병위문을 온 게 고마워 재정 보증을 서주었는데 그만 그 친지가 부도를 내고 만 것이다. 전역 후 충북은행 안전관리실장으로 취업할 수 있게 됐지만 급여 10년분의 절반에 달하는 돈을 한꺼번에 상환해 채권은행의 급여차압을 풀어야만 취업이 가능한 상황이었다. 이리저리 뛰어다니며 2,400만 원을 만들어 은행 빚을 갚으니 달랑 27만 원만 남았지만 그래도 그는 감사했다.

어려움이 긍정에너지다

그는 부인과 세 자녀를 데리고 청주로 내려가 월세 2만 원짜리 무보증 농가주택을 얻었다. 청주교도소 앞에 있는, 작고 허름하고 다 쓰러져가는 방 두 칸짜리 집이었다. 비가 오면 흙투성이 밭둑길을 지나야 했고 바람에 그대로 노출돼 자녀들이 감기를 달고 살아야 했다. 집 정리를 하고 나니 수중에 10만 원이 남았다. 첫 월급이 나올 때까지 한 달을 기다려야 했다. 그래도 빚을 다 정리하고 가족이 다함께 살 수 있어 감사했다.[25]

그렇게 3년이 흘러 청주시내에 방 두 칸짜리 전세를 장만했다. 외곽의 월세에서 시내의 전세로 바꾸니 더욱 감사했다. 그러던 어느 날 중학생 아들이 작문시간에 1등을 했다는 원고를 읽게 됐다. "나는 다음에 성공한 사람이 돼서 자식들에게 방 하나씩 다 주겠다." 항상 감사하고 행복했어도 팍팍했던 시절의 한 단면을 보여주는 글이었다. 지금은 박사도 되고 의사도 되는 등 세 자녀가 다 훌륭한 사회인으로 활동하고 있다.

늘 그랬듯이 중학생 아들의 그 글을 읽고도 감사하며 그는 더욱 마음을 다잡았다. 그 후 1993년, 54세의 늦은 나이였지만 차근차근 모아두었던 2,000만 원에서 1,000만 원은 교회에 헌금하고 남은 1,000만 원으로 조은시스템이라는 보안업체를 창업했다. 4평짜리 창고에서 직원이래야 가족까지 합쳐 4명으로 조촐하게 시작했지만 우여곡절 끝에 지금은 종업원 3,200명, 연간 매출 1,000억 원의 중견회사로 일구었다.

1997년에는 군인 출신임에도 잡코리아라는 인터넷 회사까지 세웠다. 직원 4명으로 출발했지만 연간 매출 300억 원, 연간 취업인원 120만 명 규모의 1위 온라인 구인구직 회사로 키워냈다. 조은시스템 외에 지금 그가 거느리고 있는 회사로는 연간 매출 250억 원 규모의 무인기계경비

서비스업체인 조은세이프, 그리고 정보보안 솔루션업체인 조은I&S와 PC 백업복구 솔루션업체인 SJ인포텍이 있다. 조은문화재단은 그가 만든 공익법인이다.

그의 경쟁력은 헤플 정도로 먼저 퍼주는 것, 항상 감사하는 것, 그리고 평생 끊임없이 노력하고 공부하는 것이다. 그는 헤프게 주면서 손해를 보고 지는 사람이 정말 욕심쟁이라고 한다. 마음을 주든지, 정을 주든지, 먼저 주면 어느 날 다 돈이 돼서 돌아온다는 게 그의 지론이다. 또 그는 하나님께 감사하고 사람들에게 감사한다. 감사하지 않을 게 없다고 한다. 감사는 '착한 사람들의 이기는 습관'이다. 기도를 해도 그는 하나님을 귀찮으시게 하지 않고 기쁘시게 해드린다.

"이렇게 사업 기회를 주셔서 감사합니다. 이제 돈을 벌면 하나님이 기뻐하실 일에 쓰겠습니다. 헌금도 많이 하겠습니다." 울고 매달리며 하나님을 귀찮으시게 하는 기도가 아니라 하나님께 잔잔히 이야기하듯이 감사하며 무조건 기쁘다고 하는 기도가 더 좋다는 것이다. 첫째아이가 학위를 받아서, 회사의 경영실적이 좋아져서, 회사가 표창을 받아서 하나님께 감사하다는 등 이런저런 감사가 그의 기도 내용이다.

감사가 경쟁력이다

많은 어려움을 겪고 살아왔지만 그는 걱정하지 않고 원망하지 않고 항상 감사만 하며 살았다. 매일 감사했더니 매번 감사할 일들이 생겼다. 그래서 그런지 충무무공훈장 등 그가 받은 국내외 훈장만도 4개나 된다. 감사가 그의 경쟁력이었고 성공요인이었다. 그는 21년간 복무했던 군대와 11년간 근무했던 충북은행에 대해 늘 감사할 거란다. 그가 말하는 천하무적은 어떤 일에도 감사하며 긍정하는 사람이다. 남들이 보기에 '이제 김승남은 끝났다'는 상황에서도 그는 더 좋은 일이 있을 것이라며 긍정하고 살았다.

그리고 그는 미치도록 노력하고 공부한다. 보병학교 작전교관 때 그는 바둑을 배운 지 8개월 만에 아마 4단 단증을 받을 만큼 바둑에 미쳤던 적이 있었다. 20여 년 전, 컴퓨터가 처음 나왔을 때에는 3년 이상 컴퓨터에 미쳤다. 노트북컴퓨터가 우리나라에서 첫 시판될 때에는 바로 첫날에 샀다. 46세 때 학원에서 아들 또래의 중학생들과 더불어 처음으로 컴퓨터를 배우기 시작해 54세 때 IT 기업을 세운 것만 봐도 그의 열심이 어느 정도인지 짐작할 수 있다.

10여 년 전에는 인터넷에 완전히 미쳤고 그 덕분에 자산가치 1,000억 원대의 잡코리아도 창업할 수 있었다. 요즘 그는 영어뿐만 아니라 중국어까지 정복 대상으로 삼고 열심이다. 향후 10년간 그는 사회를 밝게 만드는 엔터테인먼트에 미쳐볼 심산이며, 그 후에는 고고학이나 인류학에도 도전할 작정이다.

주경야독도 거듭해 일찌감치 성균관대학교에서 경영학 석사과정을 이수한 데에 이어 서강대학교 경영대학원 최고경영자 과정, 고려대학교 경영대학원 과정, 고려대학교 경영대학원 최고경영자 과정, 고려대학교 언론대학원 고위언론 과정, 고려대학교 컴퓨터과학기술대학원 정보통신 과정 등을 차례로 거쳤다. 이제는 주류라고 자부하는 그는 주님의 은혜와 도우심, 그리고 열심과 감사와 나눔이 오늘의 자신을 가능하게 했노라고 고백한다.

그의 꿈은 지속적인 변화와 혁신을 통해 탁월하고 아름다운 기업문화를 창조하는 데에서 더 나아가 자신의 조은재단을 통해 밝은 사회를 만들고 통일 한반도의 미래세대를 키우는 데에 모든 재산과 땀방울을 쏟아붓는 것이다. 과연 그는 하나님의 사랑을 많이 받은 자이며 또한 그 사랑을 많이 퍼주기 위해 태어난 자인 듯하다.

살다 보면 획기적인 인생전환의 계기가 있다. 김승남 회장의 경우는 중학생 아들의 작문 내용이 창업자의 길을 걷게 하는 촉매제로 작용했을 수도 있다. 나의 경우는 어려운 지역에서의 목회 경험이 주는 깨달음이었다. 나는 누구나 제사장, 리더, 인재가 될 수 있다고 믿었었다. 사실 그게 하나님의 꿈이지 않은가. "그 작은 자가 천을 이루겠고 그 약한 자가 강국을 이룰 것이라 때가 되면 나 여호와가 속히 이루리라."(사60:22)

또한 나는 목회사역과 성도들의 신앙생활에 있어 경제는 그리 중요하지 않다고 생각했었다. 그래서 어디에서든지 목회사역의 깃발을 꼽고 거기서 만인제사장을 실현하고자 했다. 결과는 참담했다. 고생만 거듭했다. 어려운 목회 지역의 바늘귀를 통과해낸 현명함을 얻는 데는 상당한 시간이 흘러야 했다. 누구나 제사장, 리더, 인재가 될 수는 없었고 더구나 경제가 뒷받침되지 않으면 목회사역도, 신앙생활도 거의 불가능하다는 것을 각성하게 됐다.

경제의 젖줄과 인재

인재는 만들어지기도 하지만 타고난 잠재력을 결코 간과해서는 안 되며 경제의 기초가 없으면 모든 게 흔들리기에 신앙생활마저 어렵다. 일요일이나 휴일도 없이 일에 매달려야 하고 거처가 불안정하기에 이리저리 자주 떠돌아다녀야 하는데 주일예배인들 제대로 드릴 수 있겠는가. 개인, 가정, 교회, 국가 등 모든 영역에서 경제는 아주 중요하다. 인재는 경제의 젖줄을 먹고 자라야 하며 교회 안에서보다는 교회 밖의 사회에서 활약해야 한다. 경제와 인재는 함께 가며 사회 속에서의 인재여야 한다.

다시 말해 '경제ⓝ인재'이며 '인재@사회'다. 이런 지역목회의 바늘 귀를 통과해낸 깨달음을 실천하기 위해 나는 교회 밖의 사회의 인재를 양성하는 코아미션CoreMission: www.coreacademy.kr 사역을 전개하고 있다. 코아미션의 초점은 교회 안팎에서 다 통하는, 효과적이고 유능한 인재 를 양성하는 데에 있다. 주중 6일 동안 일터 현장 중심의 코아미션 사역 을 통해 주님나라의 인재뿐만 아니라 우리나라의 인재도 양성해내겠다 는 것이다. 교회 밖 사회의 속도가 너무 빠르다. 시간의 전쟁이다. 시간 을 잡아야만 사회에서 승리할 수 있다. 그런데도 크리스천들이 교회 안 에서 너무 많은 시간을 보내고 있지 않는가.

교회 안에서의 주일예배와 주중예배를 위해, 교회부서 봉사를 위해, 연중 특별행사를 위해, 제자 훈련과 사역자 훈련을 위해, 그리고 사역 실행을 위해 너무 많은 시간 동원을 해야 하는 게 아닌가. 그렇게 해서 생긴, 교회 안에서의 경쟁력이 교회 밖에서의 경쟁력을 보장하는가. 아 니다. 교회 안에서 평신도 사역자로서 다른 평신도들을 가르친다고 해 도 그것이 교회 밖 사회에서의 경쟁력을 보장하지 못한다.

사실 교회 안에서 성경말씀을 배우고 가르치며 기도하고 찬송하고 교 제하는 것은 행복하고 신난다. 매일 그렇게만 살면 좋겠다는 생각도 든 다. 교회 안에 머물면 대체로 아늑하고 포근하며 서로 화목하다. 그러나 교회 밖에서는 서로 경쟁하며 돈을 벌어야 한다. 선한 일에 돈을 쓰기는 쉬워도 돈을 버는 것은 녹록지 않다. 단기선교니 해외선교니, 선교에 동참하면 뿌듯하고 보람차다. 그래서 예배하고 선교하는 것에 더 치중하고 싶어진다. 그러나 자칫 잘못하면 그게 도피나 자기기만이 될 수도 있다.

사회 속의 인재

좀더 과감하게 크리스천들을 교회 밖으로 방목하고 거기서 선의의 경쟁을 벌이며 어려운 돈벌이도 바르게 잘해내도록 이끌어야 하지 않을까. 그동안 교회의 바퀴를 힘차게 돌리던 '제자 훈련' '아버지 학교' '목적이 이끄는 삶' '긍정의 힘' 등 주력 프로그램들로는 더 이상 사회 속에서의 인재, 그러니까 인재@사회의 비전을 수행하기가 쉽지 않다. 교회 안에서 쓸 만한 인재로 양성됐다고 해서 사회 속에서 성과를 내는 인재인 것은 아니기 때문이다.

교회 안의 양어장과 교회 밖의 바다는 판이하다. 양어장 안에 가두어 키울 게 아니라 바다에서 생존하고 승리하고 성취하도록 훈련해야 하지 않겠는가. 예배와 훈련과 봉사를 위해 주로 주일에만 교회 안으로 불러 들이고 주중 6일 동안에는 생업의 현장에 집중하도록 과감히 크리스천들을 풀어주어야 한다면 너무 과격한 발상일까. 주일 외의 기도회나 예배, 봉사나 훈련이나 행사도 교회 안이 아니라 교회 밖의 일터에서 펼쳐지도록 방목해야 하지 않을까.

주중 6일 동안 교회 밖의 사회에서 시간과 싸우며 속도전을 벌여야 하는 크리스천들을 지나치게 많이 교회 안에 머물게 하는 것은 아닌가. 패러다임의 전환이 시급해 보인다. 제자 훈련과 사역자 훈련을 통한 인재@교회의 패러다임이 교회 밖의 현장에서 생존하고 승리하고 성취하는 크리스천들을 길러낸다는 보장은 없다. 교회 안의 효과적인 평신도 사역자가 교회 밖의 일터에서도 효과적이라는 등식은 성립되지 않는 것 같다.

교회 밖 사회의 각 분야에서 죽지 않고 살며, 경쟁자들의 공세를 막아내고 이기며, 더 나아가 맷집과 몸집을 키우며, 더 바르고 강하고 나은 사회를 만들어내는 인재@사회의 패러다임이 절실한 듯하다. 교회와 목회자들이 좀더 정직하게 사회의 변화 속도를 관찰하고 통찰해야 한다. 주일만 교회 안에서 열심히 섬기고 주중 6일은 교회 밖의 일터에 더 집중하라고 성도들에게 주문하기는 쉽지 않을 것이다.

그러나 교회 밖의 사회에서 속도전을 벌여야 하는 성도들의 시간이 좀더 사회에 투자되도록 배려돼야 하는 것만은 사실이다. 교회 안의 일꾼이 교회 밖에서도 일꾼일 때, 진정한 의미의 소금과 빛이 될 것이다. 이 시대의 요구는 인재@사회다.

04

개인 성공담을 넘어
사회 성공담으로

마쓰시타 고노스케松下幸之助는 8남매의 막내로 태어나 귀여움을 독차지하며 자랐지만 아버지의 잇따른 쌀 거래사업 실패와 나막신 가게 실패로 어려서부터 혹독한 가난을 맛보아야 했다. 큰형과 작은형을 잃어야 했고 작은누나도 병들어 죽었다. 그런 불행을 딛고 초등학교에 입학했다. 하지만 돈벌이하러 오사카로 떠났던 아버지가 부르는 바람에 4학년 가을 열 살 때 학교를 그만두고 오사카의 한 화로 가게에 점원으로 들어가야 했다. 어렸지만 자신의 맡은 일에 열심을 다하는 중에 그는 화로 가게에서 자전거 가게로, 그리고 잠시 시멘트 회사 운반작업원으로 일하다가 오사카 전등회사의 견습공으로 옮겨갔다. 거기서 7년간 옥내배선, 전기검사 등 전기 관련 기술을 익힌 후 독립 사업을 하기로 마음먹었다. 스물세 살이던 1917년 마쓰시타 전기제작소를 설립했다. 후일 산요전기의 창업주가 된 처남 이우에 도시오와 함께 어렵사리 신형 전기소켓을 제작했지만 판로가 없어 회사 문을 닫아야 할 지경이었다. 그러나 선풍기 부품의 주문이 들어오면서 회사는 기사회생할 수 있었다.

오르내림의 반복이 있었지만 회사는 점점 자랐다. 그가 그렇게 사업에 매달린 이유는 아주 사소했다. "나는 먹고살려고 사업을 시작했다. 나는 가난했기 때문에 무엇이든지 해야 했고, 또 몸이 약해서 회사 근무는 맞지 않았다. 게다가 회사 근무는 하루하루 일급을 주었기 때문에 쉬는 날에는 밥을 먹지 못하는 때도 있었다. 그래서 쉬더라도 먹고살 수 있어야 하겠다는, 참으로 사소한 동기에서 사업을 시작한 것이다."[26]

강영중 회장도 순전히 먹고살려고 교육사업에 뛰어들었다. 1975년 부친이 사망 후 스물다섯 살 때, 먹고살기 위해 동생들도 공부시키며 그가 원생 3명을 데리고 과외방을 시작한 것이 30년 후 대교그룹으로 발전했다. 굶어본 사람이 더 이상 안 굶겠다고 식당을 차리듯이 대개 사소한 동기로 사업이 시작되곤 한다. 그러다가 사업 규모가 커지면서 사업가의 뜻이 커지기도 한다. 서른일곱 살이던 1931년 9월 고모리 건전지를 인수해 제8공장으로 만드는 등 마쓰시타 고노스케는 회사 규모를 불려나갈 수 있었다. 그 무렵 사업가의 진정한 사명에 대한 그의 고민도 병행됐다. 매일 밤늦게까지 씨름한 끝에 사업가의 사명에 대한 결론을 내릴 수 있었다.

뜻은 진화한다

"누가 길가의 수돗물을 마신다고 비난받지 않는다. 수돗물이 공짜인 것은 아니지만 물이 풍부하기 때문이다. 사업가의 사명은 물자를 풍족하게 생산해 세상 사람들이 자유롭게 쓸 수 있도록 하는 것이다. 그렇게 함으로써 가난을 이 세상에서 몰아내야 한다." 그렇게 사업가의 사명을 각성한 1932년 5월 5일을 그는 창립기념일로 다시 정했다. 그는 이 사명달성 기간을 장장 250년으로 잡고 1기 25년씩 달성해나간다는 계획을 세웠다.[27]

사소한 사업 동기가 큰 뜻으로 바뀌는 순간이었다. 더 나아가 그는 내쇼날, 파나소닉, JVC, 빅터 등 굴지의 브랜드들을 자랑하는 마쓰시타 그룹을 경영하면서 '번영을 통한 평화와 행복Peace and Happiness through Prosperity'을 연구하고 전파하려고 PHP연구소도 아울러 차렸다. 회사 경영을 넘어 다함께 번영하는 사회 번영으로 나아가야 한다는 그의 뜻에 따른 것이었다.

57세이던 1951년 1월 그는 미국을 여행하고는 미국의 풍요로움에 놀랐다. 특히 뉴욕의 센트럴 역이 온통 대리석으로 깔린 데다 타임스퀘어의 전기가 온종일 꺼지지 않는 것이었다. 그는 미국에 비하면 일본이 비교가 안 되게 초라하지만 반드시 미국을 능가해야 한다고 생각하게 됐다. 그는 미국의 민주주의가 바로 번영주의라고 결론짓고 그런 민주주의 사회를 일본에도 정착시켜야 하겠다고 다짐했다.

이듬해 그는 올바른 민주주의 발전과 보급을 통해 번영한 일본 사회를 건설하자며 신정치경제연구소를 발족했다. 그의 뜻이 더 커진 것이다.[28] 1952년 그는 일본업계의 기술 발전을 위해 네덜란드의 최첨단 기업 필립스와의 제휴를 가까스로 성사시켰는가 하면, 1959년부터 불어온 무역과 외환 자유화의 물결을 앞장서 받아들임으로써 일본 경제가 개방 체제에서 경쟁력을 확보할 수 있도록 했다.

또한 불황기임에도 불구하고 1965년 주5일제의 근무도 단행했다. 직원들에게 휴식과 함께 공부할 시간도 주어야 한다는 이유였다. 그의 뜻은 여기서 멈추지 않았다. 79세이던 1973년 회장직에서 물러난 후 그는 아시아 시대를 대비한 인재 양성자로 거듭났다. 경제가 아무리 발전해도 정치가 바뀌지 않으면 진정한 번영은 찾아오지 않는다고 판단하고 86세이던 1980년 마쓰시타 정경숙政經塾을 세웠다.

지금껏 200여 명이 마쓰시타 정경숙을 졸업했고 국회의원 30명을 비롯, 100여 명이 정치권에 진출해 일본 사회를 변화시키고 있다.[29] 마쓰시타 고노스케의 처지는 초라했다. 초등학교 성적이 100명 중 45등이었고 그마나 4학년 중퇴로 마감하고 열 살 때부터 점원으로 타향살이를 시작했다. 서른 살도 되기 전에 7명의 형제자매를 다 잃는 아픔을 겪었고 외아들마저 사망하는 시련의 연속이었다.

2차 세계대전 후에는 군수물자 생산을 통해 전쟁을 도왔다는 이유로 회사 경영이 묶이고 대대적인 인원 감축과 세금 체납 1순위의 위기에 내몰리기도 했다. 그러나 그는 장애물에 좌절하지 않고 장애물을 극복하는 것을 즐겼다. 그는 안주하지 않고 위험을 감수하고 도전했으며 늘 자신을 낮추고 열린 마음으로 배우고자 했다.

"나는 배운 것도 적고 재능도 없다. 그런데 사람들은 내가 경영을 잘한다거나 인재를 잘 활용한다고 말한다. 그런 말을 들으면 한 가지 짚이는 게 있다. 내 눈에는 모든 직원들이 나보다 위대한 사람으로 느껴진다는 것이다." 그는 자신에게 있었던 세 가지의 불행을 하나님이 주신 은혜로 생각하고 크게 감사한 것으로도 유명하다.

"집이 몹시 가난했기 때문에 어릴 때부터 구두닦이, 신문팔이를 하면서 세상을 살아가는 데 필요한 경험들을 쌓을 수 있어 감사하다. 태어날 때부터 몸이 아주 약해서 항상 알맞은 운동에 힘썼고 그래서 늙어서도 건강을 유지할 수 있어 감사하다. 초등학교도 졸업하지 못했기 때문에 누구나 다 스승으로 여기고 열심히 배울 수 있어 감사하다."

그의 골짜기는 보통 사람들이 상상하지 못하게 깊은 것이었지만 그는 자신의 깊은 골짜기를 벗어나는 데에 성공했을 뿐만 아니라 아예 골짜기를 메우고 번영한 사회 공동체를 만드는 사회 리더들을 양성하기까지 자신의 뜻을 더 키워나갈 수 있었다. 굶지 않으려고 사업을 시작했던 그의 소박한 뜻이 570개 기업에 13만 명의 종업원을 거느린 그룹으로 발전됐을 뿐만 아니라 국가 경영의 인재를 배출하는 데까지 확대됐던 것이다.

믿음을 토대로 뜻을 이루라

남강 이승훈의 인생 여정을 통해서도 우리는 한 사람의 뜻이 점점 커가는 것을 보게 된다. 그는 평안북도 정주에서 가난한 서민의 아들로 태어났다. 두 살 때 모친이 사망하고, 열 살 때 그를 돌보던 할머니와 아버지마저 차례로 숨졌다. 그는 학업을 중단하고 열한 살 나이에 유기상점의 사환으로 일했다. 주인이 그를 두텁게 신임하며 이렇게 말했다고 한다. "저 아이한테는 일을 시킬 수 없다. 일을 시키려면 벌써 다 했거나 이미 하고 있다."

어느 날 그는 길을 가다가 무덤을 보고 깊이 깨닫고는 장사를 시작했다. "사람은 누구나 죽는데 나도 죽기 전에 사람다운 구실을 해야지." 1887년 주인의 가게와 유기공장을 넘겨받았는데 신분과 상관없이 근로자들을 평등하게 대접함으로써 작업 의욕을 북돋우고 품질 향상을 꾀할 수 있었다. 그 결과 그는 큰 부자가 됐다. 그러나 서른한 살 때 청일전쟁 발발로 한순간에 재산을 날렸다.

다시 일어나 조선 제일의 국제무역상이 됐지만 마흔한 살이던 1905년 터진 러일전쟁으로 또 큰 좌절을 맛보았다. 뒤이어 을사조약 체결로 방황하던 중 그는 1907년 평양에서 "민족을 교육으로 일깨워 나라를 살려야 한다"는 도산 안창호의 연설을 듣고 크게 감동했다. 그래서 단발, 금주, 금연을 결행하고 평안북도 정주군 갈산면 익성리에다 강명의숙이라는 소학교를 세웠다가 다시 재단을 만들고 오산학교로 개명했다.

오산학교는 명실상부한 민족학교로서 일제강점기에 독립운동의 산실이었다가 1956년 서울 보광동에 오산중고교로 이어졌다. 2007년 5월 15일에는 오산학교 창립 100주년 기념식이 치러지기도 했다. 1909년 9월 그는 평양의 산정현교회에서 한석진 목사가 전한 '십자가의 고난'이라는 설교를 듣고 기독교에 입문했다고 한다.

그는 저 천국, 그리고 섬김, 사랑, 평등의 기독교 정신이야말로 무력하고 분열된 민족을 구원할 수 있다고 보고 오산학교를 기독교 학교로 바꾸었다. 오산장로교회 터를 헌납하고 장로도 됐다. 나중에는 신학을 공부하고 목사가 됐다. 1911년 신민회 사건으로 제주도에 유배됐다가 다시 105인 사건에 연루돼 4년여 옥고를 치렀다.

1919년 2월 말 정동교회에서 있었던 3·1운동 준비 모임에서 선언서 서명순서를 둘러싸고 논란이 일자 그는 한 마디로 일축했다. "순서는 무슨 순서야. 이거 죽는 순서야. 누굴 먼저 쓰면 어때. 의암 손병희를 먼저 써." 3·1운동 가담을 놓고 길선주 등 장로교계 지도자들이 신중론을 펴자 그가 일갈했다. "나라 없는 놈이 어떻게 천당에 가? 이 백성이 모두 지옥에 있는데 당신들은 천당에서 내려다보면서 앉아 있을 수 있느냐?"

그의 격려에 힘입어 3·1운동 때 민족대표 33인 중 개신교 출신이 16인이나 될 수 있었다. 그는 3·1운동 후 옥고를 치르면서 "이제 죽을 자리를 찾았다"며 어깨춤을 덩실덩실 추었다. 그리고 구약을 스무 번, 신약을 백 번 읽었다. 그는 예수님이 마구간에서 탄생하셨다는 것, 사람을 낚는 어부가 되라고 하셨다는 것, 십자가에 매달려 돌아가셨다는 것에 깊은 감명을 받았다고 한다.

그가 옥중에서 한 것은 변기 청소였다. 말년에 학교에서 자신의 동상제막식을 할 때 그는 사람들 앞에서 이렇게 고백했다. "나는 뒤에 있는 물건처럼 아무것도 모르는 인간입니다. 이제까지 내가 한 일은 아무것도 없습니다. 하나님께서 하셨습니다. 앞으로도 하나님께서 이끌어주실 줄로 믿습니다." 그는 성경을 읽기만 하지 않고 몸으로 살다 간 사람이었다.

그는 상당수 목회자들이 따랐던 신사참배나 세속의 영리에 털끝만큼도 흔들리지 않았으며, 자유와 정의와 평화를 도외시한 채 내 교파만 따지는 편협한 신앙인도 아니었다. 그는 자신보다 열네 살이나 적은 도산 안창호의 강연을 듣고 즉각 오산학교를 세웠을 뿐만 아니라 자신보다 스물여섯 살이나 적은 다석 유영모를 오산학교 교장으로 임명하기도 했다.

유영모의 가방끈은 중학교 2학년까지가 전부였지만 그는 유영모의 통찰력을 보고는 20세 때부터 2년간 유영모를 오산학교 교사로 기용했다. 20대의 유영모가 이끄는 수업을 40대의 그가 즐겨 들곤 했다는 데에서 우리는 그의 넓은 품을 느낄 수 있다. 그는 암울하던 일제강점기에도 사람답게 살고자 사업가의 길을 걸었고, 자신의 재산을 털어 민족의 인재를 길러내는 오산학교를 운영했다.

처음에 7명으로 시작해 전교생이 100여 명이었던 오산학교 출신의 교사진과 동문의 면면을 살펴보면 한 사람이 심은 밀알이 얼마나 창대한 결과를 낳는지 알 수 있다. 고당 조만식, 단재 신채호, 춘원 이광수, 다석 유영모, 횡보 염상섭 등이 교편을 잡았고 시인 김소월, 주기철 목사, 한경직 목사, 사상가 함석헌, 벽초 홍명희, 화가 이중섭, 의사 백인제, 언론인 홍종인, 교육자 김기홍 등이 오산학교 동문이다.[30]

이 밖에 오산학교 출신의 독립투사와 애국지사는 일일이 열거하기가 어려울 정도다. 작은 뜻이 점점 커져 결국에는 민족을 살리는 인재 양성으로 실현되는 것을 우리가 보게 된다. 처음부터 뜻이 거창할 수는 없을 것이다. 민생고 해결이 뜻의 전부일 수도 있다. 그러나 우리가 우리 앞의 장애물들을 계속 타고 넘으면서 전진과 성장을 포기하지 않으면 우리의 뜻도 진화를 거듭하게 될 것이다.

개인 성공의 사회 환원

영국의 제이미 올리버 Jamie Oliver는 여덟 살 때부터 아버지의 주방에서 채소 껍질을 벗기거나 설거지를 도우며 용돈을 벌었다. 커서는 배고픈 친구들에게 후다닥 음식을 만들어 먹일 수 있는 즉석 요리사가 되는 길을 걸었다. '리버 카페River Cafe'에서 일하다가 그 음식점에 관한 다큐멘터리 프로그램을 촬영하러 온 PD에게 발탁됐다. 그의 현란한 손놀림 때문이었다.

그렇게 해서 그는 1999년 BBC2의 요리 프로그램 「네이키드 셰프 Naked Chef」를 진행하게 됐다. 거기서 그는 금방이라도 주방에서 따라 할 수 있는 DIYDo It Yourself 요리를 선보이면서 누구나 요리할 수 있다는 자신감을 시청자들에게 불어넣었다. 청바지에 티셔츠 차림으로 능수능란하게 야채를 썰면서 투박한 사투리와 수다스런 유머를 쏟아내는 그의 요리 장면을 보고 수백만 명의 영국 시청자들이 열광했다.

나사가 하나 풀린 듯이 소탈하고 붙임성이 좋은 데다 화도 내고 흥분도 잘하는, 그야말로 '벌거벗은' 듯한 그가 보여주는 요리법은 까다롭거나 고상하거나 화려하지 않았다. 쉽고 재미있고 편안하다. 그의 요리 장면은 「네이키드 셰프」를 비롯해 7개의 TV 방송 프로그램을 연이어 타고 전 세계로 번졌고, 그는 백만장자 요리사가 됐다. 요리로 국위를 선양했다고 해서 대영제국 훈장도 받았다.

그의 유명세는 엘리자베스Elizabeth 영국여왕이나 토니 블레어Tony Blair 전 영국수상을 앞선다. 그러나 그의 뜻은 유명한 대중요리사에서 끝나지 않았다. 그는 자신을 성공시킨 세상에 뭔가를 되돌리고자 했다. 자신의 성공을 넘어 사회를 성공시키고 싶었던 것이다. 그는 가정에서 버림받은 채 마약과 알코올에 손을 대고 전과를 기록하고 거리를 떠돌며 인생을 포기하던 불우 청소년 15명을 모아 직접 요리를 가르쳤다.

요리라고는 해본 적이 없고, 예의도 끈기도 없는 그들을 그는 끝까지 이끌었다. 그들의 실력이 어느 정도 궤도에 오르자, 2002년 그는 런던에다 레스토랑 '피프틴Fifteen'을 열고 그들을 실전에 투입했다. 요리를 통해 빈민층 청소년들을 자립시키겠다는 그의 뜻은 30명의 요리사를 배출하면서 놀랍게 실현됐다. 음식 값이 세계 최고 수준이라는 런던에서도 높은 가격대이지만 주말에는 예약이 3개월이나 밀릴 정도다.

고급 레스토랑의 분위기를 전혀 느낄 수 없는 4층짜리 허름한 벽돌건물이지만 이제 피프틴은 영국은 물론 전 세계 관광객들과 미식가들이 즐겨 찾는 명소가 됐다. 피프틴이 영국의 런던에서 거둔 성공은 영국의 콘웰, 네덜란드의 암스테르담, 호주의 멜버른으로 확산됐다. 네 곳의 피프틴에서 거둬들인 수익금은 피프틴 재단으로 들어가 문제 청소년들을 위해 사용된다.

단순한 자선이 아니라 잘 훈련된 요리사로 양성하고 빼어난 음식을 만들어 그 수익금으로 불우 청소년들의 자립을 돕는다는 것이다. 주로 지중해 요리를 제공하는 피프틴의 홈페이지에는 불우 청소년들을 요리 훈련생으로 모집하는 광고가 늘 붙어 있다. "불우 청소년의 의미는 광범 위합니다. 직업이 없어야 하고 집이 없거나 가난한 환경이라면 크게 환영합니다. 학교 중퇴자도 좋습니다. 경찰서에 잡혀간 경험이 있거나 교도소를 다녀온 사람도 물론 환영합니다."

다시 사회운동가로

불량 청소년들을 요리사로 만들어 어엿한 사회인으로 배출해내는 피프틴은 이제 사회기업의 좋은 모델이 되고 있다. 제이미 올리버는 10억 원짜리 고급주택에 안주하는 백만장자 요리사에 만족하지 않았다. 요리를 통해 불우 청소년들을 건강한 사회인으로 끌어올리는 사회운동가로 진화했다. 런던의 한 모퉁이에서 그는 자신의 요리를 통해 좀더 나은 세상을 만들어갔다.

그의 진화는 여기에 머물지 않았다. 더 거대한 운동으로 나아갔다. 2005년 그는 민영 TV에서 방영된 요리 프로그램 「제이미의 스쿨 디너 Jamie's School Dinners」를 통해 영국 공립학교의 부실한 급식 문제를 해결하겠다며 포문을 열었다. 그는 학교급식이 기준 미달이기 때문에 등하고 때 아이들이 인스턴트 햄버거, 치킨 너겟, 콜라 등 쓰레기 같은 음식들에 매달린다고 지적했다. 그는 앞치마를 두르고 직접 학교 주방에 들어갔다.

옛 방식만 고집하는 학교 조리사들, 그리고 급식비 부족만 탓하는 학교 당국과 맞붙어 싸웠다. 영양가 없이 열량만 높은 냉동식품이나 진공 포장식품을 데우기만 해서 제공하는 학교급식 현장을 카메라로 고발했다. 빈약한 급식비도 들추어냈다. 방송을 본 영국인들이 충격에 휩싸였다. 그는 학교급식 개선을 원하는 30만 명의 지지서명이 담긴 청원서를 토니 블레어 전 영국수상에게 전했다. 영국 교육부가 움직였다.

학교급식 개선을 위해 추가예산이 투입됐고 표준 건강 식단도 마련됐다. 이렇게 그의 진화는 정치력을 동원하는 데까지 나아갔다. 그래서 그는 2005년 '올해의 가장 인상적인 정치인물'에 선정되기도 했다. 그러나 여전히 그의 본업은 요리하기와 요리 프로그램 진행하기다. 그의 요리 프로그램 「제이미 앳 홈Jamie At Home」은 푸드 네트워크를 통해 전 세계에 방영되고 있다.

누구나 다 요리할 수 있게 만드는 것이 그의 첫 뜻이었다면 불우 청소년들을 요리사로 만들고 더 나아가 공립학교 식단까지 바꾸는 것은 그의 첫 뜻이 진화한 것이었다. 처음에는 작았던 뜻도, 역량도, 성공도 시간의 흐름 속에서 사회와 소통하며 진화한다. 주님과 주님의 영광을 위해, 그리고 이 땅을 주님나라에 근접한 곳으로 만들기 위해 우리도 뜻의 덩치를 점점 키워나가자.

골짜기에서 평지로, 다시 꼭대기로

첫째로 우리는 골짜기 인생에서 평지 인생으로 벗어나는 탈출을 실현해야 한다. 주님의 도우심과 스스로의 분발을 합쳐 험난한 골짜기를 벗어나고, 그래서 주님께 영광을 돌리고 주님의 아름다운 덕을 선전하게 되며, 스스로 믿음을 증진시키고 타인의 믿음도 증진시킬 수 있어야 한다.

둘째로 우리는 평지 인생에서 꼭대기 인생으로 올라가는 승리를 실현해야 한다. 주님의 도우심과 스스로의 열심을 합쳐, 안락한 평지를 떠나 꼭대기에 승리의 깃발을 꽂고, 그래서 주님께 영광을 돌리고 주님의 아름다운 덕을 선전하게 되며, 스스로 믿음을 증진시키고 타인의 믿음도 증진시키는 기회로 삼아야 한다.

셋째로 우리는 꼭대기 인생에서 다시 골짜기 인생으로 내려가는 수고를 마다하지 않아야 한다. 주님의 도우심과 스스로의 자발성으로, 이제 꼭대기의 화려한 깃발을 접고 다시 골짜기로 내려가 거기서 나누고 섬기고 수고하고, 그래서 주님께 더 큰 영광을 돌리고 주님의 아름다운 덕을 선전해야 한다.

전능하신 주님을 붙잡고 우리보다 더 강하고 나은 사람을 붙잡고 그래서 우리 자신을 먼저 든든하게 건축하고 그리고 우리보다 약하고 못한 사람을 붙잡아줄 수 있어야 한다. 우리가 어려운 사람을 붙잡아주려면 최소한 그보다 10배는 더 힘이 있어야 하지 않을까. 장정이 달라붙어도 물에 빠진 어린이 하나를 건져내기가 어렵다. 우리 자신부터 든든히 건축돼야 어려운 사람을 붙잡아 건질 수 있는 것이다.

전능하신 주님을 붙잡는 최고 전략, 우리보다 강하고 나은 사람들을 붙잡는 VIP 전략, 그리고 우리보다 약하고 부족하기에 긴 꼬리처럼 바닥에 깔려 있는 사람들을 붙잡아주는 '롱테일long-tail' 전략이 함께 작동할 때, 우리는 유능하고 고귀하고 행복한 인생을 살 수 있다. 먼저 주님을 붙잡고, 그리고 VIP를 붙잡는 순간에도, 롱테일을 붙잡아주는 순간에도 주님을 앞세우며 의식한다면 우리는 사람을 우상화하는 함정에 빠지지 않고 안전할 것이다.

우리가 주님과 주님의 말씀을 믿는 믿음을 붙잡고, 기도하고 행하면 주님은 부지불식간에 우리를 현재의 자리에서 은혜의 자리로 이동시키신다. 요셉이 이집트 왕 앞으로, 다윗이 사울 왕 앞으로 이동됐듯이 말이다. 주님을 붙잡고 말씀을 붙잡고 믿음을 붙잡고 기도를 붙잡고 지혜를 붙잡고 열심히 살면 반드시 정상 체험을 하게 된다.

우리가 주님을 붙잡으면 주님은 우리를 골짜기에서 평지로, 평지에서 꼭대기로 이끄신다. 우리보다 강하고 나은 사람이 있는 곳으로 우리를 은혜롭게 이동시키셔서 우리가 그의 도움을 얻게 하심으로써 그렇게 하시는 것이다. 최고 전략과 VIP 전략을 통해 우리 자신을 크고 강하고 유능하게 건축하는 한편, 우리는 주변부의 약자들도 보듬고 챙길 수 있어야 한다.

사회통합과 남북통합

우리는 우리 주변부뿐만 아니라 북한까지도 늘 유념해야 한다. 2006년 북한의 명목 국민총소득은 256억 달러로 8,873억 달러의 남한에 비해 35분의 1에 그쳤다. 그나마 북한의 생산물에다 남한의 가격을 곱했기 때문에 이 정도다. 북한 경제의 실제 규모는 남한에 비해 130분의 1에 불과하다는 연구결과도 있다.[31]

어차피 남북한 경제통합을 필연으로 만들어가야 한다면, 남북한 모두가 경제력 확대에 집중하는 동시에 남한은 경제의 민주화 곧 경제의 사회적인 형평성도 제고해야 하고, 북한은 시장경제 체제로의 전환 곧 경제의 효율성도 제고해야 한다. 정치권의 한편에서는 경제성장과 실용을 부르짖고 다른 편에서는 평화와 복지를 부르짖는다. 그러나 어느 편이 정권을 쥐어도 일방 노선만 고집하면 안 된다. 우선순위의 문제일 수는 있어도 선택의 문제는 아니기 때문이다.

남북통합은 정치구호로 되지 않는다. 경제의 힘이 뒷받침돼야 한다. 남북통합 후 10년간 통합비용이 매년 적게는 500억 달러, 많게는 1,000억 달러에 달할 것이라고 한다. 이 수치는 250조 원에 달한 2008년도 남한 정부예산의 40퍼센트에 육박한다. 남북통합을 위해 앞으로 남한의 경제력이 얼마나 더 커져야 하겠는가를 가늠하게 하는 대목이다.

막강한 경제력과 경제의 사회적인 형평성을 자랑하던 옛 서독이 1990년 10월의 동서독 경제통합에 따른 후유증을 지금까지도 감당해내지 못하는 것만 봐도 남북통합에 있어 경제력이 얼마나 중요한가를 알게 된다. 옛 동독인들은 아직도 이류 국민의식에서 벗어나지 못하고 있다. 혹자는 동서독의 불평등을 없애는 데에 최고 70년이 소요될 것으로 본다. 우리의 주변부, 그리고 북한을 생각하며 우리는 경제력 확대, 효율성과 형평성 증대에 계속 박차를 가해야 한다.

경제의 토대가 없는 고아와 과부와 나그네, 그러니까 긴 꼬리처럼 늘어선 주변부의 골짜기 인생들을 유념하며 저들을 붙잡아주어야 한다. 주님께서 저들을 편애하시기 때문이다. "고아와 과부를 위하여 신원하시며 나그네를 사랑하사 그에게 식물과 의복을 주시나니 너희는 나그네를 사랑하라 전에 너희도 애굽 땅에서 나그네 되었었음이니라."(신10:18-19)

세상에 태어날 때 금 숟가락을 입에 물고 나온 사람도 없고, 이 세상을 떠날 때 그것을 가져갈 사람도 없기에 우리는 골짜기 인생들에게 나누고 베풀고 그들을 섬겨야 하리라. "너의 중에 분깃이나 기업이 없는 레위인과 네 성 중에 우거하는 객과 및 고아와 과부들로 와서 먹어 배부르게 하라 그리하면 네 하나님 여호와께서 너의 손으로 하는 범사에 네게 복을 주시리라."(신14:29)

골짜기 메움과 인재 양성

넷째로 우리는 사회적인 약자들의 골짜기가 아예 없어지는 평지를 실현해야 한다. 주님과 함께, 주님의 도우심으로 아예 골짜기를 메워 강한 개인을 넘어 '바르고 강한 사회'를 만듦으로써 최상으로 주님께 영광을 돌리고 주님의 아름다운 덕을 선전하는 기회로 삼을 수 있어야 한다. 이제 개인 성공담을 넘어 사회 성공담을 만들어가야 하는 시대과제가 우리에게 있는 것이다.

타게 에란델Tage Erlander 수상을 통해 스웨덴은 강한 개인을 넘어 강한 사회로 갈 수 있었다. 청년 시절 그는 교회의 오르가니스트였던 부친의 영향을 받아 선교활동과 금주활동에 열심을 쏟았고 룬드대학교 시절에는 급진적인 학생들을 만나 학생운동에 깊숙이 개입하기도 했다. 1928년 사회민주당 당원이 됐고 1933년 국회의원이 됐다.

그는 평등교육과 사회복지에 지대한 관심을 가졌고 그 방면의 전문가가 됐을 뿐만 아니라 올바른 정책 집행이 가능하도록 힘썼다. 1945년 교육부장관이 됐고 1946년부터 1969년까지 23년간 최장수 수상직을 수행했다. 수상임기 중 그는 강한 개인, 강한 기업을 넘어 강한 사회를 만드는 데에 주력했다. 그 결과 스웨덴은 최상의 선진복지국가 시스템을 갖출 수 있게 됐다.

성경에는 사회적인 약자들에 대한 애정이 늘 흐르고 있다. 국가 경제력을 창조적으로 키우면서도 사회적인 강자가 상대적으로 높은 세율을 감당하는 등 사회 책임을 더 많이 지는 강한 사회로 갈 수 있어야 한다. 세상의 구체적인 현장에서 당연한 사회 책임을 지려고 하지 않는 영성이라면 세상의 물질적인 현실을 멸시하고 외면하는 영지주의 가짜 영성일 수 있다.

영혼이 중요하고 뇌가 중요하다지만 몸도 그만큼 중요하다. 디지털의 사이버 세계에서 해결할 수 없는 게 없다지만 밥만큼은 직접 먹지 않으면 죽는다. 밥을 먹고 몸이 살아야 뇌도, 영혼도 작동한다. 참된 영성이리면 땅, 현실, 물질, 몸과 함께 가야 한다. 영성만의 영성이 아니라 현장의 바늘귀를 통과한 영성이라야 하는 것이다.

이론적으로야 100퍼센트 순수영성이 있을 수 있다. 그러나 사회의 현장에 응용될 때 2퍼센트에서 99퍼센트까지 순도가 희석되기 마련이다. 신학자가 목회 현장을 거치면서, 논객이 행정 현장을 거치면서 정책집행자로 성숙하는 것을 보게 된다. 예수님은 100퍼센트 하나님이시면서 100퍼센트 사람이시다. 영성만을, 사회성만을 고집할 수 없다. 사회의 현장을 통과하는 영성을 추구해야 한다. 예수님이 하늘의 하나님이시면서 동시에 땅의 사람이시듯이 말이다.

이윤을 추구하는 기업마저도 이제는 사랑, 자선, 기부, 환경을 언급하며 사회적인 책임을 앞세우는 추세다. 그러지 않고서는 지속가능한 경영이 불가능하다고 판단했기 때문이다. 강한 개인, 강한 기업이 개별 성공담에 안주하지 않고 사회 공동체를 성공시키려는 연대책임을 질 때, 주님나라에 더 가까운 '바르고 강한 사회'가 만들어질 것이다. 주님나라가 실현돼야 할 곳은 저 하늘이 아니라 이 땅의 현장이다.

착함과 강함

다섯째로 우리는 마쓰시타 고노스케가 말년에 그랬듯이 특히 경제, 정치 등 각 사회 분야의 참된 리더들을 배출하는 교육을 실현해야 한다. 이렇게 함으로써 우리는 이 땅의 현실에 주님나라를 심는 마지막 헌신을 마무리하고, 주님이 부르시는 그날 그리운 주님을 만나러 홀연히 이 땅의 무대를 떠나야 한다.

주 예수님을 따르는 우리의 기준은 세상 사람들의 그것보다 더 엄격해야 한다. 돈을 깨끗하게 벌었기에 당연히 주장할 권리가 있다는 청부론을 넘어 다시 가난의 길로 되돌아가라는 '청빈론'이 우리의 기준이어야 한다. 고지에 승리의 깃발을 꽂아 주님의 영광을 드러내라는 고지론을 넘어 다시 깃발을 접고 골짜기로 내려가서 섬기라는 '봉사론'이어야 한다. 골짜기에서 섬기고 봉사하는 자기만족에 머물러서도 안 되며 아예 골짜기를 메우는 '평지론'이어야 하며 더 나아가 그런 사회 리더들을 배출하는 '양성론'이어야 한다.

전능하신 주님을 믿고 이 땅의 현실에서 살면서 우리는 골짜기를 벗어나 꼭대기를 체험하려는 상방운동, 다시 골짜기를 섬기려는 하방운동, 아예 골짜기를 메우는 평지운동, 그리고 사회 리더를 배출하는 양성운동을 반복함으로써 주님나라에 근접하는, 바르고 강한 사회를 만들어 나가야 한다. 그러려면 세상의 악함과 강함을 능가하는 크리스천들의 착함과 강함이 요구된다.

1980년대 운동권 학생들은 옳다고 믿는 것에 그야말로 투신했다. 독재타도를 외치며 대학 도서관에서 투신자살했고 길거리 옥상에서 분신자살했다. 화염병 투척은 예사였고 투옥도 다반사였다. 몸을 사리지 않았다. 목숨을 걸었다. 함께 뭉쳐 물밑세력을 키웠다. 투혼과 세력화가 이어져 20여 년 후 캠퍼스를 넘어 학계와 교육계와 노동계, 심지어 정치 권까지 접수할 수 있었다. 이런 맥락에서 운동권 정치인들은 강자 중의 강자다.

100명의 청년보다 제대로 된 직장인 한 명이 더 강하고, 100명의 직장 인보다 제대로 된 기업인 1명이 더 강하고, 100명의 기업인보다 제대로 된 정치인 1명이 더 강하고, 100명의 정치인보다 1명의 운동권 정치인 이 더 강한 것 같다고 한다면 지나친 비약일까. 투혼의 강도와 세력화의 능력에 있어 대충 그렇지 않겠느냐는 것이다. 운동권 정치인들을 우습 게 보면 안 된다. 저들은 영악하고 강한 정치판에서 생존을 넘어 끝내 승리를 쟁취하려 한다. 권력투쟁도 마다하지 않는다.

양심과 현명함

1기 민선 서울시장을 역임한 조순 전 경제부총리는 뛰어난 경제학자 출신의 정치인이었지만 정치판에서 도중하차했다. 서울대학교 총장 출 신의 이수성 전 국무총리도 그랬다. 정운찬 전 서울대학교 총장은 대선 출마를 저울질만 하다가 관두었다. 장관직은 두고라도 국무총리만도 두 번씩이나 역임한 고건 전 서울시장도 행정의 달인이라는 별칭이 무색하 게 결국 정치판에서 내려앉았다.

"세계는 넓고 할 일은 많다"며, 칭기즈칸을 빗대어 킴기즈칸으로 불렸 던 김우중 전 대우그룹 회장도 정치판을 들락거리는 듯하더니 그룹까지 와해되는 불운을 겪었다면 곡해일까. 다들 특유의 강점을 내세우며 대 권 도전에 나섰지만 대권 후보도 못 되고 낙마했다. 저들에게 운동권 정치인들의 투혼과 단합이 결여됐기 때문이 아닐까.

교회 밖의 현실, 특히 정치판의 현실에는 영악한 강자들이 득실거린다. 그렇기에 양심과 아울러 현명함이 요구된다. 아니, 현명함이 양심을 보호하고 보장할 수 있도록 해야 한다. "보라 내가 너희를 보냄이 양을 이리 가운데 보냄과 같도다 그러므로 너희는 뱀 같이 지혜롭고 비둘기 같이 순결하라."(마10:16) 정치판을 비롯한 경제, 사회, 교육, 문화 등 각 분야에서 주님의 뜻을 심고 가꾸고 이루려면 더 착하고 더 현명하고 더 강해져야 한다. 그래야 편안한 교회 안을 박차고 나가 거친 교회 밖의 각 분야로 침입할 수 있다.

일찌감치 우리가 대학생 운동권, 전국교직원노동조합, 각 기업의 노동조합, 노동단체. 정치판, 경제계, 방송문화계를 깊이 파고들었다면 지금쯤 교회 밖의 사회 곳곳으로 기독교 정신이 스며들어 확산되어 있을 것이다.

우리는 교회 안에서 힘을 얻고 더 강해져야 하고, 그래서 교회의 것, 성경의 것, 영적인 것을 시대의 새 옷으로 단장시켜 사회 각 분야에 이식시켜 자라게 하고 결실하게 해야 한다.

무엇보다 방송문화계는 더 이상 방치될 수 없다. 중국 동북부의 한국사를 중국사의 일부로 편입시키려는 중국 정부의 동북공정에 맞서 고구려사를 정통 한국사로 삼으려는 사극들이 잇따라 우리나라의 안방을 점령했다. 고구려의 건국을 다룬 「주몽」, 고구려의 흥왕을 다룬 「태왕사신기」, 고구려의 당나라 항쟁을 다룬 「연개소문」, 그리고 고구려의 계승자인 발해의 건국을 다룬 「대조영」이 한사코 부각시킨 상징물이 있다. 하늘의 태양과 땅의 사람을 이어준다는, 세 발의 검은 새인 삼족오다.

특히 문화방송계를 다스려라

그것은 고구려 왕가를 대표하는 상징물로서 단군의 고조선을 고구려가 계승하고 있다는 것을 나타낸다. 이 정도에서 그치면 크게 문제되지 않는다. 그러나 국내 최대의 심신수련 단체이자 건강문화 기업인 단월드가 후원하고, 고구려 지킴이를 자처하는 민족혼 교육 단체인 국학원이 추진한 고구려 문화기획전, 그리고 그것에 힘입은 각종 고구려 사극은 고조선의 단군 설화와 고구려의 삼족오 설화를 종교 신앙화하려는 움직임을 내비쳤다.

설화 그 자체와 그것이 전하려는 역사성까지 완전히 배제하려는 것은 아니다. 그것의 종교 신앙화가 문제라는 것이다. 오히려 우리는 그것을 둘러싼 한국사의 맥락을 성경적인 관점에서 풀어내고 그 결과를 TV 드라마 등 문화예술품으로 유통시킬 수 있어야 한다. 그러려면 단월드가 국학원의 고구려사 프로젝트를 후원하듯이 크리스천 기업인들의 아낌없는 후원이 있어야 한다.

이처럼 우리는 더 착하고 더 강한 자가 돼 교회 밖의 전 방위에서 교회 안의 성경적인 자산을 퍼뜨려나가야 한다. 우선은 생존이 중요하다. 점점 맷집과 몸집도 키워야 한다. 그리고서는 유감없이 역량을 발휘해 사회 곳곳에 기독교 정신과 문화가 만개하도록 해야 한다. 처음에야 영향력이 미미할 것이다. 우리의 뜻도 유치하고 소박할 것이다. 그러나 주님은 우리의 뜻을 주님의 차원으로 키우신다.

우리가 주님의 형상으로 창조됐기 때문일 것이다. "내가 진실로 진실로 너희에게 이르노니 나를 믿는 자는 나의 하는 일을 저도 할 것이요, 또한 이보다 큰 것도 하리니 이는 내가 아버지께로 감이니라."(요14:12)

주님과 함께, 주님을 위하여 이 땅의 현실을 주님나라에 근접한 착하고 강한 사회로 만들어가야 하는 시대과제가 우리 크리스천들에게 있다. 주님 안에서 뜻과 역량과 영향력의 덩치를 점점 키울 수 있어야 한다.

박성수 이랜드 회장의 부모는 아들이 교회에 다니며 취직도 안 하고 교회 일만 한다고 500만 원을 주며 집에서 나가라고 했다. 1980년 그는 그 돈으로 신촌 로터리의 이화여대 앞에다 2평짜리 중저가 티셔츠 가게를 열면서 이런 기도를 드렸다고 한다. "저는 하나님밖에 없습니다. 하나님께서 사업을 운영하시고 저에게 축복하시면 이익을 하나님의 영광을 위해 사용하겠습니다." 어느 조직에서나 그렇듯이 초창기 멤버들이 빠져나가는 우여곡절을 겪으면서도 이랜드는 성장을 거듭해 창업 후 10년째 1,000억 원의 매출을 달성했고 2002년에는 1조 원을 넘겼다. 2005년 공기업을 제외한 재계 서열 37위였던 것이 2006년 한국까르푸를 인수해 35개의 홈에버 점포를 개장함으로써 20위에 진입했다. 그렇다면 1970년대 이후 우리나라에서 중소기업이 대기업에 진입한 사례가 없다는 자조적인 발언에 이제 종지부가 찍힐 것인가.

사회 성공담의 주역

이랜드는 성경적인 윤리경영뿐만 아니라 지식경영을 통해서도 우리나라 업계에 신선한 충격을 넘어 실제적인 변화를 몰아주었다. 삼성을 뒤따라, 아니 앞으로 삼성을 능가하여 자체 인재를 양성해낼 뿐만 아니라 국가 인재까지 배출하는 국가 인재 양성소가 될 것이라는 설익은 예견도 나온다. 당연히 기업 규모에 걸맞게 사회사업의 규모도 더 키워가야 할 것이다. 한 개인과 한 기업의 성공담을 넘어 바르고 강한 사회를 만드는 사회 성공담의 주역으로 더 자라야 한다.

지금까지 이랜드를 급성장시켜 온 성실, 정직, 지식 등 성경적이지만 좁고 개인적인 과거의 패러다임만으로는 미래의 성장을 보장할 수 없다. 노조활동이 반성경적이라는 박성수 회장의 희한한 노조관을 필두로 이랜드의 지속가능한 성장에 제동을 걸고 있는 난제들을 시원히 풀어나가려면 기업의 규모에 걸맞게 성경적이면서도 넓고 공동체적인 새 패러다임이 요구된다. 성경에서 기업의 향후 성장 원리를 찾아도 이런 맥락에서 찾아야 할 것이다.

이랜드이 급성장세가 이미 한풀 꺾였다. 끝내 비정규직 문제를 풀지 못한 채 20개월 만에 홈에버를 홈플러스에 넘겨야 했다. 비정규직 문제로 노조와 극심한 갈등을 겪은 끝에 홈에버는 2007년 1조 7,000억 원대의 총부채에다 1,939억 원의 적자를 냈던 것이다. 위기는 성찰과 성장의 기회다. 박성수 회장을 비롯한 이랜드 경영진의 넓고 공동체적인 쇄신을 주문해본다.

앞으로 이랜드는 새로운 진용을 가다듬어 매년 중국 내 백화점에 1,000개 이상의 패션 직영매장을 개설하는 등 해외시장에서의 패션 부문과 아울렛 부문을 더 강화하는 한편, 건설 부문과 레저 부문을 미래 성장동력으로 키우겠다고 한다. 현재의 침체 위기를 극복하는 데에서 더 나아가 지속가능한 성장과 아름다운 사회기여를 약속하는 이랜드의 좋은 미래가 기대된다.

이랜드의 처음은 참으로 미약했다. 지금 같은 규모를 키우리라고는 꿈도 못 꾸었을 것이다. 그저 죽지 않고 하루하루 잘 살아주었으면 하는 소원으로 출발했을 것이다. 그러다가 점점 소원도 자라고 믿음도 자라고 규모도 자라고 영향력도 자랐을 것이다.

"믿음은 바라는 것들의 실상이요…."(히11:1) 바라는 소원, 그것을 성취하게 하는 믿음, 그리고 실상으로 성취되는 규모는 서로 맞장구하며 무한팽창하는 삼각형 승리방정식이다. 꿈 빌딩, 믿음 빌딩, 디테일 빌딩을 통해 개인 성공담을 만들 뿐만 아니라 개인을 넘어 사회까지도 성공시키는 사회 성공담의 주역이 되자. 그래서 교회 밖의 사회 현실에서 주님께 영광을 돌리자.

05

창조형 왕-제사장

인간의 역사는 자유를 향한 역사라고 누가 말했던가. 역사의 흐름 속에서 인간이 점점 더 해방돼온 것은 사실이다. 이제 사람들은 해방과 자유를 넘어 진정한 주인이 되려고 한다. 지금 세상은 스스로 CEO, 보스boss, 크리에이터creator 그리고 이코노미economy 그 자체이고자 하는 I-CEO, I-boss, I-creator 그리고 ME-conomy의 시대를 열어가고 있다.

이런 흐름에서 우리는 하나님의 주도적인 이끄심을 엿볼 수 있다. 하나님께도 꿈이 있다. 그 꿈은 약자라도 다윗처럼 강자가 되는 것(슥12:8), 모두 다 왕 같은 제사장이 되는 것(벧전2:9)이다. 다윗이 누구인가. 멜기세덱(창14:18)의 계보를 좇은 '왕-제사장' 이었다(삼하6:17-19). 예수님의 그림자였던 다윗을 따라 예수님도 멜기세덱처럼(히7:15) 그러하셨다.

그렇다면 이 예수님을 믿는 우리도 당연히 그래야 하지 않겠는가(롬8:29, 히2:11). 성경의 교리를 선포하고 주장하고 강조하려는 게 아니다.

실제로 그래야 하고 이미 그렇게 흘러가고 있다. 이 흐름을 하나님께서 주도하시고 우리는 동참한다. 교회 안에서는 믿는 자라면 다 복음의 담지자, 전달자, 선포자여야 한다. 목회자만 설교자여야 할 이유는 없다. 믿는 자는 다 예수님과 복음의 증거자여야 한다. 교회 밖에서는 스스로가 다 CEO, 보스, 크리에이터 그리고 이코노미 그 자체여야 한다. I-CEO, I-boss, I-creator 그리고 ME-conomy여야 하는 것이다.

이런 자각은 블로그 등으로 대변되는 자기표현 수단의 급격한 발달과 더불어 이미 교회 밖에서 널리 확산돼 있다. 이제 개방과 공유와 참여, 더 나아가 자기실현의 웹2.0 시대를 사는 사람들은 결코 이전의 낮은 의식수준으로 회귀하지 않을 것이다. 하나님이 원하시는 대로 모든 영역에서 높낮이와 경계가 허물어지고 있다고 할 수 있다. "골짜기마다 돋우어지며 산마다 작은 산마다 낮아지며 고르지 않는 곳이 평탄케 되며 험한 곳이 평지가 될 것이요."(사40:4) 예를 들어 신문과 방송에서는 생산자와 소비자 사이의 높낮이와 경계가 대체로 확연하다. 아무나 생산자가 되지 못한다. 포털 권력이라고까지 불리는 포털에서는 그 높낮이와 경계가 어느 정도 완화된다. 블로그들의 집합체라고 할 수 있는 메타 블로그의 등장에 이르러서는 누구나 1인 미디어의 발행인, 편집인, 기자가 될 수 있다. 생산자가 소비자이고 소비자가 생산자인 것이다.

이렇듯 교회 안에서보다 교회 밖에서 왕-제사장의 꿈이 실현된다. 인간의 해방과 자유, 그리고 자기실현은 죄와 그것으로 인한 속박에서의 해방과 자유를 넘어 창조주 하나님의 형상대로 창조자의 삶을 사는 것이다. 그러할 때 우리는 진정한 의미의 왕-제사장이 된다.

"하나님이 자기 형상 곧 하나님의 형상대로 사람을 창조하시되 남자와 여자를 창조하시고 하나님이 그들에게 복을 주시며 그들에게 이르시되 생육하고 번성하여 땅에 충만하라 땅을 정복하라 바다의 고기와 공중의 새와 땅에 움직이는 모든 생물을 다시리라 하시니라."(창1:27-28)

우리를 창조하고 다스리고 섬기고 축복하고 성장시키는 왕-제사장으로 만드시려는 하나님의 꿈을 위해 예수님께서 인간이 되셨다. 예수님이 오신 목적은 우리의 구원에 머물지 않는다. 죄와 속박에서의 구원을 넘어 우리가 다 창조형 왕-제사장으로 사는 데까지 확장된다.

물론 저 하늘에서 완전히 성취될 수 있는 목적이지만 이 땅에서도 추구돼야 한다. 예수님 안에서 사명과 믿음과 창조는 한 묶음이다. 예수님을 믿고 구원을 넘어 창조하며 살고, 이 땅을 하나님 나라로 일구어야 한다. 예수님을 믿는 믿음의 끝은 구원이 아니다. 구원을 넘어 창조다.

그것도 개인 구원과 개인 창조에서 더 나아가는 사회 구원과 사회 창조여야 한다. "나라이 임하옵시며 뜻이 하늘에서 이룬 것 같이 땅에서도 이루어지이다."(마6:10) 아니, 궁극적으로는 자연 구원과 자연 창조까지 포함해야 한다. "그 바라는 것은 피조물도 썩어짐의 종노릇한 데서 해방되어 하나님의 자녀들의 영광의 자유에 이르는 것이니라."(롬8:21)

하나님께서는 꿈의 성취를 스스로 주도하신다. 우리는 일꾼으로 동참하면 된다. 구원을 넘어 창조로 나아가자. 구원사역자를 넘어 창조사역자가 되자. I-CEO, I-boss, I-creator, ME-conomy의 개체성을 넘어 WE-CEO, WE-boss, WE-creator, WE-conomy의 공동체성으로 나아가야 한다. 개인 성공담을 넘어 사회 성공담을 창출하자.

사명과 믿음과 창조의 삼위일체형 일꾼이 되자. 바르고 강하고 창조적인 신앙인이 되자. 그리하여 이 땅의 각 분야에서 하나님의 뜻을 성취하고 하나님 나라를 실현하자. 저 하늘에서 완성될 목적이라며 지레 포기하지 말고 끊임없이 하나님 나라에 근접해가는 이 세상을 만들자.

무한창조 뉴크리스천

우리에게는 지금 여기에서 주님의 뜻을 성취하고 주님나라를 일구는 사명이 주어져 있다. 이 사명을 위해 우리는 과거의 끈을 끊고 미래의 문으로 전진해야 한다. 성공이나 실패나, 선행이나 범죄나, 피해나 가해나, 기쁨이나 슬픔이나 과거의 것이라면 과감히 끊고 돌아서야 한다. 우리의 삶에서 과거는 이미 죽은 것이기 때문이다. 과거는 늘 익숙하고 미래는 늘 낯설기 때문에 과거의 뒤로 붙잡는 힘이 미래의 앞으로 끄는 힘보다 강하다. 그러나 과거의 죽은 시간을 정리하고 미래의 살아 있는 시간으로 전진하지 않고서는 주님나라의 일꾼이 될 수 없다.

요셉은 과거를 매듭짓고 미래로 전진하고자 했다. 그는 친모의 죽음과 친동생에 대한 애착, 부친에 대한 그리움, 자신을 집단적으로 따돌리고 결국에는 노예로 팔아버린 이복형들에 대한 분노를 다 정리하려고 애썼다. 완벽한 정리가 어찌 가능하겠는가마는 일단 한 번은 정리하고 넘어가겠다는 결심이 중요한 것이다.

그가 이집트의 총리가 된 후 7년의 풍년 기간 중 그는 두 아들을 낳았는데 첫째아들의 이름을 므낫세라고 지었다. 그 이름은 자신의 과거사를 다 잊도록 충분히 하나님께서 복을 주셨다는 뜻이었다. "요셉이 그 장자의 이름을 므낫세라 하였으니 하나님이 나로 나의 모든 고난과 나의 아비의 온 집 일을 잊어버리게 하셨다 함이요."(창41:51)

생명은 과거를 끊고 미래를 향해 흐르는 시간의 연속이다. 과거는 이미 죽었다. 과거에 붙잡혀 있는 한 죽은 생명이다. 과거의 죽은 시간이 정리되어야 미래의 창성한 문이 열린다. 그는 둘째아들의 이름을 에브라임이라고 지었다. "차자의 이름을 에브라임이라 하였으니 하나님이 나로 나의 수고한 땅에서 창성하게 하셨다 함이었더라."(창41:52)

현재의 수고가 미래의 창성함으로 이어지려면 과거사의 정리가 우선돼야 한다. 현재에 수고한다고 미래가 창성해진다는 보장은 없다. 그러나 화려한 과거든, 초라한 과거든 과거의 잡아당김을 끊고 현재에 수고하며 미래의 이끌림을 받을 때 하나님의 창성하게 하심이 있을 것이다. 어떤 과거든지 과거를 끊고 지금 할 수 있는 것을 하며 할 수 없는 것은 하나님께 기도로 맡기고 인내하면 끝내 창성하게 되리라.

현재의 승리마저 지나쳐라

스스로 알을 깨부수고 나왔다는 난생설화의 주인공 고주몽은 살벌한 경쟁과 익숙한 과거의 땅 부여에서 도망쳤고, 결코 돌이킬 수 없는 강 엄수를 건너 낯선 땅을 향해 전진했다. 그리하여 마침내 BC 37년 고구려를 창건할 수 있었다. 좋든 나쁘든 과거의 익숙한 장소, 사람, 경험, 습관을 떠나야만 새로운 미래가 열린다. 처절하고 낯선 이동이 비극만은 아니다. 요셉처럼 창성하게 될 미래로 향하는 은총의 기회일 수도 있다.

그리스 서쪽 바다에 있는 이타카 섬의 군주 오디세우스는 3,200년 전쯤 그리스의 최강 도시국가였던 미케네의 군왕 아가멤논이 이끄는 그리스 연합군에 차출돼 현재 터키 지역의 트로이 군대와의 전쟁에 가담해야 했다. 우세한 전력에도 불구하고 10년을 끌었던 트로이 전쟁은 트로이 목마라는 그의 지략 때문에 그리스 연합군의 승리로 끝났다.

승리의 기쁨도 뒤로한 채 600명의 부하와 12척의 배를 이끌고 그는 페넬로페 왕비와 백성들이 기다리는 이타카 섬을 향해 떠났다. 그러나 온갖 풍랑과 위험을 헤치면서 한 달이면 가고도 남을 거리를 20년이 걸려서야 갈 수 있었다. 그가 돌파해야 했던 수많은 난관 중에서 결코 빼놓을 수 없는 게 있다면 세이렌 섬을 통과한 사건이었다.

세이렌 섬에는 죽은 선원들의 해골로 즐비했다. 반은 사람이고 반은 새인 요정 세이렌의 매혹적인 노래에 이끌려 그 섬을 지나치던 배들이 어김없이 난파당했기 때문이다. 그는 부하 선원들의 귀만 밀랍으로 막고 자신의 귀는 그대로 열어두고 자신의 몸을 돛대에 묶고는 그 섬을 신속히 통과하려고 했다. 세이렌의 유혹하는 노래가 그의 귓전을 때렸다.

부하 선원들은 귀가 먹어 열심히 노만 저었지만 그는 세이렌의 노래에 온몸을 뒤틀며 괴로워했다. "트로이 전쟁의 영웅이여, 그대의 고통을 다 알고 있지요. 나의 노래를 들어보세요." 고국을 떠나 처절한 전쟁에서 10년, 그리고 거친 항해에서 또 10년을 표류하고 있는 그의 온갖 고통을 다 알고 있다며 세이렌이 감미로운 목소리로 유혹하는데 어찌 그의 심장이 다시 찢어질 듯 아프지 않았겠는가.

그러나 그는 세이렌의 위무하는 노래를 들으며 자신의 과거를 정리하는 한편, 그 노래에 사로잡히지 않고 왕비와 백성들과 함께하는 미래를 향해 전진해야만 했다. 우리의 슬프고 힘든 고통을 다 알아주겠다는 사람이 있다면 우리는 그 사람에게 붙들린 채 과거만 곱씹기 십상이다. 한 번쯤은 과거를 정리해야 한다. 여전히 자기연민, 자괴감, 죄책감, 패배의식, 피해의식에 시달린다면 아직도 과거의 덫에 매여 있는 셈이다.

믿음도, 인생도 전진이다

빛나든, 음울하든 한 번은 과거를 정리해야 미래로 나아갈 수 있다. 좀 어설프고 무리한 일이었지만 노무현 정권에서 우리 민족의 음울했던 과거사를 정리한 것은 미래를 위해 필요한 것이었다고 본다. 과거의 끈을 끊어야만 앞만 바라보는 쟁기질이 가능하리라. "…손에 쟁기를 잡고 뒤를 돌아보는 자는 하나님의 나라에 합당치 아니하니라…."(눅9:62)

현재에 나타나 있는 성공도 이미 과거의 사건이다. 그렇기에 성공에 붙잡히는 순간, 미래는 없다. 아브라함은 그동안의 성취를 뒤로한 채 믿음으로 전진함으로써 창대한 미래를 보장받았다. 그러나 롯의 아내는 뒤돌아보다가 소금기둥으로 끝장났다(창19:26). 믿음도, 인생도 전진이다. "오직 나의 의인은 믿음으로 말미암아 살리라 또한 뒤로 물러가면 내 마음이 저를 기뻐하지 아니하리라…."(히10:38)

출애굽 1세대는 과거의 애굽으로 되돌아가고자 하는 본성을 처리하지 못했기에(민14:4) 미래의 가나안 땅에 진입조차도 못하고 광야에서 방황만 하다가 죽었다. 익숙한 해변에 연연해서는 결코 신대륙을 발견할 수 없다. 담대하게 미래의 가나안 땅을 향해 나아가야 한다. 광야에 길을 내시는 하나님의 약속의 법궤를 짊어지고 요단 강에 발을 디디면 강물이 끊어지고 길이 열릴 것이다(수3:14-17).

성공했든, 실패했든 과거는 이미 죽은 것이다. 죽은 사자보다 살아 있는 개가 낫다(전9:4). 아직도 인생을 더 살아갈 수 있다면 모든 순간이 기회다. 이미 지나간 과거사 때문에 인생을 포기하지 않고 계속 살아가면 기회가 또 온다. "내가 산 자의 땅에 있음이여 여호와의 은혜 볼 것을 믿었도다."(시27:13) 과거의 죽은 땅이 아니라 현재에서 미래로 흐르는 땅에 있다면 마침내 하나님의 은혜를 맛보게 될 것이다.

이삭은 점점 부유하다가 마침내 거부가 됐고(창26:13) 이스라엘 백성들은 점점 이기다가 마침내 가나안 왕 야빈에게서 완승을 거두었다(삿4:24). 희미하고 낯선 미래를 향해 믿음과 열심과 기도와 인내로 전진하다 보면 마침내 부유함과 이김을 거두게 될 것이다. 마침내 복을 받으면 끝이 좋다. 하나님 안에서 끝이 좋은 인생은 다 좋은 인생이다.

과거를 끊고 지금 할 수 있는 것을 하며, 할 수 없는 것은 전능하신 하나님께 기도로 맡기고 인내하며 하루하루 전진하자. 골짜기를 탈출하고 꼭대기에 깃발을 꽂으며, 다시 골짜기로 내려가 거기서 섬기고 아예 그곳을 메우며, 더 나아가 그렇게 해내는 인재를 양성하자.

개인 성공담을 넘어 사회 성공담을 만들어내고 구원사역을 넘어 창조사역을 감당하는, 바르고 강한 프로 신앙인이 되자. 하나님과 함께, 하나님을 위하여 교회 안팎의 현장에서 하나님의 뜻을 이루고 하나님 나라를 일구자. 그리하여 하나님께는 영광이 되고 이 세상에서 하나님의 증인이 되자.

1) 잭 캔필드 · 마크 빅터 한센 외, 『내 인생에서 놓쳐선 안 될 1% 행운』(흐름출판, 2008), pp.144-151 참조.

2) 위의 책, pp.203-209 참조.

3) 군나르 올슨, 『비즈니스 언리미티드』(NCD, 2007), pp.111-113 참조.

4) 윤구현, 「사고의 리더십」, 『매일경제신문』(2007. 10. 26), A7면 참조.

5) 신지은, 「시멘트 기술자가 2주 만에 해결」, 『조선일보』(2008. 1. 1), B3면 참조.

6) 김현석, 「개방과 협업이 기업과 세상을 바꾼다」, 『한국경제신문』(2008. 2. 15), A6면 참조.

7) 김종춘, 『크리스천 CEO 스토리 51』(진흥, 2002), p.195 참조.

8) 송형석, 「CEO들의 세상 사는 이야기」, 『한국경제신문』(2007. 4. 6), A10면 참조.

9) 강영우, 『우리가 오르지 못할 산은 없다』(생명의말씀사, 2005), pp.100-103 참조.

10) 차지완, 「장인의 차」, 『동아일보』(2007. 3. 15), A31면 참조.

11) 앨 리스 · 잭 트라우트, 『마케팅 전쟁』(비즈니스북스, 2006), pp.275-276 참조.

12) 홍사종, 「이야기가 세계경제를 바꾼다」, 『조선일보』(2008. 1. 1), A20면 참조.

13) 잭 캔필드 · 게이 핸드릭스, 『내 인생을 바꾼 한 권의 책』(리더스북, 2007), pp.167-171 참조.

14) 김영한, 『굿바이 잭 웰치』(리더스북, 2006), p.157 참조.

15) 잭 캔필드 · 게이 핸드릭스, 앞의 책, p.172 참조.

16) 채의숭, 『주께 하듯 하라』(국민일보, 2007), pp.143-151 참조.

17) 잭 캔필드 · 게이 핸드릭스, 앞의 책, pp.159-162 참조.

18) 김경도, 「스타벅스, 요거트업체 핑크베리 샀다」, 『매일경제신문』(2007. 10. 18), A2면 참조.

19) 김성오, 『육일약국 갑시다』(21세기북스, 2007), pp.202-204 참조.

20) 김종춘, 『안 싸우고 다 가지는 기도부전승』(토기장이, 2005), pp.116-118 참조.

21) 나폴레온 힐, 『놓치고 싶지 않은 나의 꿈 나의 인생 1』(국일미디어, 2007), pp.24-29 참조.

22) 백성호, 「거지에서 병원장까지」, 『중앙일보』(2007. 8. 2) 참조.

23) 강헌구, 『Mom CEO』(쌤앤파커스, 2006), pp.132-133 참조.

24) 이덕일, 『성공한 개혁, 실패한 개혁』(마리서사, 2005), pp.35-45 참조.

25) 김승남, 『고맙습니다』(한국경제신문, 2007), pp.103-108 참조.

26) 마쓰시타 고노스케, 『영원한 청춘』(거름, 2003), pp.21-37 참조.

27) 위의 책, pp.46-47 참조.

28) 위의 책, pp.60-75 참조.

29) 김경준, 「초등중퇴 점원서 '경영의 신'으로」, 『동아일보』(2007. 2. 27), A33면 참조.

30) 조연현, 「숨은 영성가를 찾아 ⑥ 남강 이승훈」, 『한겨레신문』(2007. 2. 28), 27면 참조.

31) 박유연, 「北, 10년째 식량난…갈수록 중국에 예속」, 『매일경제신문』(2007. 10. 2), A3면 참조.

KI신서 1480

교회 밖에서 승리하는
무한창조 뉴크리스천

1판 1쇄 발행 2008년 9월 25일
1판 2쇄 발행 2008년 10월 10일

지은이 김종춘 **펴낸이** 김영곤 **펴낸곳** (주)북이십일 21세기북스
기획 심지혜 **편집** 홍우진 **마케팅** 주명석 **영업** 최창규
출판등록 2000년 5월 6일 제10-1965호
주소 (우413-756) 경기도 파주시 교하읍 문발리 파주출판단지 518-3
대표전화 031-955-2100 **팩스** 031-955-2151 **이메일** book21@book21.co.kr
홈페이지 www.book21.co.kr **커뮤니티** cafe.naver.com/21cbook

값 12,000원
ISBN 978-89-509-1539-1 13230